Kiu Eckstein: Kundalini-Erfahrungen
Eine Meister-Schüler-Beziehung

Kiu Eckstein

Kundalini Erfahrungen

Eine Meister-Schüler-Beziehung

Aquamarin Verlag

Deutsche Originalausgabe
1. Auflage 2008
© Aquamarin Verlag
Voglherd 1 • D-85567 Grafing
www.aquamarin-verlag.de

Umschlaggestaltung: Annette Wagner
Druck: Bercker • Kevelaer
ISBN 978-3-89427-381-1

Inhalt

Swami
Chandrasekharanand Saraswati
P.O.Box No. 5
Rishikesh 249201
Indien

Vorwort

Dieses Buch ist ein Versuch, etwas von den Erfahrungen und Einsichten wiederzugeben, die *Kundalini Shakti* gewährt; und weiterhin ist es ein Bericht über einen Meister, der Menschen hilft, die durch schwierige Kundalini-Prozesse gehen. Ich selbst habe diesen Kundalini-Meister ursprünglich aufgesucht, um eine hartnäckige Blockade in meinem eigenen Prozess zu überwinden, nicht um ein Buch über seine Arbeit und meine Erfahrungen zu schreiben.

Erst im dritten Jahr, als ich begann, die Zusammenhänge zwischen einem Kundalini-Aufstieg und den vielen Um- und Irrwegen meines Lebens zu verstehen, und nachdem ich davon überzeugt war, dass ich auf einem ganz gewöhnlichen Weg einen wirklichen Meister gefunden hatte, kam mir der Gedanke, dieses Buch zu verfassen.

Es beschreibt keine spektakulären Höhenflüge, sondern das Mittelstück, wenn man so will, einer spirituellen Suche, deren treibende und lenkende Kraft, wie ich seit langem ohne den geringsten Zweifel weiß, *Kundalini Shakti* war und ist.

Da diese Suche, die mich von Europa über Brasilien und die USA nach Indien geführt hat, zwei sehr unterschiedliche Phasen aufweist, ergab sich die Möglichkeit, das Wirken der Kundalini und die Schwierigkeiten, auf die sie in uns Menschen stößt, von mehreren Seiten zu beleuchten.

Das zentrale Ereignis der ersten Phase war ein spontaner Übergang der Kundalini aus *einem* feinstofflichen Kanal, in dem viele Schwierigkeiten auftraten und sie nicht zum Ziel gelangen konnte, in einen anderen, der einen kontinuierlichen Fortgang ermöglichte. Diesen Vorgang hatte ich fälschlicherweise für ein Erwachen der Kundalini gehalten.

In der zweiten Phase, schon im Ashram des Meisters, musste ich erst eine hartnäckige Blockade im Kehlkopf-*Chakra* durchbrechen und dann einen über dreijährigen Reinigungs- und Transformationsprozess absolvieren, der immer wieder das unerbittliche und zugleich hilfreiche Vorgehen der Kundalini aufgezeigt hat.

Vielleicht ist auch der Hinweis auf die Probleme, die ich mir in Brasilien durch die hochmütige und sehr falsche Einstellung eingehandelt hatte, dass ich als rationaler Mitteleuropäer gegen die Einwirkung von Geistwesen gefeit sei, in dieser Zeit der Globalisierung von Nutzen, in der mehr und mehr Menschen in einem fremden kulturellen Umfeld leben.

Vor allem aber hat mich zu dieser Niederschrift bewogen, dass ich einen Meister, Swami Chandrasekharanand Saraswati, gefunden habe, der Kundalini-Prozesse durch spezifische Übungen fördern und innerhalb eines in sich schlüssigen Systems genau erklären konnte, und das, indem er immer wieder hervorhob, dass in letzter Instanz die *Kundalini Shakti* selbst der Meister ist und auch er, Swamiji Saraswati, die Wege, die sie verfolgt, nur bis zu einem ganz bestimmten Punkt beeinflussen kann. Danach könne er, wie er oft gesagt hat, nur noch gute Ratschläge geben oder, wenn sie nicht umgesetzt werden, beten.

Ich habe diesen Bericht in der Hoffnung geschrieben, dass er dem einen oder anderen der schnell anwachsenden Zahl von Menschen, die spirituellen Prozessen mit oft beängstigenden Phänomen unterworfen sind, hilft, eine erste Vorstellung vom Wirken der Kundalini zu erhalten und die Schwierigkeiten und ihre Hintergründe zu verstehen, die häufig nach ihrem Erwachen auftreten. Vielleicht helfen die Beobachtungen von der Arbeitsweise eines wahren Meisters auch, die echten von den vielen falschen zu unterscheiden, die sich auf diesem Gebiet tummeln und, wie ich einmal las, und wovon ich überzeugt bin, nur dazu dienen, die wirklichen Meister vor zu großem Zulauf zu bewahren.

Es ist wichtig darauf hinzuweisen, dass dieser Bericht keinen Einfluss, welcher Art auch immer, auf den Glauben oder die religiösen Bindungen betroffener Menschen nehmen will. Kundalini ist, wie ich bei Swamiji gelernt habe, eine universelle Kraft, die unter vielen verschiedenen Namen in allen Kulturen und Menschen wirksam werden kann. Wenn diese Kraft hier in erster Linie Kundalini genannt wird, dann nur, weil Indien, woher das Wort stammt, die ältesten und genauesten Beschreibungen dieser universellen und subtilsten aller Kräfte hervorgebracht hat.

Dem Buch liegen die handschriftlichen Notizen zu Grunde, die ich während meiner sechs Aufenthalte in Rishikesh und auf Reisen mit dem Meister gemacht habe. Die Vorgänge sind nicht nach chronologischen, sondern nach thematischen Gesichtspunkten geordnet. Die Geschichte springt also vor und zurück, oft den Einsichten folgend, die *Kundalini Shakti* mir auf diesem langen Weg gewährt hat.

Die Erklärungen zu meinem Erleben und zu Kundalini-Prozessen im Allgemeinen beruhen zum Teil auf einem mehrwöchigen, systematisch aufgebauten Unterricht während meines zweiten Aufenthalts, vor allem jedoch auf spontanen Äußerungen Swamijis über sehr unterschiedliche Fälle und seinen Antworten auf unendlich viele Fragen. Da Swamiji Fragen nicht mit langen, zusammenhängenden Erklärungen beantwortet und absichtlich, wie ich im Laufe der Zeit bemerkt habe, so gut wie nie genau dieselbe Antwort auf eine Frage gibt, habe ich die meisten Erläuterungen aus den Aufzeichnungen von fünf Aufenthalten zusammengefügt. Gelegentlich habe ich bei späterem erneuten Nachfragen festgestellt, dass ich etwas nicht ganz richtig und manchmal auch falsch verstanden hatte. Wenn sich Fehler in meiner Darstellung befinden, eher in Details, wie ich hoffe, als in den großen Linien, geht das zu meinen Lasten.

Dieses Buch ist kein Versuch, das kohärente System von *Kundalini Vidya*, der Wissenschaft von Kundalini, darzustellen. Das hat Swamijis Schülerin und Nachfolgerin in dem Buch „*Kundalini Vidya, The Science of Spiritual Transformation*"[1] getan. Ich gebe von diesem, meines Wissens nach ersten umfassenden System, das die wesentlichen Varianten von Kundalini-Aufstiegen darlegt, nur das wieder, was zum Verständnis meiner Erfahrungen nötig ist, und somit auch nicht in der didaktischen Reihenfolge, die *Kundalini Vidya* zugrunde liegt.

---

1 Joan Shivarpita Harrigan, Kundalini Vidya, The Science of Spiritual Transformation: Patanjali Kundalini. Yoga Care, Knoxville, TN 2004.

Die Schilderungen der Erfahrungen, die ich in diesen Jahren gemacht habe, habe ich meinen Tagebüchern entnommen. Sie sind an vielen Stellen gekürzt und, ohne die Essenz der Aussagen zu verändern, in eine flüssigere Form gebracht.

Es hat lange gedauert, bis ich mich dazu durchgerungen habe, diesen Bericht, der ein paar sehr intime Dinge berührt, in der Ich-Form zu verfassen. Doch schließlich wurde mir klar, dass er nur so die Authentizität erhält, die das Thema erfordert. Der Umstand, dass die *Kundalini Shakti*, so gnädig wie sie ist, das meiste in so große Ferne gerückt, so sehr entfremdet hat, dass es kaum noch zu mir gehört, hat diesen Entschluss erleichtert.

Ich habe mich auch gefragt, ob es nicht besser wäre, meine Erfahrungen für mich zu behalten, ob ich sie zerrede, wenn ich sie preisgebe. Im Nachhinein habe ich den Eindruck, dass das Gegenteil eingetreten ist. Sie haben sich, wie mir scheint, eher vertieft durch die Notwendigkeit, die vielen Aufzeichnungen mehrmals durchzulesen, Zusammenhänge noch einmal zu durchdenken und dann zu formulieren.

*

Noch eine Anmerkung zu Schreibweisen und zur Übernahme von Fremdwörtern: Ich habe versucht nur solche Sanskrit-Ausdrücke zu verwenden, die zu den grundlegenden Begriffen von *Kundalini Vidya*, der Wissenschaft von der Kundalini, gehören. Um ihre Aneignung zu erleichtern, sind diese Sanskrit- und einige Fremdwörter, mit Ausnahme des immer wiederkehrenden Wortes Kundalini und ein paar anderen, die schon in den Sprachgebrauch eingegangen sind, *kursiv* gesetzt.

Aussprüche Swamijis sind in der Regel in indirekter Rede wiedergegeben, da ich für viele Nuancen seines indischen Englisch keine adäquate Übersetzung finden konnte. Ein paar Aussprüche habe ich in Englisch übernommen, weil die Prägnanz oder der Witz in der Übersetzung verlorengegangen wäre.

*

Symbolisch möchte ich an erster Stelle der *Kundalini Shakti* und den Göttern, die sie gesandt haben, meinen Dank zu Füßen legen und dann meinem Meister und der langen Linie seiner Meister danken, die mir eine Ahnung von der Größe und Macht der *Kundalini Shakti* vermittelt und mir geholfen haben, meinen Weg zu finden. Ich danke auch den Schülern, die ich bei Swamiji kennengelernt habe und all den Menschen, die mir von ihren mitunter schwierigen Prozessen erzählt haben. Schließlich gilt mein Dank der Gefährtin, die spät in mein Leben gekommen ist und mir immer wieder zeigt, was wahre Herzensgüte ist – ein Wort, das meine Mutter manchmal benutzte und für das ich so gut wie keine Verwendung hatte.

1

Die Vorgeschichte

Wann ich das erste Mal von Kundalini gehört habe, kann ich nicht mehr sagen. Es muss in den achtziger Jahren des vergangenen Jahrhunderts gewesen sein. Doch ich erinnere mich genau, dass das Wort Kundalini mich sofort faszinierte. Es war, als ob irgendetwas in mir mit diesem Wort in Resonanz trat, obwohl ich keine Ahnung hatte, was das Wort *Kundalini* bedeutete.

Etwas später hat mir dann eine Frau beim Mittagessen in einem Restaurant, nicht weit von San Francisco entfernt, von Krankheiten erzählt, für welche die Ärzte keine Diagnose fanden und die genauso plötzlich verschwanden, wie sie aufgetaucht waren. Einmal, sagte sie, hätte man sie fast einer Herzoperation unterzogen. Doch jetzt wisse sie endlich, dass die vielen unerklärlichen Krankheitssymptome von Kundalini hervorgerufen würden. Sie liefe nicht mehr zu Ärzten, sondern versuche, durch diese schubweise auftretenden und oft sehr schmerzvollen Zustände mit der Gewissheit zu gehen, dass sie ganz von selbst wieder aufhörten und sie ihrer inneren Weiterentwicklung dienen würden.

Danach begann ich über Kundalini zu lesen. Es gab nicht viel, und die Aussagen waren widersprüchlich. Ich hörte weitere Geschichten von Menschen, die meist in einer seltsamen Mischung aus Stolz und Schrecken vom Erwachen der Kundalini sprachen. Man empfahl mir Gopi Krishnas *„Kundalini, Erweckung der geistigen Kraft im Menschen"*[2]. Auch mich hat dieser detaillierte Bericht eines Inders, der

---

[2] Gopi Krishna: Kundalini, Erweckung der geistigen Kraft im Menschen. Otto Wilhelm Barth Verlag, Weilheim 1988.

ohne die führende Hand eines Meisters durch eine schwere Krise gehen musste, sehr beeindruckt. Später merkte ich, dass dieses ausgezeichnete Buch vielen Menschen tiefe Angst vor Kundalini eingeflößt hat.

Dann hörte ich von *Shaktipat*, der Übertragung einer geistigen Kraft vom Meister auf den Schüler, bei der ein Blick oder eine Berührung die Kundalini erwecken und ein großes Feuer entzünden könne. Auch dabei kam es aber vor, dass sich oft keinerlei Wirkung zeigte.

Ich nahm an einer großen Konferenz im kalifornischen Monterey teil, welche die Veranstalter *„Energien der Transformation: die Dynamik spiritueller Emergenz im Körper"*genannt hatten, weil sie meinten, es sei zu gewagt, das Wort Kundalini im Titel zu erwähnen. Doch die vielen Menschen, die gekommen waren, sprachen nur von der Kundalini-Konferenz. Das war im März 1990.

Ein Jahr davor hatte ich mit der Ausbildung zum Facilitator für „Holotropes Atmen" begonnen, einer von Stanislav Grof und seiner Frau Christina entwickelten Technik der Transpersonalen Psychologie. Die Kurse, die jeweils eine Woche dauerten, bestanden zu etwa gleichen Teilen aus theoretischer Unterweisung und praktischer Selbst-Erfahrung im Holotropen Atmen.

Durch sehr schnelles und kräftiges Atmen geraten die Teilnehmer in einen erweiterten Bewusstseinszustand, in dem dann eine nahezu unbeschränkte Zahl von Erfahrungen aus dem eigenen Inneren und aus transpersonalen Bereichen auftauchen können. Während dieser Ausbildung ging ich vor allem durch mitunter sehr schmerzhafte Verspannungen in den Gliedern, denen oft ein nie zuvor gespürtes und sehr beglückendes Fließen von Energien im Körper folgte. Ich wagte nicht anzunehmen, dass das irgendetwas mit Kundalini zu tun haben könnte.

Im Herbst 1990 machte ich dann einen halbstündigen Fernsehbericht über spirituelle Notfälle, über Menschen, die in eine schwere innere Krise geraten und deren Symptome denen einer Psychose sehr ähnlich waren. Wenn sie jedoch nicht mit Psychopharmaka behandelt, sondern behutsam begleitet werden, können solche spirituellen Krisen zu einer tiefen Transformation und in ein besseres und bewussteres

Leben führen. Natürlich wollte ich, dass in diesem Bericht auch jemand über seine Erfahrungen mit Kundalini spricht.

Um einen geeigneten Kandidaten zu finden, dessen Erzählung einem großen Publikum eine erste Idee von Kundalini vermitteln, aber keine Ängste einjagen sollte, sprach ich mit einem guten Dutzend Menschen, die mir vom *Spiritual Emergence Network (SEN)* der USA vermittelt wurden. Fast alle erzählten von ihren großen Schwierigkeiten und von dem Umstand, dass sie niemanden gefunden hatten, der ihnen wirklich helfen konnte. Genau in dieser Zeit, mitten in der Produktion dieses Filmes, in langen Nächten in einem Motel in San Francisco, begann in mir das, was ich nach meinem damaligen Wissensstand für ein Erwachen von Kundalini hielt.

In den folgenden Jahren stellten sich immer wieder Erfahrungen ein, die mir keinen Zweifel ließen, dass die Kundalini erweckt worden war. Doch trotz eines recht disziplinierten Lebens und verschiedener Versuche, mich weiter zu öffnen, wuchs ein intuitives Wissen in mir, dass irgendetwas eine weitere Entfaltung des Prozesses verhinderte. Im Oktober 1995 nahm ich dann an einer Konferenz des *Kundalini Research Network* in der Nähe von Philadelphia teil. Sie wies mir ganz unerwartet einen Weg aus dem Kreislauf, in dem ich mich befand.

Auf dieser Konferenz wurden die mit Abstand präzisesten Informationen über die verschiedenen feinstofflichen Kanäle, in denen Kundalini aufsteigen kann und über die dabei auftretenden Symptome von einer Amerikanerin vorgetragen, die, wie sie erwähnte, von einem Swami aus dem indischen Rishikesh geschult wurde. Anschließend berichteten zwei amerikanische Männer sehr detailliert, wie derselbe Swami ihre schwierigen und sehr unterschiedlichen Kundalini-Prozesse korrigiert hatte. So genaue und in sich stimmige Informationen über Kundalini hatte ich nirgends sonst gefunden. Danach war mir völlig klar, dass ich versuchen musste, zu diesem Swami nach Rishikesh zu gehen.

Um angenommen zu werden, musste ich eine kurze Biographie, einen Bericht über medizinische Vorkommnisse und über meinen spirituellen Entwicklungsgang vorlegen. Ein paar Wochen später erhielt ich eine Art Bewertung oder Diagnose meines Kundalini-Prozesses, die mich höchst seltsam anmutete. Da hieß es, was ich für ein glorioses Erwachen von *Kundalini Shakti* gehalten hatte, sei ein spontaner Übergang aus einem feinstofflichen Kanal, der ihr keine Entfaltung ermöglichte, in einen anderen Kanal gewesen, in dem Sie sich ihrem Ziel nähern könne. Doch ihr weiterer Aufstieg, und das erstaunte mich nicht, würde im Bereich des Kehlkopfs auf eine Blockade stoßen.

Ende Februar 1997 flog ich dann nach Indien, in einer Mischung aus Bereitschaft, mich einer neuen Erfahrung zu öffnen, und dem festen Vorsatz, mit sehr kritischen Augen auf alles zu achten, was dort geschehen würde. Seitdem war ich sechsmal in Rishikesh. Die ersten vier Besuche dienten vor allem der Förderung meines Prozesses, in den Jahren danach hielten sich Praxis und theoretischer Unterricht in etwa die Waage.

2

Der hartnäckige Engpass

Auf dem Weg zum Meister

In den Wochen vor meiner Indien-Reise verbrachte ich viele Tage in einem einsamen Haus in den Bergen unweit von Rio de Janeiro. Ich wollte mich ganz allein, mitten im Wald, durch langes Meditieren und einschlägige Lektüre auf die Zeit in Rishikesh vorbereiten. Doch trotz der vollkommenen Ruhe war ich angespannt und fragte mich immer wieder, ob der Swami, den ich dort antreffen sollte, wirklich ein Meister sei und ob er mein Meister werden könne. Nach ein paar Tagen begann ich dann Abend für Abend seinen schwierigen, unendlich langen Namen in den Wald hinein zu rufen, laut und sehr bemüht, ihn richtig auszusprechen.

Zu diesem Zeitpunkt war ich schon dreimal in Indien gewesen, ohne nach einem Meister Ausschau zu halten. Doch insgeheim hatte ich wohl ein wenig gehofft, einem Lehrer zu begegnen. Natürlich hatte ich viele Male gehört und gelesen, dass der Meister erst auftaucht, wenn der Schüler darauf vorbereitet ist. Ich stellte mir nicht nur die Frage, ob ich vorbereitet sei, sondern auch, ob man einen Meister auf eine so konventionelle Art, auf dem Weg über eine Konferenz, finden könne, den auch hundert andere hätten gehen können.

Ich wusste nur sehr wenig über den Swami in Rishikesh, zu dem ich in Kürze gehen sollte. Auf der Konferenz in Philadelphia hatte ich in einer abendlichen Fragestunde seine amerikanische Schülerin gebeten, etwas über ihren Meister zu sagen. Unter den vielen Fragen beantwortete sie diese als erste, doch nur mit wenigen, tief bewegten

Worten. Ansonsten hatte ich nur die Farbkopie eines Fotos von ihm, die zusammen mit der Bewertung meines Kundalini-Prozesses gekommen war. So rief ich also, nachdem ich den Sonnengruß, eine mir zur Vorbereitung aufgetragene Yoga-Übung, dreimal vollzogen hatte, Abend für Abend über zwei Meere und einen Kontinent hinweg nach einem mir so gut wie Unbekannten: Chandrasekharanand Saraswati, Chandrasekharanand Saraswati……

Nach ein paar Tagen erschien er mir dann in einem langen Traum, den ich nur teilweise wiedergebe: Ich bin gerade in seinem Gästehaus *Patanjali Kundalini Yoga Care* in Rishikesh angekommen und habe mich auf einem Bett in einem sehr unordentlichen Zimmer ausgestreckt. Verschiedene Gepäckstücke liegen auf dem Boden. Ein Inder wühlt in einem Rucksack herum, entdeckt eine Maus und will sie totschlagen. Da kommt der Swami, den ich in diesen Tagen so oft gerufen hatte, ins Zimmer, setzt sich aufs Bett und beginnt mit mir zu plaudern. Er erzählt eine eher belanglose Geschichte über sich selbst.

Obwohl er in diesem Traum sehr präsent ist, bin ich enttäuscht. So hatte ich mir einen Meister nicht vorgestellt, und ich frage mich, ob dieser Swami tatsächlich ein voll verwirklichter Meister ist. Genau in diesem Moment, so als ob er Gedanken lesen könne, hält er inne. Dann bringt ein Diener Tee und sagt, was es zu essen geben wird, und auch dieses Szenario sieht mehr nach einem kleinen Hotel als nach einem Ashram aus. Doch gegen Ende dieses Traumes fragt mich der plaudernde Swami, ob ich schon meditiert habe; und dann befinden wir uns plötzlich in einer in den Fels geschlagenen Höhle, die mich nachträglich, obwohl sie um vieles kleiner war, an Ajanta oder Ellora erinnert hat.

Zwei Wochen später flog ich nach Delhi. Es war nicht schwer, Swamiji, so nennen ihn seine Schüler, unter den vielen Menschen am Ausgang des Flughafens Indira Gandhi zu entdecken. Er trug die orangefarbene Robe der Swamis und hielt ein kleines Schild *Patanjali Kundalini Yoga Care* in der Hand. Nach ein paar Worten der Begrüßung gingen wir zu seinem Auto und fuhren die restliche Nacht hindurch nach Rishikesh.

Im Gästehaus angekommen, gab es bald Tee. Swamiji setzte sich in einen Korbstuhl, der von der Decke herabbaumelte, und begann sich genau in dem Plauderton mit mir zu unterhalten, der schon im Traum meinen Vorstellungen von einem Meister so gar nicht entsprochen hatte. Dann führte er mich in mein Zimmer und sagte, ich solle mich erst einmal ausruhen und umschauen. Im Gästehaus, das an einer lauten Straße etwas außerhalb von Rishikesh lag, waren drei weitere Schüler untergebracht, jeder in seinem eigenen Zimmer. Gemeinsame Meditationen gab es nicht. Nur das Mittagessen nahmen wir gemeinsam ein. An einen Ashram erinnerte allenfalls ein Schild: *Non Spiritual Activities Including Smoking Are Not Allowed.*

In diesen ersten Tagen ging ich oft zu dem nicht weit entfernt gelegenen Ganges, der in Rishikesh noch ganz sauber aus den Vorbergen des Himalaya fließt. Einmal nahm mich Swamiji nach Rishikesh mit und erzählte von Rama, der in lengendären Zeiten einmal hier gewesen sein soll. Ich hatte große Schwierigkeiten, am Ufer des rauschenden Ganges sein indisches Englisch zu verstehen und nicht den Mut, nach jedem dritten Wort nachzufragen. So vergingen die ersten Tage – sehr anders, als ich erwartet hatte.

Schließlich kam Swamiji in mein Zimmer und erklärte mir die Übungen, die ich von nun an viermal am Tag eine Stunde lang ausführen sollte: Nach dem Sonnengruß erst fünf Minuten Schulterstand, dann, zur Vorbereitung, das alternierende Atmen, erst durch das eine und dann durch das andere Nasenloch, *Samabhyasa* genannt, und anschließend eine weitere, sehr spezifische Atemübung, gefolgt von einer Zeit stiller Aufmerksamkeit. Zu Beginn, am Ende und zwischen den einzelnen Übungen sollte ich dreimal *OM*, das *Mantra* aller *Mantras,* intonieren. Ob und wann ich diese Übungen ausführte, blieb mir selbst überlassen.

Während dieser ersten Unterweisung hatte das Telefon geklingelt. Swamiji ging hinaus und kam gleich wieder mit seinem drahtlosen Apparat zurück. Es wurde ein langes Gespräch. Seine amerikanische Schülerin und Nachfolgerin hatte viele Fragen. Nach ein paar anfänglichen Worten gab es keine Spur mehr vom Plauderton. Swamiji brachte alles in wiederholten Anläufen genau auf den Punkt und gab sehr klare und entschiedene Anweisungen. Was ich da hörte, wohl nicht von ungefähr, kam meinen Vorstellungen von einem Meister schon sehr viele näher.

Was das Ziel der Übungen war, die mir Swamji aufgetragen hatte, wusste ich in etwa. In der Bewertung meines Kundalini-Prozesses hatte gestanden, Kundalini sei vor längerer Zeit spontan aus der *Vajra Nadi*, in der sie im Kehlkopf-*Chakra* blockiert war, in die *Sushumna Nadi* übergegangen, und sei wiederum auf derselben Höhe im Kehlkopf-*Chakra* auf eine Blockade gestoßen. *Nadis* sind feinstoffliche Kanäle; und in sechs der unendlich vielen *Nadis* unseres feinstofflichen Körpers – dazu später mehr – kann die Kundalini aufsteigen.

Von den sehr unterschiedlichen Symptomen eines Kundalini-Aufstieges in der *Vajra* und *Sushumna Nadi* und den Auswirkungen einer Blockade in *Vishuddha*, dem empfindlichen Kehlkopf-*Chakra*, hatte ich aus den Vorträgen in Philadelphia und einer dort erhältlichen Broschüre von Swamijis amerikanischer Schülerin eine gewisse Vorstellung. Aber ich ahnte nicht, wie schwierig es sein würde, diese über viele Jahre verfestigte Blockade aufzulösen oder zu durchbrechen.

Erste Schritte auf einem langen Weg

Schon seit längerem hatte ich regelmäßig meditiert, aber vier Stunden pro Tag war eine neue Herausforderung. Begonnen hatte ich auf Anraten eines Freundes vor gut zehn Jahren mit der Transzendentalen Meditation. Ich sollte beim Meditieren unablässig ein *Mantra* wiederholen, das mir ein junger Mann bei einer Art von Initiation in einem Bürohochhaus im Zentrum von Rio de Janeiro beigebracht hatte. Doch obwohl ich es über mehrere Wochen hartnäckig versuchte, konnte ich mich nicht entspannen und dem *Mantra* überlassen; so hielt ich mich bald für völlig unfähig, jemals zu meditieren und einen Zustand innerer Ruhe zu erreichen.

Einen zweiten Anlauf nahm ich während eines kurzen Aufenthaltes in Delhi. Der Besitzer eines Verlages, bei dem ich Bücher bestellt hatte, empfahl mir, ein Meditationszentrum der Jains in Mehrauli, einem

Vorort von Delhi, aufzusuchen. In den ersten Tagen brachte uns ein geduldiger Lehrer eine geleitete, 45-minütige Übung zur Entspannung des ganzen Körpers bei, die ich dann in verkürzter Form für lange Zeit zu Beginn der Meditation praktizierte. Ich war damals sechzig Jahre alt und konnte nur auf sorgfältig in genau der richtigen Höhe vorbereiteten Kissen eine Art von Sitzen mit verschränkten Beinen simulieren.

Während dieser Tage kam das Oberhaupt der Jains nach Delhi. Er war im Haus eines Anhängers untergebracht, das man, einem alten Brauch folgend, für ihn und seine Gefolgschaft ausgeräumt hatte. Ich wurde eingeladen und ihm vorgestellt. Er saß mit mehreren Schülern in einem leeren Zimmer auf dem blanken Marmorboden und gab Unterricht. Ich wusste, dass es in Indien als unhöflich gilt, jemandem die Beine entgegenzustrecken, und versuchte mich entsprechend niederzulassen. Acharya Shri Tulsi, das neunte Oberhaupt der Jains, unterbrach den Unterricht und gab mir die Gelegenheit, Fragen zu stellen. Ich hatte mehrere, aber konnte nicht ruhig sitzen und versuchte meine schmerzenden Beine in immer neuen Positionen zu verstauen. Seine jungen, in makellosem Weiß gekleideten Schüler beobachteten diese Szene und kicherten still vor sich hin – ein bleibender Eindruck.

Wichtiger war dafür der Ansporn eines alten Mannes, Dadaji, der sich ins Meditationszentrum von Mehrauli zurückgezogen hatte. Er war Besitzer einer der größten indischen Ventilatorenfabriken gewesen, hatte dann, wie in alten Zeiten, alles seinen Söhnen übergeben, um in aller Stille zu leben und zu meditieren. Hin und wieder wurde er von einem Chauffeur der Firma für ein paar Tage zu seiner Familie gebracht.

Manchmal bat mich Dadaji in sein Zimmer und sprach ein wenig mit mir. Sein Englisch war vorzüglich. Ich verstand jedes Wort. Beim letzten Gespräch sagte er, es kämen viele Leute hierher, um das Meditieren zu erlernen, doch die wenigsten würden nachher weitermachen. Doch ich, so spüre er, würde weiterhin meditieren. Als ich nach ein paar Jahren wieder nach Mehrauli kam, hatte Dadaji, der mir schon damals ganz transparent und leicht wie eine Feder erschienen war, seinen physischen Körper bereits verlassen.

Mit Swamijis Übungsprogramm von viermal eine Stunde pro Tag begannen die Knie bald zu schmerzen. Auch in der einen Stunde das eine und in der nächsten das andere Bein überzuschlagen, half nur wenig. Dass man abwechselnd von Stunde zu Stunde oder von Tag zu Tag das rechte oder das linke Bein überschlagen soll, auch um das Rückgrat im Lauf der Zeit nicht zu verkrümmen, hatte ich zufällig einem Buch entnommen, nachdem ich schon ein paar Jahre meditiert hatte, immer mit dem Bein, mit dem es leichter fiel, über dem anderen. Erstaunlicherweise war dieser einfache, grundlegende Hinweis in keinem der Meditations- und Wochenendkurse erwähnt worden, an denen ich über die Jahre teilgenommen hatte.

Am nachhaltigsten linderte die Schmerzen jedoch ein von Swamiji zubereitetes ayurvedisches Massageöl, das bis in die Knochen dringt und mit dem ich jeden Abend den ganzen Körper und vor allem die Knie einrieb. Gegen Ende dieses ersten Aufenthalts in Rishikesh, kurz bevor die ersten Schüler abreisten, brachte er uns bei, wie man dieses Öl zubereitet und gab uns die nötigen Ingredienzen mit auf den Weg.

Schon bald nach der Ankunft war mir aufgefallen, dass Swamiji bei seiner Arbeit mit Schülern immer mehrere Maßnahmen zur gleichen Zeit anwandte. In den meisten Fällen stand die tägliche Praxis, die Körperpositionen und Atemübungen verband, im Mittelpunkt. Zugleich förderte er die sehr unterschiedlichen Prozesse der Schüler mit einer Vielzahl ayurvedischer Mittel, die er zum Teil selbst aus Kräutern zubereitete, die oft von weither kamen. Einige dieser Mittel dienten vor allem dazu, wie er einmal erwähnte, die Arbeit der Kundalini im Gehirn zu unterstützten. Im Laufe der Jahre hatte ich dann beobachtet, dass er sein Sortiment an ayurvedischen Mittel dauernd ergänzte und erweiterte.

Auch die ausgezeichnete vegetarische Kost, die er manchmal den momentanen Bedürfnissen eines Schülers anpasste, muss in diesem Zusammenhang erwähnt werden; und hin und wieder empfahl er uns ein Buch oder wählte für einen der kleinen gemeinsamen Ausflüge einen Ort, der mit den inneren Vorgängen des einen oder anderen Schülers korrespondierte. Bei all dem ist es wichtig, im Auge zu behalten, dass diese Maßnahmen in ihren verschiedenen Kombinationen vor allem den feinstofflichen Bereich zum Ziel hatten. Nichts hat Swamiji häufiger und mit mehr Nachdruck gesagt als: „Wenn man es nicht im feinstofflichen Körper in Ordnung bringt, kommt es zurück."

In diesen ersten Tagen hörte sich, besonders bei der Übung am frühen Morgen, mein *OM* an, als ob es sich aus einer alten rostigen Gießkanne hochquäle. Im Laufe des Tages wurde es vernehmlicher, doch es konnte sich nicht mit den voll tönenden *OM*-Lauten messen, die ab und zu aus den Zimmern der anderen Schüler drangen. Es war mir klar, dass das auf die jahrelange Blockade von Kundalini in *Vishuddha*, dem empfindlichen Kehlkopf-*Chakra*, zurückzuführen war. Doch vom Ausmaß, das die aus der feinstofflichen Ebene herrührenden Beeinträchtigungen erreichen können, hatte ich damals keine Ahnung.

Etwa nach einer Woche regelmäßiger Praxis bekam ich in der Nacht starke Halsschmerzen und Fieber und spuckte große Mengen von schwerflüssigem Schleim aus. Am Tag zuvor hatte eine der Schülerinnen still und doch ostentativ vor sich hin gelitten, und ich dachte, sie setze sich ein wenig in Szene, so schlimm könne es ja wohl nicht sein. Nun spürte ich am eigenen Leib, wie tief, das ganze Wesen durchdringend, so ein Reinigungsprozess greifen kann; denn intuitiv wusste ich genau, dass es sich nicht um eine übliche Erkältung handelte, sondern dass die Säuberung des Kehlkopf-*Chakras* begonnen hatte. Es war so, als ob Kundalini mir sagen wollte, was los war, und dieses innere Wissen half dann, den Entschlackungsprozess gelassener hinzunehmen.

Bilder oder Vision kamen während dieser Zeit kaum hoch und wenn, dann nur für kurze Momente. Manchmal erschien mein Großvater, der mir die erste Rolltreppe in München gezeigt und mit dem ich aus den Augen der Bavaria auf die Theresienwiese hinabgeschaut hatte. Einmal schwebte das Gesicht eines verstorbenen Freundes über mir im dunklen Raum. Ich hatte seit Jahren nicht mehr an ihn gedacht und erinnerte mich nun, dass jedes Wiedersehen, auch wenn wir uns Jahre nicht getroffen hatten, so war, als ob wir am Vorabend auseinandergegangen wären. Er hatte immer geduldig zugehört, als mein spirituelles Interesse aufflammte und ich, wie das für diese Phase typisch ist, alle Welt mit meinem neuen Wissen beglücken wollte. Vielleicht weil er ein Pfarrerssohn war, schaute hin und wieder auch mein atheistischer

Vater auf seinen praktizierenden Sohn herab – wohlwollend, wie mir schien.

Trotz dieser eher spärlichen visuellen Effekte beschlich mich kein Gefühl des Neides, wenn eine der Frauen, die damals bei Swamiji waren, von dem herrlichen Licht schwärmte, das sie hin und wieder bei den Übungen umfing. Ich hatte beim Holotropen Atmen als Teilnehmer und Facilitator gelernt, dass immanente, also mehr im eigenen Körper lokalisierte Erfahrungen genauso tiefgreifende Veränderungen zeitigen können wie großartige transzendente Visionen. Manchmal erleichtert das Abwerfen von angehäuftem Balast lang zurückliegender Ereignisse den Zugang zu transpersonalen Bereichen. Aber es scheint auch eine grundlegende Veranlagung für die eine oder andere Form innerer Erfahrungen zu geben.

Nachdem das Fieber abgeklungen war und ich mich regelrecht ausgeschleimt hatte, begann die Nase für mehrere Tage unablässig zu laufen. Doch genau in dem Moment, in dem ich mit der Übung begann, hörte dieser Dauerschnupfen auf, und ohne dass ich irgendetwas dazu tat, öffneten sich die Atemwege ganz von selbst. Damals konnte ich mir das nicht erklären.

Später lernte ich aus weiteren Vorkommnissen dieser Art und aus den Erzählungen anderer, dass die Kundalini eine übergeordnete Form von Intelligenz in sich birgt und Hindernisse aus dem Weg räumt wenn sie arbeiten will, oder dass sie ihre Tätigkeit abbricht, wenn die äußeren Umstände ihr entgegenstehen. Oft regt sie sich in Menschen, die während der Woche eingespannt sind, am Wochenende oder stoppt tiefgreifende Reinigungsprozesse, etwa wenn man verreisen muss, von einem Moment zum anderen.

Ich erinnere mich, und das ist kein Einzelfall, an eine Frau, die mehrere Tage bis zu achtzehnmal Mal auf die Toilette rennen musste, um die Rückstände von schlechter Ernährung, Alkohol und Zigaretten aus weit zurückliegenden Jahren zu eliminieren. Mitten in diesem schwierigen Prozess musste sie im Auto ein paar Tage nach Delhi fahren. Sie packte mehrere Rollen Toilettenpapier ein und fragte besorgt, ob es unterwegs Klosetts gäbe. Swamiji sagt in solchen Fällen nur, man solle sich keine Sorgen machen, der Durchfall höre ganz von selbst auf. Sie wollte das nicht glauben. Als sie zurückkam, fragten wir, wie es ihr ergangen sei. „Sehr gut", sagte sie, „vom Moment an, in dem ich ins Auto gestiegen bin, hat sich keine Spur von Diarrhöe mehr gezeigt."

Wenn diese Reinigungsprozesse ablaufen, die alle nur denkbaren Formen physischer Ausscheidungen annehmen können – auf die psychischen werden wir noch kommen – versteht man intuitiv, dass es sich um eine notwendige, von *Kundalini Shakti* veranlasste Säuberung handelt. Zugleich fühlt man, dass die mitunter einhergehende Schwächung vorübergehend ist und man letztlich gestärkt aus diesem Prozess hervorgehen wird. Swamiji, der unter seinen ayurvedischen Medikamenten sehr wirksame Mittel gegen Durchfall und andere Beschwerden hat, verabreicht sie natürlich nicht, wenn man durch einen Reinigungsprozess geht.

In diesen ersten Wochen schienen sich die Nächte unendlich lang hinzuziehen. Die intensive Praxis erzeugte einen Zustand, in dem sich die Vorgänge, die sie im feinstofflichen Körper auslöste, ganz von allein unentwegt wiederholten. Eine Art Perpetuum mobile subtiler Abläufe schien in Gang gesetzt, das ich halb wachend, halb schlafend beobachtete. Diese Abläufe waren von bewusster Atmung losgelöst oder, wie mir nach einiger Zeit auffiel, von einer sehr spezifischen, doch spontan einsetzenden Atmung begleitet. Was sich da in mir bewegte, war, wie mir Swamiji erklärte, *Prana*, die im feinstofflichen Körper zirkulierende Lebensenergie.

In einer dieser langen Nächte, die mich erstaunlicherweise kaum erschöpften, kam ein starker Sturm auf. Türen schlugen, die Fenster meines Zimmers flogen auf und zum ersten Mal ertönte das Rohrglockenspiel, das im Vorraum vom Gitter eines Oberlichtes herabhing. Die wilden Winde, die vom Himalaya herunterwehten, schienen auch durch meinen Körper zu wirbeln. Die Grenzen zwischen der Umwelt und mir, zwischen Innen und Außen, hatten sich aufgelöst. Es schien, als ob ich und alles um mich herum von aufgewühltem *Prana* durchdrungen sei.

Als Swamiji mir die täglichen Übungen beigebracht hatte, waren ein paar Bemerkungen über die theoretischen Grundlagen ihrer Wir-

kungsweise gefallen, und er hatte mir ein Buch, „*Swara Yoga*"[3], gegeben, das sehr gut erklärt, was *Prana* ist und wie *Prana* und Atmung
zusammenhängen. Es gefiel mir, dass ich nicht einfach irgendwelche
Übungen machen sollte, ohne zu wissen, wofür sie gut sind.

Prana, Vayus, Nadis und Chakras

Um zu verstehen, warum die Übungen wirksam sind, die Swamiji den
Schülern beibringt, müssen wir hin und wieder auf die theoretischen
Grundlagen eingehen, auf denen seine Arbeit fußt. Zu den wichtigsten
gehört die alte Lehre von *Prana* und den *Vayus*.

Prana ist die universelle oder kosmische Energie, welche die gesamte Schöpfung durchdringt und somit alles Leben ermöglicht und
erhält. *Prana* wird durch die Atmung in den Körper geholt und in ihm
bewegt. Aber er ist nicht identisch mit dem Atem, sondern gehört in
eine andere ontologische Kategorie. Der Atem ist das Vehikel, das Be-
förderungsmittel für *Prana* und zugleich seine Aktion, das Medium,
durch das *Prana* wirkt. Deswegen kann man durch spezifische Praktiken – vor allem durch *Pranayama*, die Atemübungen der Yogis – erreichen, dass sich *Prana* voll im menschlichen Körper entfaltet.

Wenn sich *Prana* aus dem Körper zurückzieht, hört die Atmung auf
und man stirbt. Somit sind Lebensodem oder Henri Bergsons 'Elan
vital' treffende Übersetzungen für das Wort *Prana,* das sich aus den
Wurzeln *pra,* konstant, und *na,* Bewegung, zusammensetzt. Das Lebenselixier *Prana* ist also ständig in Bewegung und wirkt nicht nur in
uns selbst, sondern auch überall um uns herum.

Prana ist von Natur aus rein, ohne Flecken und nicht kontaminiert
von den Niederschlägen unserer Handlungen und Gedanken, wie der
Bereich, in dem unser mentales Geschehen abläuft. So obliegt *Prana,*
wenn es in uns stark geworden ist, die Säuberung, wie wir noch sehen
werden, des gesamten Organismus, die dann in eine neue Phase des
Prozesses führt.

---

3   Swami Muktibodhananda Saraswati: Swara Yoga, The Tantric Science of Brain
    Breathing. Bihar School of Yoga, Munger, Bihar 1984.

Die Yogis haben festgestellt, dass sich *Prana* an bestimmte Körperregionen und ihre Organe anpasst und dann unterschiedliche Funktionen erfüllt. Diese spezifischen Formen von *Prana* haben sie *Vayu* genannt. Es gibt fünf Haupt- und fünf Neben-*Vayus* und viele kleinere *Vayus* mit sehr spezifischen Aufgaben. Um die Vorgänge in Kundalini-Prozessen zu verstehen und was die von Swamiji verordneten Atemübungen bewirken, muss man wissen, was für Funktionen die fünf Haupt-*Vayus* in unserem Körper erfüllen.

Im unteren Bereich des Körpers, von den Füßen bis zum Becken, ist *Apana Vayu* tätig. Das energetische Potenzial von *Apana Vayu* ist nach unten gerichtet und regelt somit alle Formen von Ausscheidung, hat also mit Urin, Exkrementen, Menstruation, Ejakulation und auch mit der Geburt zu tun.

Darüber, in der Bauch- und Magenregion, sitzt *Samana Vayu*, der sich der Verdauung und der Verteilung der aus der Nahrung gewonnenen Energie annimmt. Zu den Aufgaben von *Samana Vayu* gehört auch, einen Ausgleich zwischen dem über ihm, in der Brustregion, wirksamen *Prana Vayu* und dem abwärtsgerichteten *Apana Vayu* in den unteren Körperregionen zu schaffen.

Prana Vayu regelt, da er im Bereich der Brust, des Herzens und der Lunge angesiedelt ist, die Blutzirkulation, die Atmung, die Körpertemperatur und bestimmt somit auch den Grad unsere Vitalität. Aber seine Wirkung beschränkt sich nicht auf physische Abläufe. *Prana Vayu* hat auch Einfluss auf unsere Gefühle und somit auf die wichtige Verbindung vom Herzen – dessen Bedeutung, wie auch die Wissenschaften in den letzten Jahren wiederentdeckt haben, über bloße Pumpfunktionen weit hinausgeht[4] – zum darüberliegenden Steuerungszentrum, dem Gehirn.

Von der Kehle an und den gesamten Kopf umfassend regiert *Udana Vayu*, dessen Energie nach oben gerichtet ist. *Udana Vayu* ist mit Sprache, Gedächtnis, Intelligenz und mit dem Willen verbunden. Er herrscht also vor allem im mentalen Bereich. Seine ungehinderte Funktionsfähigkeit ist eine Voraussetzung für den Aufstieg der Kundalini zu

---

4   Doc Childre and Howard Martin: The Heartmath Solution. Harper, San Francisco 1999.

Ajna, dem Stirn-*Chakra*, und in der Folge zu *Sahasrara*, dem tausend-blättrigen Kronen-Lotos.

Der fünfte Haupt-*Vayu*, *Vyana Vayu* genannt, umfasst den gesamten Körper. Er wirkt in den Muskeln, Gelenken, im Nervensystem, regelt Bewegunsabläufe und hilft, die Blutzirkulation in Gang zu halten. Da *Vyana Vayu* auf den ganzen Körper verteilt ist, spiegelt er auch die Veränderungen wieder, denen die vier anderen Haupt-*Vayus* unterworfen werden. Hellsichtige nehmen *Vyana Vayu* als Aura wahr.

Man muss sich darüber im Klaren sein, dass der alles durchdringende kosmische *Prana* und der in den verschiedenen Körperregionen wirksame *Prana*, also die *Vayus*, ein und dasselbe sind. Sie unterscheiden sich nur durch ihren Funktionen. In einer der alten Schriften heißt es dazu, *Maha Prana*, also der große, der kosmische *Prana*, überträgt den untergeordneten *Pranas* Aufgaben, so wie ein König den Verwaltern der Provinzen seines Reiches. Swamiji hat uns das mit einem seiner einfachen, aus dem täglichen Leben genommenen Hinweise erklärt. Er sagte, egal ob er koche oder unterrichte, er sei immer dieselbe Person.

Er wies auch darauf hin, dass *Prana,* und mithin die *Vayus*, um voll zur Wirkung zu kommen, Kundalini so sehr benötige, wie die Konsonaten der Vokale bedürfen, um die Sprache zu bilden. Wenn *Kundalini Shakti* das Lebenselixier *Prana* lenkt, steigt es auf, wenn nicht, dann steigt oder fällt es, je nach den sich unentwegt verändernden Lebensumständen. In der heißen Phase des Prozesses kann ganz deutlich werden, dass der Lebensodem *Kundalini Shakti* untergeordnet ist; denn dann kann *Prana* auf Geheiß der Kundalini, wie wir noch sehen werden, auf anderen, nicht an den Atem gebundenen Wegen in den Körper eindringen.

Es war mir wichtig, diese Zusammenhänge zu verstehen. Vage Angaben und bloße Spekulationen sind mir auch in spirituellen Angelegenheiten zuwider. Nicht umsonst heißt es, dass die Erkenntnisse des spirituellen Bereiches denen, die man mit dem gesunden Menschenverstand erfassen kann, nicht widersprechen dürfen. Doch wenn sie das nicht tun, dann können sie über die beschränkten alläglichen Erfahrungen und Einsichten der sogenannten Fußgänger-Perspektive hinausgehen[5]. Dieser Maxime, so fand ich, mussten auch Swamijis Aussagen über Kundalini-Prozesse und die mit ihnen verbundenen feinstofflichen Vorgänge Genüge tun.

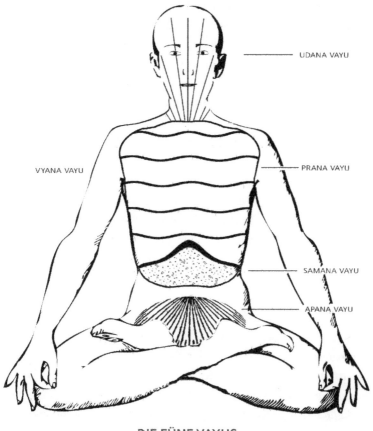

DIE FÜNF VAYUS

5   Swami Prabhavananda: The Spiritual Heritage of India. Vedanta Press, Hollywood 1979.

Der theoretische Unterbau half mir, die von der täglichen Übungs-Praxis ausgelösten Erfahrungen zu verstehen. Schon in den ersten Tagen schien sich mein Kopf während der Übungen in einen voll aufgeblasenen Ballon zu verwandeln. Das Gefühl, einen Ballon auf dem Hals zu balancieren, war nicht unangenehm und hielt oft lange an. Es war naheliegend, daraus zu schließen, dass die verordnete Übung ihren Zweck zu erfüllen begann, nämlich die Aktivierung des nach oben gerichteten *Udana Vayu*.

Ein paar Tage danach bekam ich während der Übungen eine Nase so hart wie Stein. Ich fragte Swamiji, was diese Phänomene bedeuten. Er bestätigte, dass sich *Udana Vayu* ausdehne und sagte, der Ballon und eine steinharte Nase seien natürlich nicht das Ziel der Übungen, sondern auf Unreinheiten im feinstofflichen Körper zurückzuführen.

Die *Vayus*, hatte er erklärt, greifen ineinander wie Zahnräder. Wenn einer der fünf Haupt-*Vayus* gestört ist oder durch einen Impuls modifiziert wird, stört oder beinflusst er alle anderen. Deswegen können Swamijis spezifische Übungen verschiedene Nebenwirkungen hervorrufen, wie ich oft an mir und den Erzählungen der anderen, die damals im Gästehaus waren, feststellen konnte. Ich versuchte zu erfahren, welche Erklärungen Swamiji für die verschiedenen Nebenwirkungen gab und bemerkte, dass sie immer, soweit ich das schon beurteilen konnte, mit seinen theoretischen Darlegungen feinstofflicher Vorgänge übereinstimmten.

Das Ziel vieler Yoga-Übungen, also von *Asanas* und *Pranayamas*, von Körperpositionen und Atemübungen, ist es, das diffizile Zusammenspiel der *Vayus* zu beeinflussen. Da jedoch viele Yoga-Lehrer von den spezifischen Funktionen der *Vayus* und von der Art und Weise, in der die einzelnen Übungen die *Vayus* modifizieren, nur wenig wissen, kann das intensive Praktizieren von *Hatha Yoga*, wenn eine entsprechende Prädisposition in einem Schüler gegeben ist, zu großen Komplikationen führen. In solchen Fällen raten erfahrene spirituelle Lehrer den Schülern oft, den Yoga-Kurs zu verlassen. Das ist auch der Grund, warum Swamiji grundsätzlich nicht mit Gruppen arbeitet, sondern jedem Schüler seine eigenen, den feinstofflichen Gegebenheiten angepassten Übungen verordnet.

Energie, und das gilt auch für *Prana*, oder genauer für die *Vayus*, wird nur mess- oder spürbar, wenn sie in einem Behälter eingegrenzt ist, also zum Beispiel durch einen Kanal oder ein Kabel fließt. Wenn sich diese Kanäle im feinstofflichen Körper befinden, werden sie in der chinesischen Akupunktur Meridiane und in der indischen Tradition *Nadis* genannt. Das Wort *Nadi* geht auf die Sanskrit-Wurzel *nad* zurück, die den Worten zu Grunde liegt, die mit Fließen zu tun haben. Daher sind *Nadis* genau genommen nicht Kanäle, sondern etwas, das fließt.

Nadis entstehen also immer dann, wenn Energie von einem Punkt zu einem anderen strömt, so wie zum Beispiel eine Linie entsteht, wenn man einen Finger in stehendem Wasser bewegt. Weil diese Linien energetischer Natur sind und wieder verschwinden, wenn sich die Energie erschöpft hat, findet man natürlich bei einer Autopsie in einem menschlichen Körper weder Meridiane noch *Nadis*. Doch das heißt nicht, dass sie nicht existieren, wenn Energien fließen. Wir haben es hier mit unterschiedlichen Ebenen zu tun, mit der körperlich-materiellen und der feinstofflich-energetischen. Wenn etwas auf einer Ebene nicht nachweisbar ist, so kann man daraus nicht einfach schließen, dass es auch auf einer anderen nicht vorhanden sein kann.

Wo sich viele Linien oder *Nadis* treffen, entstehen Zeichnungen. Genau genommen haben wir es mit Zeichnungen zu tun, die in dauernder Bewegung sind – mit den *Chakras*. Die Piktogramme jedoch, in denen *Nadis* und *Chakras* oft dargestellt werden, verführen uns immer wieder dazu, sie für etwas Permanentes zu halten.

Chakras sind in Mode gekommen. Man hat den althergebrachten östlichen Beschreibungen der *Chakras* Entsprechungen aus der westlichen Psychologie zugeordnet, und Heiler bemühen sich, ihnen mit Handauflegen, Essenzen oder Edelsteinen Energie zuzuführen. Als ich wissen wollte, was er von solchen Praktiken hält, meinte Swamiji, sie könnten nur von kurzfristiger Wirkung sein. Wer schöne Blumen haben wolle, mache sich nicht an den Blüten zu schaffen, sondern lockere die Erde über den Wurzeln und gäbe den Pflanzen Wasser.

Wer sich im feinstofflichen Bereich wirklich auskennt, arbeitet nicht unmittelbar mit den *Chakras*, sondern versucht, sie über Schlüsselpunkte zu erreichen, an denen die den *Chakras* zugeordneten Elemente in hohem Maße konzentriert sind. So befinden sich zum Beispiel die Schlüsselpunkte für *Svadhisthana*, das zweite *Chakra*, das mit dem Element Wasser verbunden ist, in den Füßen, und die von *Manipura*, dem dritten und dem Feuer zugeordneten *Chakra*, in den Schultern.

Die Schlüsselpunkte der höherliegenden feinstofflichen Zentren, zu denen keine sicht- oder fassbare Elemente mehr gehören, sind nicht so eindeutig lokalisiert und somit schwerer zu erreichen. Vor allem aber findet, wie wir noch sehen werden, eine systematische und effektive Säuberung und Stärkung der *Chakras* erst in einem späteren, ganz bestimmten Stadium von Kundalini-Prozessen statt und geht, wie Swamiji des öfteren erwähnt hat, vor allem von den Gehirnzentren aus.

Es ist außerordentlich wichtig, sich darüber im Klaren zu sein, dass man in all diesen feinstofflichen Abläufen nur die Bewegungen von *Prana*, also der *Vayus*, spüren kann und niemals Kundalini selbst; denn Kundalini ist keine Energie im üblichen Sinn, deren Fließen man wahrnehmen kann.

Kundalini Shakti ist Bewusstsein mit einem winzigen Quentchen Kraft, so außerordentlich fein, dass man sie nicht spüren kann. Kundalini dirigiert nur das Zusammenspiel der *Vayus* im Körper, um sich ihren Weg zu bahnen. Sie greift nie direkt ein. Deswegen treffen auch Aussprüche, wie die, Kundalini sei glutheiß in der Wirbelsäule aufgestiegen, die man häufig hören kann, genau genommen nicht zu. Es wird sich noch zeigen, wie schwer es ist, gute Beschreibungen für Kundalini-Prozesse in westlichen Sprachen zu finden.

Die Erfahrungen steigern sich

Nach einiger Zeit bemerkte ich, wie vor allem die dritte der von Swamiji verordneten Übungen eine Art von Spirale schuf, die sich unablässig aus der Brust in den Kopf hochschraubte. Ich konnte fühlen, wie sich die nach oben strömende Energie im Kopf ausdehnte, also *Udana Vayu* stärkte, und somit wohl den weiteren Aufstieg von Kundalini vorbereitete. Es war ein angenehmes Gefühl, das oft auch nach der Übungszeit anhielt, vor allem nachts, und wenn es aufhörte, stellte sich so etwas wie Sehnsucht nach dieser aufsteigenden Drehbewegung ein.

Hin und wieder begann Energie schon vor Beginn der Übung in den Beinen hochzuströmen, und gelegentlich schien es, als ob sie mit einem kurzen, stechenden Schmerz von außen in die Füße eindrang. Wenn ich mich dann auf den Rücken legte, setzte bald spontanes und ziemlich schnelles Atmen durch beide Nasenlöcher ein, und ich spürte deutlich, dass sich etwas im oder entlang des Rückgrats vom Wurzel-*Chakra* über das Nabel-Zentrum und schließlich durch den Hals bis in den Kopf hocharbeitete.

Wie viel durch die täglichen Übungen aufgewühlt und eliminiert werden muss, wurde mir nun vor allem in den unendlich langen Nächten vorgeführt. Kaum hatte ich mich nach der letzten Übungs-Einheit zum Schlafen niedergelegt, begannen Ströme starker Energie kreuzweise durch die Beine und dann durch den ganzen Körper nach oben zu rasen. Mir war es, als ob das Gehirn im Inneren des Kopfes kleiner oder der Kopf größer wurde, so als ob ich in meinem eigenen Kopf schwebte.

Bald konnte ich nicht mehr still auf dem Rücken liegen. Doch auch wenn ich mich auf die Seite drehte oder die Beine anwinkelte, die krampfartigen Verspannungen, die diesen energetischen Wirrwar begleiteten, ließen nicht nach, was immer ich auch tat. Mir schien, dass immer neue und stärkere Wellen von Energie vor allem durch die großen Zehen in meinen Körper eindrangen, den Weg nach oben suchten, ihn nicht fanden und ihn dann erzwangen.

Ausgerechnet in dieser Zeit, in der sich die inneren Stürme ihrem Höhepunkt näherten, war Swamiji nicht da. Er brachte eine Besucherin zum Flughafen nach Delhi, und zuvor war er mit ihr und einem der Schüler für ein paar Tage nach Agra zum Taj Mahal und nach Fatehpur Sikri gefahren.

Doch auch wenn er da gewesen wäre, hätte ich ihn wohl kaum gerufen. Es war mir klar, dass man durch solche Prozesse, auch wenn sie schmerzhaft sind, hindurchgehen muss, dass sie einen Sinn haben, ein

Ziel verfolgen und der Versuch, sie abzubrechen, nur eine Verschiebung, aber keine Lösung mit sich bringen würde. Schließlich war ich ja hier, um den Weg für Kundalini endlich freizulegen. Ich hatte, lange bevor ich zu Swamiji nach Rishikesh kam, schon härtere Nächte hinter mich gebracht, die nicht die Folge zielgerichteter Übungen waren, sondern die ich mir, in einem dumpfen Verlangen, Kundalini zum Durchbruch zu verhelfen, selbst eingebrockt hatte.

Die harten Nächte des Santo Daime

Ungefähr fünf Jahre bevor ich den Weg zu Swamiji gefunden hatte, nahm ich ein paar Mal *Ayahuasca* ein, den aus Dschungelpflanzen zusammengebrauten Trunk, der in Brasilien *Santo Daime*, *Vegetal* oder *Chá* genannt wird und gesetzlich zugelassen ist, wenn er in einem zeremoniellen Rahmen verabreicht wird. Die Erfahrungen, die damals hochkamen, habe ich anschließend notiert und stütze mich nun auf sie.

Bei der ersten Sitzung, in einem entlegenen Vorort von Rio de Janeiro, begannen farbige geometrische Muster hinter meinen geschlossenen Augen aufzusteigen, die sich nach kurzer Zeit in einen chaotischen Strom kleiner grüner und roter Wellen verwandelten, die kraftvoll und physisch deutlich spürbar nach oben drängten. Bald schien mir, als ob irgendetwas in mir explodieren wollte, sich dann in Anfällen von heftigem Gähnen, das ganz unten im Bauch begann, mit unbändiger Kraft nach oben schob, den Mund schmerzhaft weit aufriss, um schließlich wie eine überdimensionierte Sprechblase aus mir herauszutreten, immer wieder und wieder, in endlosen Reihen, wie mir schien.

Allmählich wurde mir klar, dass dieses sich schubartig hochpressende Gähnen eine neue, von *Santo Daime* ausgelöste Spielart von *Kriyas* war, also von unwillkürlichen Körperbewegungen oder spontaner Atmung, durch die Kundalini Unreinheiten im feinstofflichen Körper zu beseitigen sucht, um ihren weiteren Aufstieg zu ermöglichen. *Kriyas* hatten mich schon während und nach den Vorgängen in San Francisco, auf die noch einzugehen sein wird, heimgesucht, doch nie mit so geballter Kraft wie in dieser Nacht.

Wir saßen im Kreis auf kleinen harten Stühlen. Der Zeremonienmeister hatte uns angewiesen, weder Arme noch Beine zu kreuzen und zu schweigen. Wenn ein Teilnehmer begann, auf seinem Stühlchen hin- und herzurutschten, unterbrach er die begleitenden Gesänge und wies ihn mit strenger Stimme zurecht, dies sei eine Sitzung in totaler Konzentration, alle Manifestationen, herrschte er uns an, müssten nach innen gerichtet sein.

In mir jedoch bäumen sich Kräfte auf, die nicht die meinen und um vieles stärker sind als ich. Ich will mich hinlegen, wie ich das vom Holotropen Atmen gewöhnt bin, geschehen lassen, was geschehen will, und beobachten, wie es geschieht. Statt dessen verbrauche ich einen guten Teil meiner Kraft, um die Wirkung des *Santo Daime* in einen sitzenden Körper einzuzwängen.

Das kompulsive Gähnen hält an. Die Nase beginnt zu laufen, die Augen zu tränen. Irgendwo tief unten in meinem Innersten spüre ich, dass sich ein radikaler Reinigungsprozess anbahnt. Ich gehe schwankend durch die kühle Mondnacht zu den weit entfernten Toiletten; und dann scheint sich alles, was je in mir war, mit elementarer Kraft aus sämtlichen Öffnungen des Körpers zu entleeren. Sogar Samen läuft ab.

Auf dem Weg zurück finde ich einen halbdunklen Raum mit einem Altar, auf dem ein paar Figuren afro-brasilianischer Kulte im flackernden Kerzenlicht erkennbar sind. Ich lege mich auf den kalten Steinboden, höre den herüberklingenden monotonen Gesängen der nicht enden wollenden Zeremonie zu und warte auf das Abklingen der *Kriyas*. Gegen drei Uhr Morgens steige ich ins Auto und fahre nach Hause, schwach, doch ganz klar im Kopf. Ich hatte also die berüchtigte Rosskur des *Santo Daime* hinter mich gebracht und dachte, ich hätte ein Mittel gefunden, die *Kriyas*, die seit geraumer Zeit, trotz täglicher Meditation, nicht mehr aufgetreten waren, wieder in Gang zu setzen und so den Weg für den weiteren Aufstieg Kundalinis zu bahnen.

Es dauerte ein paar Monate, bis ich mich zu einem weiteren Versuch aufraffen konnte. Kenner der *Santo Daime*-Kulte hatten mir eine der großen traditionellen Gruppen empfohlen. Ihre Mitglieder hatten in einem schönen Landsitz am Rande von Rio de Janeiro in freiwilliger Arbeit eine Art von Tempel errichtet, wie sie das große Gebäude nannten, in dem die zeremoniellen Sitzungen stattfanden. Hier gab es keine afro-brasilianischen Gottheiten, nur eine Fahne mit dem Motto „Licht, Friede, Liebe". Eiserne, mit bunten Plastikschnüren bespannte Gartensessel, in denen man sich bequem zurücklehnen konnte, verhießen eine leichtere Nacht.

Viele Leute waren gekommen, auch Familien mit Kindern. Die Zeremonie begann pünktlich um acht Uhr. Aus einem großen Behälter wurde jedem Teilnehmer ein Becher *Ayahuasca* eingeschenkt. Nachdem alle getrunken hatten, wurden die Statuten der Vereinigung vorgelesen. Bald danach begann der *Chá*, der Tee, wie der *Santo Daime* hier genannt wird, in mir zu wirken.

Wieder steigen in winzige Farbsplitter zerteilte geometrische Figuren auf, vereinen sich zu Wellen, Kreiseln, Spiralen, die ihr eigenes Licht in sich zu tragen scheinen. Ein herrliches Schauspiel in leuchtenden Farben. Könnte das *Lila* sein, denke ich, das große Spiel der Götter, der Tanz subatomarer Partikel, realer als die Realität, wirbelnde Urenergie? Doch schon stellt sich das zwanghaften Gähnen wieder ein, immer häufiger, in immer kürzeren Abständen. Schließlich schwillt es an zu einem sich nach oben wölbenden Leuchtpilz, einer Mini-Atomexplosion im Inneren, die den ganzen Körper erzittern lässt. Nichts mehr von anmutigem Kaleidoskop, nur noch Zerreißproben in einem Engpass, im Hals. Wieder muss ich auf die Toilette, zweimal hintereinander in kurzen Abständen. Ich werde immer schwächer, fühle mich zuletzt, wie ich damals notierte, wie ein scheißendes Häufchen Elend.

Zurück auf meinem Eisenstuhl wird es mir immer kälter, die *Kriyas* schütteln mich stärker und stärker in immer kürzerer Folge. Jedesmal, wenn mein Intellekt, mein schlaues Köpfchen, eine lindernde Erklärung für dieses Leiden ohne Ende produzieren will, schüttelt mich eine *Kriya* so heftig, dass alle Gedanken und schließlich auch die Kapazität zu denken aus mir herausgeschleudert werden. Übrig bleibt gottergebenes Abwarten, weiter nichts.

Kriyas dieser Stärke haben nichts Interessantes mehr an sich, nichts mehr, das einem Ego schmeicheln könnte, das sich selbst in einem schwierigen Kundalini-Prozess noch spiegeln will. Die Wirkung ist nicht nur körperlich. Ohne Nachsicht führt mir *Ayahuasca* vor, wie blockiert ich in der letzten Zeit war, wie besserwisserisch, wie unfähig, Gefühle auszudrücken und die Dinge einfach fließen zu lassen.

Man hat *Ayahuasca* die „Mutter aller Substanzen" genannt, die das Bewusstsein verändern und erweitern. Sie ist unerbittlich, lässt keine Ausflüchte, keine Illusionen zu. Ich hatte den Eindruck, dass sie die Kapazität des vordergründigen Denkens nur ausgesetzt hat, um mir eine ungetrübte Sicht meines eigentlichen kläglichen Zustandes zu eröffnen. Sie unterzog mich einem Wechselbad ohne Ende aus Verlorensein in Zeit und Raum und glasklaren Einsichten.

Nun erfuhr ich am eigenen Leib, wovon ich bisher nur gehört hatte und fragte mich, ob es noch schlimmer kommen könne. Langsam wurde mir klar, hier kontrollierte ich nichts, gar nichts mehr. Dass sich diese liebste aller Illusionen in so kurzer Zeit im Nichts verlieren konnte, beindruckte mich tief: „Old Eckstein out of control", notierte ich hinterher.

Als ich dann das dritte Mal zur Toilette wankte, folgte mir ein Bekannter, ein alter Hase in diesen Gefilden, der mir wohl helfen wollte, und fragte, wie es mir ginge. „Kundalini" stieß ich einzig und allein hervor. So als ob dieses Wort, das er höchstwahrscheinlich noch nie gehört hatte, eine Erklärung für alles sein könnte, was hier mit mir geschah. Diese unsinnige Antwort war der Ariadnefaden, an dem ich mich durch mein inneres Labyrinth zog.

Die Sitzung näherte sich ihrem Ende. Ich hörte, während mich die *Kriyas* weiterhin in kurzen Abständen schüttelten, dass viele schon aufgestanden waren und sich angeregt unterhielten. Ich fühlte mich mit meinen epileptischen Verrenkungen am falschen Platz, ging ins Halbdunkel im hinteren Teil des Tempels, fand eine alte Couch, legte mich nieder und versuchte den Weg zurück in die Realität zu finden.

Doch immer wieder schwamm ich weg in eine Art Dämmerzustand, aus dem ich mich nur mit großer Anstrengung für Augenblicke zurückholen konnte. Das war genug, um nicht der Angst zu verfallen. Ich wusste von der Ausbildung bei Grof und dem Filmbericht über spirituelle Notfälle, dass kurze Momente von Klarheit eines der wichtigsten Kriterien für die Unterscheidung zwischen einem vorübergehenden und potenziell heilsamen Untertauchen in unbeschrittene Territorien und einer regelrechten Psychose sind.

Schließlich versuchte ich, hoch über mir die Dachziegel zwischen zwei Balken zu zählen. Es war mühsam und dauerte lange, bis ich mehrere Male hintereinander auf dieselbe Zahl kam. Langsam nahmen die *Kriyas* ab, ich fröstelte in der kühlen subtropischen Nacht vor mich hin, ergatterte eine Decke, schlief eine knappe halbe Stunde, setzte mich dann ins Auto und fuhr heim, ohne Kater, wieder ganz klar im Kopf.

Nach geraumer Zeit unternahm ich einen weiteren Anlauf im selben Tempel. Ich glaubte, ich hätte meine Lektion gelernt. Ich hatte den Tag über so gut wie nichts gegessen und trank nur einen knappen Becher des bitteren *Santo Daime*. Diesmal ließ die Wirkung auf sich warten. Doch dann, als ich schon meinte, sie bliebe aus, begannen sich auf einmal Schübe geballter roter Energie im Körper hochzupressen, um sich schließlich durch den Hals nach oben zu zwängen.

Nach und nach gelang es mir, dieses schmerzende Sichhochwürgen durch den Hals, durch meinen immer noch blockierten Engpass, mit langsamem, blasendem Ausatmen zu lindern. Bald glaubte ich, diesmal könne ich die entfesselten Kräfte ein wenig lenken, doch nichts dergleichen. Plötzlich kamen gewaltige Stöße von ganz unten tief aus dem Boden, so schien es, und hoben den ganzen Körper an, bis er wieder zurückfiel in den eisernen Stuhl. Ich versuchte mir zwischen diesen chthonischen Stößen klar zu machen, dass der Tempel auf felsigem Untergrund errichtet war und es in Rio de Janeiro keine Erdbeben gibt. Doch es half nichts. Die elementaren Erschütterungen des ganzen Körpers von tief unten nach ganz oben hielten an.

Danach nur noch lautes Zähneklappern, so laut, dass ich versuchte, die Zunge zwischen die Zähne zu schieben, um die Nachbarn nicht zu stören. Diese Sitzung endete ohne Ausscheidungen durch die verschiedenen Körperöffnungen. Doch leer und schwerelos, wie ich gekommen war, hatten die Gewalten, die *Santo Daime*, die Mutter aller

Substanzen, an diesem Abend herbeigerufen hatte, ein leichtes Spiel mit mir.

Nach diesen harten Nächten fühlte ich mich immer ein paar Tage lang inner- und äußerlich freier, so als ob etwas in mir ins Fließen gekommen sei. Es war naheliegend anzunehmen, dass sich die Blockade im Hals, gegen die *Santo Daime* so unerbittlich angerannt war, und ihre psychischen Begleiterscheinungen in diesen Rosskuren langsam auflösten. So nahm ich also weiterhin an Sitzungen mit *Santo Daime* und ein paar anderen das Bewusstsein erweiternden Substanzen pflanzlicher Herkunft teil. Doch nur einmal, mit *San Pedro*, einem Kaktus aus Peru, stellten sich wieder Erfahrungen ein, die mit diesen drei harten Nächten vergleichbar waren.

In den drei Geschichten, die ich Swamiji schicken musste, hatte ich die wesentlichen Punkte dieser, wie ich meinte, Reinigungsprozeduren aufgeführt. In der Bewertung meines Kundalini-Prozesses stand dann, zwar seien die beschriebenen Symptome auf Versuche Kundalinis zurückzuführen, die Blockade in *Vishuddha*, dem Kehlkopf-*Chakra*, zu durchbrechen, doch die angewandte Methode sei verkehrt, unwirksam und schädlich für meinen Prozess gewesen. Die Substanzen hätten toxische Stoffe in *Ajna*, dem Stirn-*Chakra*, hinterlassen, die den weiteren Aufstieg Kundalinis zu dieser entscheidenden Station ihres Weges erschwerten.

Die Blockierung löst sich

Ich ging in Rishikesh wieder durch harte Nächte. Doch sie waren ganz unverkennbar von anderer Qualität. Es war kein gewaltsames Anrennen gegen eine unaufbrechbare Barrikade mehr, sondern eher der schmerzhafte, doch gezielte Versuch, verhärtete Durchgänge an verschiedenen Stellen des Körpers aufzulösen, vor allem in den Beinen.

Das konnte ich mir nicht erklären. Ich wusste, die große Blockade saß im Hals. Warum also dieses eindringliche Einwirken auf die unteren Teile des Körpers, diese in kurzen Abständen wiederkehrenden krampfhaften Verspannungen der Fuß- und Beinmuskeln? Egal wie ich mich drehte, sie hielten an, ein unbeeinflussbarer, aufreibender Vorgang. Erst nach Stunden dieser qualvollen Prozedur spürte ich, wie Energie in oder entlang der Wirbelsäule nach oben floss. Ich lag dann noch lange wach, erschöpft und erfreut – und beobachtete die Arbeit der Kundalini.

Nach solchen Nächten konnte ich weder lesen noch schreiben. Ich ging zum Ganges, setzte mich in die Morgensonne, dachte fast nichts, schaute und horchte nach draußen und drinnen, und dankte den Göttern, dass sie mich hierher gebracht hatten. Danach war es schwer, sich wieder zur täglichen Praxis aufzuraffen. Etwas in mir sagte, „der innere Schweinehund" will sabotieren, und ich wunderte mich, dass dieser Unteroffiziersjargon aus der verhassten Militärzeit des Dritten Reiches mir gerade jetzt in den Kopf kam. Später wurde mir klar, dass das bevorstehende tiefe Eintauchen in eine Vergangenheit, die ich längst vergessen glaubte, sich im Hochkommen solcher Wortfetzen schon ankündigt hatte.

In diesen Tagen, in denen Swamiji in Agra und Delhi war, begann die Kundalini manchmal schon am Nachmittag, vor der dritten Übungsstunde, mit ihrer Arbeit. Sie hielt sich nicht an die eingefahrenen Schemata in unseren Köpfen. Mehrere Male und deutlich spürbar drang stoßweise Energie mit brennendem Schmerz in den Körper ein, vor allem durch den linken großen Zeh. Kurz danach wurden die Beine springlebendig. Ich konnte sie nicht stillhalten. Dann dehnte sich die eingetretene Energie aus und drängte zielstrebig, wie es mir schien, nach oben. Ich tat nichts, es geschah mit oder in mir, wobei sich ein ehrfürchtiges Staunen einstellte.

Zuweilen kam es mir vor, als ob mein Körper, das Gefäß, in dem dieser Prozess ablief, nicht stark genug war, um diese konzentrierten Kraftströme auszuhalten. Als ich später die Geschichte von *Nandi* las, dem glühenden Verehrer *Shivas*, der die Gestalt eines Stieres annahm, weil sein menschlicher Körper seine ekstatische Hingabe nicht hätte ertragen können, dachte ich gleich, das kann nur eine Metapher für einen hochkarätigen Kundalini-Prozess sein. Der weiße Stier *Nandi* ist seither der unzertrennliche Begleiter *Shivas.*

Nach vier dieser intensiven Tage und Nächte, kurz vor der letzten Meditation, gegen zehn Uhr am Abend, kam Swamiji zurück. Ich erzählte ihm zwischen Tür und Angel, was in der Zwischenzeit passiert war. Er sagte, die Kundalini sei ins Gehirn aufgestiegen, ich solle versuchen zu schlafen. Am nächsten Morgen, auf der sonnigen Terrasse, stellte er ein paar Fragen, beantwortete die meinen und sagte dann: Vorerst keine Übungen mehr, ich solle viel gehen. Gehen sei jetzt gut für mich. Außerdem solle ich kräftig essen und noch öfter den ayurvedischen Kräutertee einnehmen, den er gleich zu Anfang verordnet hatte.

Vishuddha – der Platz des Lebens

Warum dieser Durchbruch, oder genauer die Reinigung von *Vishuddha*, dem Kehlkopf-*Chakra*, so schwierig ist, begann ich erst bei meinem zweiten Aufenthalt in Rishikesh zu begreifen. Damals gab uns Swamiji – außer mir waren noch zwei weitere Schüler aus dem Vorjahr wiedergekommen und drei neue hatten sich dazugesellt – jeden Abend über mehrere Wochen hin zwei bis drei Stunden Unterricht. Dabei schaute er ab und zu in ein uraltes, zerlesenes Exemplar eines winzigen Büchleins, das immer neben ihm lag.

Es war ein regelrechter Lehrgang über *Prana, Vayus, Nadis, Chakras* und Kundalini, über die Voraussetzungen ihres Erwachens und über die feinstofflichen Kanäle, in denen sie aufsteigt, sowie über die Blockierungen, die ihren Aufstieg auf verschiedenen Höhen des subtilen Körpers behindern. Während des Kurses konnten wir Fragen stellen, und oft ergab sich irgendwann während des Tages eine Gelegenheit, mit Swamiji den einen oder anderen Zweifel zu klären, der sich bei der Reinschrift meiner Notizen ergeben hatte.

Nicht nur weil die hartnäckige Blockierung in *Vishuddha* lange im Mittelpunkt meines eigenen Prozesses stand, sondern vor allem weil sich am Kehlkopf-*Chakra* die außerordentliche Feinheit der traditionellen Lehre von den feinstofflichen Zentren besonders gut darlegen lässt, werde ich versuchen, an ein paar Beispielen den Bedeutungsreichtum und die Präzision dieses uralten Systems aufzuzeigen.

Das Wort *Vishuddha* geht auf die Sanskrit-Wurzel *vi* zurück, die, wie in den vor-griechischen Sprachen häufig, vielerlei Bedeutungen umfasst. Im Wort *Vishuddha* vereint dieses *vi* die gegensätzlichen und doch verbundenen Vorgänge von Verunreinigen und Säubern und weist somit auf die Hauptgefahren und -aufgaben hin, die mit dem Kehlkopf-*Chakra* verbunden sind.

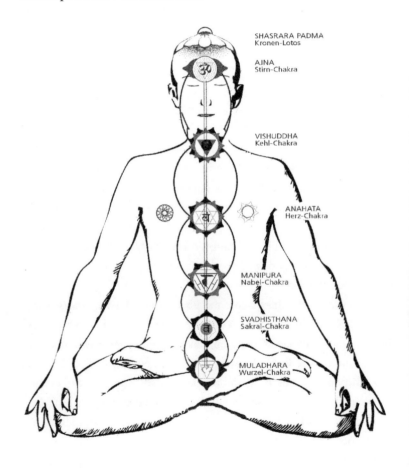

SHASRARA PADMA
Kronen-Lotos

AJNA
Stirn-Chakra

VISHUDDHA
Kehl-Chakra

ANAHATA
Herz-Chakra

MANIPURA
Nabel-Chakra

SVADHISTHANA
Sakral-Chakra

MULADHARA
Wurzel-Chakra

DIE SECHS CHAKRAS UND DER KRONEN-LOTOS

In den Piktogrammen der *Chakras* hat alles, die Farben, die Blütenblätter mit ihren Sanskrit-Buchstaben, die Tiere, die Götter und Göttinnen, die Zahl ihrer Köpfe und Arme sowie viele andere Merkmale, eine ganz bestimmte Bedeutung. Nichts ist bloßes Ornament, alles hat seinen Bezug zur feinstofflichen und zur psychischen Ebene der Lebensvorgänge.

So wird zum Beispiel jedes der sechs *Chakras* mit einer bestimmten Zahl von Blütenblättern dargestellt. Wenn hier von sechs und nicht, wie meistens, von sieben *Chakras* die Rede ist, so hat das seinen guten Grund. Das *Sahasrara* mit seinen tausend Blütenblättern, gemeinhin siebtes oder Kronen-*Chakra* genannt, ist genaugenommen kein *Chakra*, sondern ein *Padma*, also ein Lotos.

Würde man diese Unterscheidung nicht machen, dann ginge die Rechnung nicht auf, die der subtilen Analogie zwischen *Chakra*-System und Sanskrit-Alphabet zugrundeliegt.[6] Denn zusammengenommen haben die sechs *Chakras* fünfzig Blütenblätter und in jedem Blütenblatt figuriert einer der fünfzig Buchstaben des Sanskrit-Alphabets mit seiner ganz bestimmten Schwingung und Bedeutung. Im *Sahasrara* sind diese fünfzig Blütenblätter zwanzigfach vertreten, und daher geht, wie wir noch sehen werden, in einer späteren Phase des Prozesses die große Generalüberholung der *Chakras* vom tausendblättrigen *Sahasrara-Lotos* aus.

In diesem außerordentlich ausgefeilten System sind unter allen Blütenblättern der sechs *Chakras* einzig und allein den sechzehn Blütenblättern des Kehlkopf-*Chakras*, das mit Sprache, mit Kommunikation zu tun hat, die Vokale des Sanskrit-Alphabets zugeordnet. Da sich Wörter ohne Vokale aber nicht aussprechen lassen, könne man *Vishuddha*, sagte Swamiji, den „Platz des Lebens" nennen.

Von diesem Platz des Lebens gehen sechzehn feinstoffliche Kanäle aus, vier *Nadis* nach unten in den Körper, sechs in die Arme und sechs nach oben in den Kopf. Daher wird, wenn sich im Kehlkopf-*Chakra* toxische Stoffe ansammeln, der Energiefluss in wichtige Regionen des Körpers beeinträchtigt. *Udana Vayu*, der von *Vishuddha* nach oben strebende *Prana-Fluss*, der den Weg für den Aufstieg Kundalinis in die höheren Regionen bahnen muss, kann sich nicht ausdehnen.

---

6   Swami Vishnu Tirtha: Devatma Shakti. Yogshri Peeth Trust, Rishikesh 1993.

Diese Blockierung kann, vor allem wenn Kundalini für lange Zeit in *Vishuddha* festsitzt, zu einer Vielzahl mitunter schwerwiegender physischer und psychischer Störungen führen und sich in naheliegenden Symptomen wie Nackenverspannung, Konzentrationschwäche, Migräne, Angstzuständen oder Störungen der Schilddrüse äußern. Wenn *Udana Vayu* anstatt aufzusteigen nach unten gesaugt wird, spiegelt sich das in müden, langgezogenen Gesichtern wieder und kann auch die tiefer liegenden feinstofflichen Zentren und in der Folge die entsprechenden Körperregionen in Mitleidschaft ziehen.

In der Darstellung des fünften *Chakra* kommt mehrfach zum Ausdruck, dass eine durchgreifende Säuberung die zentrale Aufgabe in diesem diffizilen Bereich ist. *Vishuddha Chakra*, das auch die Durchgangsstation für Atem und Nahrung ist, bedeutet wörtlich genommen „reines Rad". Im Piktogramm dieses feinstofflichen Zentrums glänzt der Mond, ein Symbol für Reinheit, und neben *Shiva* thront seine *Shakti* als die Göttin *Shakini*, von der es heißt, sie sei reiner als ein Ozean voller Nektar.

Shiva selbst wird in *Vishuddha* mit zehn Armen dargestellt, einen für jeden der fünf Haupt- und der fünf Neben-*Vayus*. Auch das ist ein Hinweis darauf, dass sich das Lebenselixier *Prana* und somit Kundalini nur in einem gereinigten feinstofflichen Körper entfalten kann. Daher sagt Swamiji, in *Vishuddha* würden alle positiven Symptome von Kundalini und alle negativen durch die Schwäche der *Vayus* verursacht. Wenn Menschen mitunter klagen, Kundalini habe ihr Leben ruiniert, dann verwechseln sie Ursache und Wirkung; denn es ist niemals Kundalini, es ist immer der Zustand des Gefäßes, des feinstofflichen Körpers, in dem sie aufzusteigen versucht, der die Menschen leiden lässt.

Wie wichtig die Reinigung und dann das Reinhalten des feinstofflichen Körpers ist, wurde mir nach und nach aus Bemerkungen Swamijis, durch die in den Übungen hochgespülten Symptome und den Erzählungen der anderen Schüler klar, die damals im Gästehaus waren. Nicht nur wie man sich ernährt, ob man getrunken, geraucht, bewusstseinsverändernde Substanzen eingenommen und wie man sich sexuell verhalten hat, sondern auch was wir gedacht und gesprochen haben, hat im subtilen Körper und im hochsensiblen *Vishuddha-Chakra* seinen Niederschlag gefunden und schlägt sich Tag für Tag aufs Neue nieder.

Daher kann sich das Ausscheiden toxischer Stoffe über viele Tage, manchmal sogar Wochen hinziehen. Swamiji wusste immer, ob Halsschmerzen, Durchfall oder was immer es war von einer Infektion herrührten oder angesammelte Schadstoffe ausgeschieden wurden. Oft ahnten auch wir, was gerade eliminiert wurde, und machten unsere Witze darüber.

Ein gutes Jahr nachdem die Blockade in *Vishuddha* aufgelöst, Kundalini zum höchsten Punkt im Stirn-*Chakra* aufgestiegen und die dann einsetzende Generalüberholung in vollem Gange war, begann ich zu verstehen, worauf einige der Symptome und Schwierigkeiten zurückzuführen waren, die mich über Jahre, zum Teil schon als Kind, begleitet hatten.

Unzählige Rückblenden zu längst vergessen geglaubten Vorgängen machten deutlich, wie stark der Einfluss des feinstofflichen auf den physischen Körper ist. Unter anderem wurde mir klar, warum ich viele Jahre an schwerer Sinusitis gelitten hatte und besonders in den feucht-kalten Wintermonaten von Santiago de Chile Kommentare nur krächzend am frühen Nachmittag sprechen konnte, kurz bevor wir unsere Berichte aus den Jahren Allendes und Pinochets aufs Flugzeug geben mussten. Ärzte konnten nur kurzfristig helfen, denn die Sinusitis kam immer wieder zurück.

Vishuddha – Übergang und Grenze

Bevor wir uns *Kundalini Shakti* selbst zuwenden, wollen wir noch einen kurzen Blick auf die besondere Lage und Bedeutung *Vishuddhas* und seine Zwitterstellung im feinstofflichen Körper werfen. Sie bilden den Hintergrund für die sehr spezifischen Phänomene und Auswirkungen von energetischen Blockaden im Kehlkopf-*Chakra*, die so häufig in Kundalini-Prozessen, und nicht nur in ihnen, auftreten.

Nach der traditionellen vedischen Auffassung sind den *Chakras* von unten nach oben, vom Wurzel- bis zum Kehlkopf-Zentrum, die fünf Elemente, Erde, Wasser, Feuer, Luft und Raum, zugeordnet und jedem der fünf Elemente einer unserer fünf Sinne – wiederum von unten nach oben Geruch, Geschmack, Sehvermögen, Tastgefühl und Gehör – mit ihren jeweiligen Organen.

Das Kehlkopf-*Chakra*, das die Stimme belebt, ist mit dem Ohr, dem Organ für den feinsten unserer Sinne und zugleich mit dem flüchtigen, nicht wahrnehmbaren Element, dem Raum, verbunden. Im Piktogramm von *Vishuddha* findet das seinen Niederschlag in der Darstellung des Gottes *Shiva*, der hier fünf Köpfe hat, einen für jedes der fünf Elemente und die ihnen zugeordneten Sinne.

Man darf die fünf Elemente, aus denen nach diesem alten System unser physischer Körper besteht, natürlich nicht im strikten Wortsinn auffassen. Wir haben es nicht mit Erde, Wasser, Feuer, Luft und Raum an sich zu tun, sondern mit den vielfältigen Eigenschaften, die ihnen innewohnen und die wir mit ihnen teilen. Es handelt sich also um Metaphern zur Beschreibung von Zuständen und Vorgängen, in denen sich die Grundeigenschaften der fünf Elemente, also etwa die Festigkeit der Erde oder die Beweglichkeit der Luft, in unserem Körperbau, in unserem Temperament oder in der Art unseres Fühlens und Denkens widerspiegeln.

Wie grundlegend diese Gliederung in fünf Elemente ist, zeigt sich auch daran, dass sie sich in weitere Fünfer-Gruppierungen verzweigt: In die fünf Extremitäten, die zwei Beine, zwei Arme und den Kopf, die wiederum fünf Zehen und Finger aufweisen und die fünf Sinne beherbergen. Auch *Prana*, die allgegenwärtige kosmische Kraft, die diese verschiedenen Fünfer-Gruppen belebt, wirkt, wie wir gesehen haben, in fünf nach ihren Funktionen unterschiedenen Segmenten[7].

Aus was das Element Raum besteht, das *Vishuddha* zugeordnet und in Sanskrit *Akasha* genannt wird, ist nicht leicht zu begreifen, weil unsere täglichen Erfahrungen und das noch dominierende Weltbild uns auf das Fass- und Wahrnehmbare, das Materielle beschränken. Ver-

---

7   Tenzin Wangyal Rinpoche: Healing with Form, Energy and Light, The Five Elements in Tibetan Shamanism, Tantra, and Dzogchen. New Age Books, New Delhi 2002.

schiedene esoterische Traditionen nannten das Element Raum, dieses früher schwer nachweisbare, doch intuitiv erfahrbare Vakuum, Äther und wussten, dass es der Grundstoff alles Fassbaren und Materiellen ist.

Einstein hat dann aufgezeigt, „dass die Eigenschaften des 'leeren' Raumes Objekte und Geschehnisse in diesem wesentlich beeinflussen und der Raum deshalb nicht getrennt von den Objekten und Geschehnissen als bloßer Behälter oder Bühne für diese betrachtet werden darf".[8] In der Folge wurden diese Eigenschaften des Raumes von der Quantenphysik in vielen Experimenten nachgewiesen und mit verschiedenen Namen belegt. Swamijis Beschreibung dieser, der gesamten Schöpfung unterliegenden Leere war einfach und einleuchtend: ‚There is nothing, but something is there' – da ist nichts und doch etwas.

Dieses Nichts voller Eigenschaften und die nicht fassbaren feinstofflichen Abläufe zu erkennen und zu nutzen, gehört zu den Besonderheiten von Swamijis Arbeit. Manchmal kommen Menschen zu ihm, die nach Jahren erfolgloser konventioneller und alternativer Behandlungen in einem scheinbar ganz zufälligen Zusammenhang das Wort Kundalini hören und wie vom Blitz getroffen wissen, das ist es. Irgendwie finden sie dann – einer dieser Menschen war dem Ende nahe – den Weg zu Swamiji.

Zwei solcher Fälle konnte ich in Rishikesh verfolgen. Nach Monaten intensiver innerer Arbeit waren sie wieder lebens- und arbeitsfähig, und es geht ihnen, wie ich durch gelegentliche Kontakte weiß, weiterhin gut. Damit will ich nicht sagen, dass Swamiji Wunder vollbringt. Seine Arbeit basiert ganz einfach auf der genauen Kenntnis der feinstofflichen Zusammenhänge, die der westlichen Medizin fremd sind; denn in der Regel arbeitet diese, wie er einmal sagte, nur mit den drei ersten der fünf Elemente. Mit den nicht fass- und nicht sichtbaren, mit Luft und Raum, habe sie hingegen große Schwierigkeiten.

Vishuddha, der Platz des Lebens, befindet sich auch noch an der engsten Stelle unseres Körpers, an der man dieses Leben mit einem einzigen Griff erwürgen kann. Diese strategische Position macht das Kehlkopf-*Chakra* zu einem entscheidenden Platz der Übergänge. Es

---

8   Marco Bischof: Biophotonen, Das Licht in unseren Zellen. Zweitausendeins, Frankfurt am Main 1995.

zeugt vom intuitiven Wissen dieser tieferen Zusammenhänge, dass man den Hals, der zugleich das Fundament des Gehirns ist, in allen Kulturen mit kostbarem Schmuck behängt. Es erhöht seine Bedeutung noch, dass dieser Platz des Lebens und der Übergänge auf dem Weg vom Herzen zum Kopf liegt. Vor nicht allzu langer Zeit haben auch die Wissenschaften des Westens die sublime Rolle des Herzens wiederentdeckt und festgestellt, dass das Herz über eigene Neuronen verfügt und dass reife, ausgewogene Entscheidungen nur getroffen werden können, wenn die Neuronen von Herz und Gehirn kooperieren[9]. Wenn der Engpass *Vishuddha*, der die beiden verbindet, und sein Umfeld verschmutzt sind, dann hemmen sie ein freies Fließen zwischen unseren wichtigsten Zentren, wenn sie jedoch unbelastet und rein sind, können sie die Zusammenarbeit von Gefühl und Verstand fördern.

Dazu kommt noch, dass der Engpass *Vishuddha* auch ein Grenzübergang aus einem klar definierten Territorium in ein anderes ist. Das Kehlkopf-*Chakra* selbst liegt noch unterhalb der Grenze zum ausschließlich geistigen Bereich, der jenseits der Elemente auf der Höhe von *Ajna*, dem sechsten feinstofflichen Zentrum, beginnt. Doch für das *Vishuddha* zugeordnete Element, den Raum, existiert diese Grenze nicht. Er durchdringt die gesamte Schöpfung, ist allgegenwärtig.

Diese Janusköpfigkeit des Kehlkopf-*Chakras* und seines Elementes, die sich auch in seiner rauchfarbenen Tönung widerspiegelt, steht wohl – obgleich sie selten mehr als eine schlummernde Ahnung ist – hinter dem tiefen Verlangen nach innerer Erfüllung, das Menschen umtreibt, deren Kundalini-Prozesse in *Vishuddha* blockiert sind.

Oft sind das Menschen mit einem Zug ins Geniale – Künstler, Intellektuelle, Heiler oder sogenannte Führungspersönlichkeiten. Sie neigen dazu, ruhelos, eigensinnig, brillant, launisch, ich-betont und getrieben zu sein. Viele wissen auch, sich voll in Szene zu setzen. Doch oft verbirgt sich hinter einer pompösen Fassade ein zerrüttetes Leben. Daher spotten transpersonale Therapeuten mitunter: Wie gut, dass diese Leute nichts von Kundalini wissen, andernfalls würden sie ihr Ego noch weiter aufblasen.

Die enge Beziehung zwischen dem Ego, das auf dem Entwicklungs-

---

9 Doc Childre and Howard Martin, a.a.O.

niveau von *Vishuddha* so eine große Rolle spielt, und dem Element Raum spiegelt sich auch im Piktogramm des Kehlkopf-*Chakras* und in einem subtilen Wortspiel wider. Jedem *Chakra* ist in Form eines Diagramms ein Laut als Sinnträger beigegeben, der wie ein Samenkorn die Essenz und das Potenzial der feinstofflichen Zentren in sich trägt. In *Vishuddha* lautet dieses Phonem *Ham* und bedeutet, wie uns Swamiji erklärte, Raum und die Freiheit, die er gewährt.

Wenn man im Sanskrit ein ‚a' vor ein Wort setzt, dann verneint man es. Daher bedeutet *Aham*, also kein Raum und keine Bewegungsfreiheit, in dieser beziehungsreichen Sprache ‚ich' und wird meistens für unser kleines, begrenztes Ego verwendet. Im Piktogramm *Vishuddhas* thront das Phonem *Ham* auch noch auf einem schneeweißen Elefanten, der Gedächtnis und Intellekt verkörpert, und wenn er sich zu sehr in den Vordergrund spielt, dann weist ihn die nektarreine *Shakini* mit ihrem Stachelstock, den sie in einer ihrer vier Hände hält, in die Schranken.

Diese uralten Metaphern zeigen die mentalen und psychischen Zustände, die durch energetische Blockierungen im *Kehlkopf-Chakra* entstehen, sehr genau auf. Häufig erfasst eine vage Sehnsucht nach Erfüllung gut situierte Menschen in der Mitte des Lebens, die schon alles Mögliche versucht haben und trotzdem spüren, dass irgendetwas fehlt. Oft wird dieses untergründige Verlangen von einem Kundalini-Prozess ausgelöst, auch wenn die Betroffenen noch nie von dieser subtilsten aller geistigen Manifestationen gehört haben.

Sieht man von Kundalini-Aufstiegen in den beiden schwierigen feinstofflichen Kanälen *Vajra* und *Saraswati* ab, dann sind es vor allem Menschen mit Blockierungen in *Vishuddha*, die Swamijis Hilfe suchen. Ihr Durchschnittsalter liegt knapp unter fünfzig Jahren, und mitunter hat sie das lange, vergebliche Suchen depressiv gemacht.

Ich hatte in all den Jahren, in denen meine Kundalini im *Vishuddha-Chakra* blockiert war, von diesen Zusammenhängen nicht die geringste Ahnung. Viele Einsichten kamen erst ein gutes Jahr nachdem die Blockade aufgelöst war. Langsam wurde mir klar, dass ich viele der Verhaltensweisen durchexerziert hatte, die von einer Blockade im *Kehlkopf-Chakra* ausgelöst werden.

Wenn Swamijis Bewertung meines Kundalini-Prozesses richtig ist – und ich bin heute davon überzeugt, dass sie richtig ist – dann war Kundalini sowohl vor als auch nach der spontanen Überleitung aus einem feinstofflichen Kanal, der nicht zum Ziel führt, in einen, der ihre Entfaltung ermöglicht, im *Vishuddha-Chakra* blockiert, also den weitaus größten Teil meines Lebens. Eine Blockierung über so lange Zeit erschwert, wie ich einer Bemerkung Swamijis bei meinem dritten Aufenthalt entnahm, die Säuberung des hochsensiblen *Kehlkopf-Chakras*.

Lange Zeit ahnte ich nicht, was mich umtrieb. Ein tiefes Verlangen nach etwas, von dem ich nicht wusste, was es war und wie ich es erreichen konnte, schwelte in mir. Fast alle nach außen gerichteten Aktionen, mit denen ich diese Sehnsucht stillen wollte, verstrickten mich in Situationen, die meine Unruhe noch verstärkten. Schließlich ging mir auf, dass dieses unstillbare Verlangen einem diffusen Drang nach etwas Höherem entsprang. Das machte es nicht besser. Ich begann mit großer Neugier übernatürlichen Phänomenen nachzujagen. Jahrelang suchte ich außerhalb meiner selbst nach der ersehnten inneren Erfüllung. Ziellos, doch entschlossen drehte ich mich, meist viel zu schnell, in immer neuen Kreisen, nur um auf denselben toten Punkt zurückzufallen und wieder von Neuem zu beginnen. Es waren intensive, aber keine guten Jahre.

Wenn *Vishuddha* verunreinigt ist und *Udana Vayu* nicht aufsteigen kann, dann können weder die Impulse aus dem Herzen noch Kundalini den Engpass Hals passieren. Deswegen kann man sich, wie Swamiji einmal bemerkte, auch nicht ausweinen; denn die Kehle ist, wie ich mich gut erinnere, zugeschnürt. Vor allem aber führen Verunreinigungen im *Vishuddha-Chakra* dazu, dass Menschen, die in ihrem Beruf viel leisten, im eigenen Leben unausgereifte Entscheidungen treffen, weil energetische Blockaden in diesem empfindlichen Bereich das Urteilsvermögen trüben.

Ich erinnere mich genau, wie mich mitunter ein starker und damals wohl unkontrollierbarer Impuls dazu getrieben hat, in meinem privaten Leben undurchdachte Entscheidungen mit weittragenden Konsequenzen zu treffen. Sie entsprangen oft einem vagen Idealismus, doch ich vertrat sie mit großer innerer Überzeugung und beträchtlicher

Strahlkraft auf meine nähere Umgebung. An den langfristigen Folgen der einen oder anderen dieser Fehlentscheidungen hatte ich dann viele Jahre zu knabbern. Nun setzen mir diese Rückblicke nicht mehr zu. Es war wie es war und sein musste und gehört der Vergangenheit an.

Nach zwei Wochen und sechs Tagen intensiver Übung unter der Leitung eines Kundalini-Experten war der über Jahrzehnte hartnäckig resistente Engpass im Hals endlich durchbrochen. Doch damit war die Arbeit, wie ich aus Bemerkungen Swamijis schon wusste, keinesfalls beendet. Im Gegenteil, mit dem Aufstieg der Kundalini zu *Ajna*, dem Stirn-*Chakra*, und dann zum springenden Punkt *Makara*, der höchsten von zehn Stationen innerhalb *Ajnas*, begann ein neuer, entscheidender Abschnitt meines langen Weges. Wir werden später auf ihn zurückkommen.

3

Kundalini –
Annäherungs- und Beschreibungsversuche

Das Umfeld und der Meister

Was ich in Rishikesh vorgefunden hatte, war kein üblicher Ashram-Betrieb. Es gab keine gemeinsame Morgen- oder Abendmeditation, keine huldvoll konzedierten Audienzen zu einer bestimmten Tageszeit, zu der sich die Schüler versammelten, um dann lange auf das Erscheinen des Meisters zu warten.

Swamiji war unprätentiös und sachlich. Wo immer man ihn traf, konnte man ihn ansprechen. Entweder antwortete er gleich oder sagte, er würde später ins Zimmer kommen. Er selbst kochte das Mittagsessen und gab bereitwillig Auskunft über die verwendeten Ingredienzen. Das Essen nahmen wir, nachdem er die Speisen mit einer Geste wortlos gesegnet hatte, meist schweigend an einem großen Tisch ein; und nach dem Essen erzählte er oft die eine oder andere Geschichte oder beantwortete ein paar Fragen.

Den Rest des Tages war jeder auf sich selbst gestellt. Swamiji hatte jedem von uns seine eigenen spezifischen Übungen beigebracht und vorgedruckte Blätter gegeben, auf denen wir eintragen sollten, ob wir unsere Übungen gemacht, die ayurvedischen Arzneien eingenommen und welche Erfahrungen sich eingestellt hatten. Kontrollen, ob und wie lange wir unsere Übungen machten, gab es nicht. Als ich Swamiji fragte, warum es keine gemeinsamen Meditationen gäbe, sagte er, die Erfahrung habe gelehrt, dass die Schüler später, wenn sie nach Hause gingen und allein waren, nicht weiter übten.

Abends unterhielten wir Schüler uns manchmal auf der Terrasse des

Gästehauses. So erfuhr ich langsam, was die anderen hierher geführt hatte, welche Art von Kundalini-Prozessen sie durchlebten, was für Übungen sie machten und welche Erfahrungen dabei hochkamen.

Vier von uns waren für zwei oder mehr Monate gekommen. Wir waren alle, wie Swamiji uns mitunter nannte, 'Westler'. Unsere Biographien, Alter, Nationalitäten und vor allem unsere Prozesse hätten kaum unterschiedlicher sein können, und doch ergab sich bald ein Gefühl der Zusammengehörigkeit. Später habe ich oft beobachtet, dass es eine Art magnetischer Anziehung zwischen Menschen in Kundalini-Prozessen gibt. Auch in Brasilien, beim Holotropen Atmen, zu dem häufig zwei oder drei Leute kamen, die durch Kundalini-Prozesse gingen, hat sich das immer wieder gezeigt.

Mein Hauptaugenmerk galt jedoch Swamiji. Ich war der einzige Schüler, der im Erdgeschoss untergebracht war, wo auch Swamiji wohnte. Zwischen unseren Zimmern lag ein großer fensterloser Raum mit einem überdachten Oberlicht, das sich zur Terrasse im ersten Stock hin öffnete. In diesem Raum und einer daneben liegenden kleinen Küche verrichtete Swamiji viele seiner Arbeiten. Immer wenn ich durch diesen zentralen Raum gehen musste, beobachtete ich ihn dabei, so kritisch wie ich mir das vorgenommen hatte.

Oft verschnürte er bis spät in die Nacht Pakete mit ayurvedischen Stärkungsmitteln oder einschlägigen indischen Büchern, um sie seiner Schülerin und Nachfolgerin in die USA zu schicken, die er in diesem Jahr zum dritten Mal besuchen wollte. Dabei saß er auf dem Boden auf einer kleinen Matte oder einem Stück Pappe und war ganz in das vertieft, was er gerade tat.

Auch für eine der Frauen, die zu Hause als alternative Heilerin tätig war, richtete er viele Päckchen zum Versand her, während ihr unbeschwertes Lachen und die Stimmen anderer Schüler von der darüberliegenden Terrasse durch das Oberlicht herunterdrangen. Oft war er noch zu später Stunde, wenn ich mich schlafen legte, mitten bei der Arbeit; und am frühen Morgen, wenn ich aufstand, war seine Zimmertür schon wieder offen. Er schien mit seinen damals siebenundsechzig Jahren so gut wie unermüdlich.

Von diesem großen Mittelraum führte eine Tür zur Toilette, die, wie in Indien üblich, nur mit einem in den Boden eingelassenen Klosett ausgerüstet war. Vor der Tür lagen Sandalen, die nur zum Betreten der Toilette dienten. Einmal, als ich diese Toilette benutzen wollte, waren die Sandalen gerade frisch gewaschen und noch nass. Weil ich Socken anhatte, zögerte ich einen Moment. Da kam Swamiji blitzschnell angelaufen und trocknete die Sandalen für mich ab.

Ein Meister, vor dem Inder sich niederwerfen und seine Füße zum Gruß berühren, kniete vor mir auf dem Boden, das verwirrte mich und ich stammelte wohl, das sei nicht nötig gewesen. Anschließend, um die Welt wieder ins Lot zu bringen, versuchte ich mir das damit zu erklären, dass ich als erster unter Swamijis Schülern älter war als er.

Ein paar Tage danach lernte ich eine andere Seite Swamijis kennen. Als ich, um mich ein bisschen zu bewegen, das Haus verließ, stieg Swamij gerade ins Auto und fragte mich, ob ich mitkommen wolle. Er würde nach Ram Jhula in die Divine Life Society, den großen, von Swami Sivananda gegründeten Ashram fahren, um einen Deutschen zu treffen, dessen gute Kenntnisse in Sanskrit und Hindi er schon einmal erwähnt hatte.

Im Ashram angekommen, geleitete man uns in ein Zimmer, in dem der Deutsche mit einer Inderin, teils in Hindi und Sanskrit, teils auf Englisch, über ein Manuskript sprach, an dem sie gerade arbeitete. Sie wollten Swamijis Meinung zu ein paar Punkten einholen, über die er kurz und genau Auskunft gab.

Schließlich konzentrierte sich die Diskussion der beiden auf die Frage, wer in weit zurückliegenden Zeiten eine bestimmte Idee zuerst geäußert habe. Swamiji hörte sich das eine Zeit lang an und sagte dann sehr ruhig und bestimmt, chronologische Festlegungen seien unwichtig, denn Wissen sei vor der Schöpfung, in der Schöpfung und nach der Schöpfung vorhanden. Damit war die Auseinandersetzung über diese akademische Frage beendet, und ich fing an, über unterschiedliche Ebenen der Erkenntnis tieferer Zusammenhänge nachzudenken.

Solche grundsätzlichen Bemerkungen machte Swamiji nur, wenn sich ein Anlass ergab, nie als ausgedehnten philosophischen Diskurs. Doch unsere vielen Fragen über Kundalini – im *Guesthouse Patanjali Kundalini Yoga Care* natürlich ein zentrales Thema – beantwortete

Swamiji präzise und detailliert. Dabei wurde immer wieder klar, dass Kundalini ein außerordentlich subtiles, aber reales Phänomen ist, deren Entfaltung und die Hindernisse, auf die sie dabei stößt, erkannt und erklärt werden können.

Das zeigte sich auch daran, dass Swamiji ständig den Ausdruck „Kundalini-Prozess" benutzte, der auf einen Vorgang hindeutet, den man verstehen und bis zu einem gewissen Grad beeinflussen kann, nicht auf ein undurchschaubares Ereignis, dem man wohl oder übel ausgeliefert ist. Dazwischen machte er jedoch mit wenigen, gelegentlich strengen Worten deutlich, dass Kundalini eine Manifestation des Göttlichen auf unserer Ebene ist. Diese Mischung von Pragmatik und der Wahrung übergeordneter Gesichtspunkte flößte mir Vertrauen ein. Da gab es keinen der falschen Töne, für die ich im spirituellen Bereich besonders hellhörig bin.

Die traditionelle Lehre von Kundalini

Das theoretische Rüstzeug von Swamijis hoch spezialisierter Arbeit ist *Kundalini Vidya*, die traditionelle Lehre oder Wissenschaft von Kundalini. Sie ordnet alle Phänomene, die in Kundalini-Prozessen auftreten, in ein glasklares, in sich schlüssiges System ein. *Kundalini Vidya* wird aus vier Quellen gespeist: Aus den alten Schriften, der mündlichen Überlieferung, der eigenen unmittelbaren Erfahrung und aus Fallstudien.

Die wichtigste dieser alten Schriften ist *Sat Cakra Nirupana*[10], die Beschreibung der sechs *Chakras*. Dieses winzige Büchlein, das Swamiji im Unterricht des zweiten Jahres immer neben sich liegen hatte, ist die Grundlage der Lehre von Kundalini. Es ist in Versen abgefasst, um Unbefugten den Zugang zu erschweren, und seine in Metaphern verschlüsselten Aussagen werden nur durch die Erklärungen eines Lehrers verständlich, der Glied einer Kette mündlicher Überlieferung

---

10 Sat Cakra Nirupana, wiedergegeben in Hiroshi Motoyama: Theories of the Chakras. Quest Books, The Theosophical Publishing House, Adyar, Madras 1995.

ist, die von Generation zu Generation vom Meister auf den Schüler tradiert wird.

Grundlage und Essenz der mündlichen Überlieferung ist, wie Swamiji immer wieder betont, die eigene unmittelbare Erfahrung. Durch sie versteht der Meister die verschlüsselten Texte und erklärt sie dann seinem Schüler, der aufgrund seiner eigenen Erfahrungen begreifen kann, was er ihm sagt. Ohne eingeweihten Lehrer und ohne eigene Erfahrungen tappt man im Dunkeln. Das erklärt auch, warum so viele unklare oder falsche Aussagen über Kundalini und den feinstofflichen Körper im Umlauf sind.

Wie entscheidend die Rolle der mündlichen Überlieferung ist, machte Swamiji an einem Vergleich deutlich. Indien, so sagte er, sei im Laufe der Geschichte immer wieder von fremden Herrschern erobert worden. Die Eroberer hätten nicht nur Gold, Edelsteine und Gewürze mitgenommen, sondern auch viele der alten Schriften. Doch ohne die Erklärungen eines Meisters, der in einer Abfolge mündlicher Überlieferung steht, konnten sie die Texte nicht verstehen. Es sei ihnen genauso ergangen wie einem Hund, sagte er, der eine Kokosnuss aufgetrieben hat und sie nur umherrollen, aber nicht öffnen kann.

Die Fallstudien, die vierte Komponente von *Kundalini Vidya*, sind – zusammen mit den eigenen direkten Erfahrungen – die Quelle und das Rückgrat dieser traditionellen Wissenschaft. Aus ihnen ist über Jahrhunderte durch unzählige Generationen von Yogis das theoretische Gerüst von *Kundalini Vidya* entstanden, und durch sie wird es immer wieder verifiziert und erweitert. Sie sind die Chronik und das Archiv dieser alten Wissenschaft.

Wie wichtig die Fallstudien sind, wurde im Lauf der Jahre mit der schnell wachsenden Zahl von Schülern deutlich. Ihre unterschiedlichen Prozesse bestätigten nicht nur das überlieferte theoretische Gerüst, sondern hin und wieder ermöglichten ungewöhnliche Fälle Swamiji auch, genauer zu begreifen, auf was sich verschlüsselte Passagen alter Texte bezogen. Es war faszinierend zu sehen, wie die uralte Wissenschaft von Kundalini im Laufe der Jahre in den Händen eines Meisters weiterwuchs.

In einem späteren Stadium des Prozesses erfuhr ich, wie nötig es ist, die Theorie durch Erfahrungen im eigenen feinstofflichen Körper zu verifizieren. Swamiji hatte ein paarmal erwähnt, dass *Prana* und *Manas*, also das vitale und das mentale Geschehen, wenn Kundalini weiter aufgestiegen ist, miteinander verschmelzen. Ich wusste, was mit *Prana* und was mit mentalem Geschehen gemeint war, aber konnte mir – bis zu dem Tag, an dem es geschah – beim besten Willen nicht vorstellen, wie und zu was sich die beiden vereinen. Nachdem dieser Vorgang in mir abgelaufen war, begriff ich sofort, was mit dieser kurzen, viel verwendeten Formel gemeint ist.

Es hat Jahrtausende gedauert, bis Kundalini in den Westen gekommen ist und man ihre Erscheinungsformen im kulturellen und religiösen Kontext des Westens identifiziert hat. Den wichtigsten Anstoß hatte zu Beginn des zwanzigsten Jahrhunderts das umfangreiche Werk „Die Schlangenkraft" von Arthur Avalon, dem englischen Richter Sir John Woodroffe, gegeben, das 1918 erschienen ist[11] und auf die neunundvierzig Verse des kleinen Büchleins *Sat Cakra Nirupana* zurückgeht.

1932, anlässlich einer Züricher Vortragsreihe „Der Yoga, im besonderen die Bedeutung der Chakras"[12], vermutete C.G. Jung, der mit östlichem Gedankengut seine Schwierigkeiten hatte[13], es werde noch tausend Jahre dauern, bis Kundalini in den Westen käme. Schon rund siebzig Jahre später schrieb Stanislav Grof in „Psychology of the Future"[14], das sei wohl Jungs größte Fehleinschätzung gewesen. Die außerordentlich schnelle Ausbreitung dieses sehr spezifischen spirituellen Phänomens wird auch durch die Daten des *Spiritual Emergence Network* (*SEN*) der USA belegt, in dem gegen Ende des vergangenen Jahrhunderts die Anrufe wegen Problemen mit Kundalini auf den ersten Platz vorgedrungen waren.

Mittlerweile weiß man aufgrund vieler detaillierter Forschungen, dass alle großen spirituellen Traditionen Kenntnis von Kundalini hat-

---

11 Sir John Woodroffe: The Serpent Power. Ganesh & Co., Madras 1918.
12 C.G. Jung: Die Psychologie des Kundalini Yoga. Nach Aufzeichnungen des Seminars 1932, Walter Verlag, Olten 1998.
13 Harold Coward: Jung and Eastern Thought. State University of New York Press, Albany 1985.
14 Stanislav Grof: Psychology of the Future. State University of New York Press, Albany 2000.

ten, wenn auch unter sehr verschiedenen Namen. Viele haben ihre Mitglieder nur nach langer Vorbereitung in diese geheime und sorgfältig gehütete Wissenschaft eingeweiht. Das trifft für die großen Kulturen der Antike, für nordamerikanische Indianer, die wichtigsten Geheimbünde und auch für afrikanische Stämme zu.

Natürlich findet man Kundalini auch in der christlichen Tradition, in der die Erweckung dieser spirituellen Kraft oft *„die Ausgießung des Heiligen Geistes"* genannt wird. Wer die verschiedenen Erscheinungsformen von Kundalini kennt, kann den Tagebüchern und Biographien von Heiligen entnehmen, welche Art von Kundalini-Prozessen sie durchlebt haben. In den meisten Fällen handelt es sich um eine sehr spezifische Manifestation der Kundalini, die sich von Jesus und seiner Mutter Maria herleitet und zu einer tiefen Erfahrung des Heiligen Herzens führt. In der Wissenschaft von Kundalini nennt man diese besondere und weniger häufige Form spiritueller Manifestationen *Hrid*-Prozesse. Wir werden später noch auf sie zurückkommen.

Heute geht man also davon aus, dass Kundalini nicht an einen Ort oder eine Zeit gebunden, sondern ein universelles, spirituelles Phänomen ist. Indien hat kein Monopol auf Kundalini, wie man lange geglaubt hat. Es verfügt jedoch über die am genauesten ausgearbeitete Kartographie dieser subtilsten und zugleich machtvollsten aller spirituellen Manifestationen.

Durch Swamijis Arbeit und seine Bemerkungen wurde mir langsam klar, dass ein Meister, der ein spirituelles System von Grund auf verstanden und in eigenen Erfahrungen verifiziert hat, auch alle anderen kennt; denn im spirituellen Bereich gibt es nur wenige grundlegende Gesetzmäßigkeiten, die sich in unterschiedlichen Ausformungen in allen spirituellen Traditionen wiederfinden. Die physischen, psychischen und feinstofflichen Gegebenheiten sowie die inneren Vorgänge, die diesen Gesetzen folgen und den Zugang zu geistigen Bereichen öffnen, sind in allen Menschen dieselben.

Als ich das zweite Mal in Rishikesh war, brachte Swamiji mir Praktiken bei, die er auf Kirchenfenstern in Notre Dame und Chartres gesehen hatte und sagte, sie hätten große Ähnlichkeit mit den *Asanas*, den Körperpositionen des Yoga. Einer Freundin hatte er, zusammen mit drei weiteren, eine Übung aus der Kultur der Mayas und eine Segnungsgeste der Katholischen Kirche verordnet. Das hat nichts mit billigem Synkretismus zu tun, sondern kommt aus einem tiefen Wissen um die Quelle, aus der sich alle spirituellen Traditionen speisen.

Als ich mit Swamiji, seiner Nachfolgerin und vier weiteren Schülern an einer Pilgerfahrt zu den Geburts-, Wirkungs- und Todesstätten von Johannes vom Kreuz und Theresia von Avila teilnahm, kniete Swamiji in seiner orangefarbenen Robe auf den Bänken katholischer Kirchen und meditierte, wo diese Heiligen gelebt und gelitten hatten. Er kannte die Lebensgeschichten der beiden sehr genau und wusste somit, welche Art von Kundalini-Prozessen sie durchlaufen hatten. Die kulturellen und religiösen Grenzen zwischen Ost und West schienen aufgehoben. Eine übergeordnete Realität hatte sie weggewischt.

In Büchern und Seminaren transpersonaler Orientierung wird immer wieder betont, wie wichtig es ist, zwischen organisierter Religion und Spiritualität zu unterscheiden, zwischen den von menschlichen Interessen durchsetzten kirchlichen Institutionen einerseits, die sich als Vermittler zwischen Mensch und Gott stellen und allzu oft die Macht missbrauchen, die ihnen in dieser Rolle zuwächst, und dem direkten Zugang zu den darüber liegenden, durch nichts getrübten Quellen spiritueller Erfahrungen andererseits. Diese Maxime hatte mir gleich eingeleuchtet. Im Umkreis Swamijis sah ich, wie sie umgesetzt und gelebt werden kann.

Aufgrund seiner profunden Kenntnis einer spirituellen Tradition ist Swamiji auch in allen anderen zu Hause. Sie hat ihn zu einem spirituellen Kosmopoliten gemacht, der Menschen der verschiedensten religiösen und spirituellen Ausrichtungen hilft, wenn sie mit schwierigen Kundalini-Prozessen zu ihm kommen. Er versucht, niemanden zu einem bestimmten Glauben zu bekehren. Er gibt Praktiken, um fehlgeleitete Prozesse zu korrigieren oder Blockaden, die den weiteren Aufstieg Kundalinis hemmen, aufzulösen. Zugleich lehrt er, so zu leben – mit welchem Glauben auch immer – wie das zur weiteren Entfaltung des Prozesses nötig ist. Dabei betont er immer wieder, dass in letzter Instanz Kundalini selbst der Meister ist.

Kundalini – die subtilste aller Kräfte

Vor allem im Westen hat sich das Sanskrit-Wort Kundalini im Sprachgebrauch verselbstständigt. Genau genommen ist es nur ein Adjektiv. Es bedeutet *eingerollt* und erhält in unserem Zusammenhang seinen eigentlichen Sinn erst in der Verbindung mit dem Wort *Shakti*. In vielen der alten Schriften werden diese beiden Worte auch zusammen gebraucht.

Um zu verstehen, was *Kundalini Shakti* ist, müssen wir ein wenig ausholen. Die großen spirituellen Traditionen gehen davon aus, dass die gesamte materielle Schöpfung aus einem hierarchisch übergeordneten, absoluten Bewusstsein hervorgegangen ist, aus einem Laut oder einem Wort, wie es in vielen Religionen heißt.

Diese Anschauungsweise stellt die zur Zeit noch vorherrschende Auffassung auf den Kopf, nach der sich Bewusstsein oder Geist in einem langwierigen Prozess aus der Materie entwickelt haben. Auf ihr fußt auch die Vorstellung, dass das Gröbere in einer langen Kette von Vorgängen aus dem jeweils vorgeordneten Feineren entsteht, also das Bewusstsein die primäre und auslösende Instanz ist, die zur Manifestation von Materie führt. Es sieht ganz so aus, als ob wir uns an diese uralte Sicht der Dinge wieder gewöhnen oder eine Synthese aus diesen diametral entgegengesetzten Auffassungen schaffen müssen, da sie inzwischen von der Quantenphysik auch experimentell bestätigt wird[15].

Im Schöpfungsvorgang manifestiert sich dieses reine, absolute Bewusstsein und teilt sich dabei in zwei Aspekte oder sich ergänzende Pole. Der eine wird in der indischen Mythologie durch den Gott *Shiva* repräsentiert und als die statische, männliche Manifestation des Göttlichen und mithin als Bewahrer des form- und eigenschaftslosen absoluten Bewusstseins angesehen. Der zweite Aspekt dieser Polarität ist *Shakti*. Das Wort kommt von der Sanskrit-Wurzel *shak*, die das ,Verfügen über Kraft', die ,Fähigkeit zur Verwirklichung' zum Ausdruck

---

15 Amit Goswami: The Self-aware Universe: How Concsciousness Creates the Material World. Jeremy P. Tarcher/Putnam Books, New York 1993.

bringt. *Shakti* ist also die allgegenwärtige, dynamische und weibliche Repräsentanz des Göttlichen, die schöpferische Urkraft, die allem Werden zugrundeliegt.

Shakti kann sich wie Energie im Ruhezustand verhalten. Dann ist sie eine latente, noch schlummernde Kraft, die auf unserer menschlichen Ebene als dreieinhalbmal eingerollte Schlange in *Muladhara*, dem *Wurzel-Chakra*, dargestellt wird. In diesem Stadium repräsentiert sie das spirituelle Potenzial, das allen Menschen ohne Unterschiede innewohnt.

Wenn *Kundalini Shakti* erweckt wird, entrollt sie sich und wird zur aktiven göttlichen Schöpferkraft. Als solche strebt sie nach oben zu *Shiva*, zum reinen, absoluten Bewusstsein, also zurück in die Einheit, aus der sie ursprünglich hervorgegangen ist. Dieser Vorgang findet zugleich auf der makro- und mikrokosmischen Ebene statt, im Universum und in uns Menschen. Ein Kundalini-Prozess ist, vereinfacht gesagt, die Erfahrung dieses unablässigen Aufwärtsstrebens, das, allen Widerständen zum Trotz, in einem begrenzten, zeitgebundenen Gefäß, in einem menschlichen Körper, vor sich geht.

Eine schöne Beschreibung von Kundalinis makro- und mikrokosmischen Aspekten findet sich in Lilian Silburns Buch „Kundalini und Tantra"[16]. Sie geht von der bekanntesten der vielen Formen des Gottes *Shiva* aus, von *Shiva Nataraja*, dem tanzenden *Shiva*, und macht dann anhand seines ewig währenden Tanzes deutlich, dass Kundalini keine Energie im üblichen Sinn ist, sondern eine Manifestation göttlicher Kraft im Kosmos und somit auch in uns Menschen. Zugleich geht aus Lilian Silburns Darstellung, die wir anschließend in gekürzter Form wiedergeben, hervor, dass *Shiva* weit mehr ist als ‚der große Zerstörer', zu dem man ihn so oft reduziert.

Shiva, der Gott des Tanzes, sagt sie, wird stets mit vier Armen dargestellt. In einer Hand hält er eine Trommel, deren Tonschwingungen die ganze Welt erzeugen, indem sie Zeit und Raum entstehen lassen. In einer anderen schwingt er das Feuer, das die Schöpfung absorbiert und sie wieder zurückführt in die Quelle, aus der sie hervorgegangen ist. *Shiva* bewirkt also die gegenläufigsten aller möglichen Vorgänge,

---

16 Lilian Silburn: Kundalini und Tantra. Aquamarin Verlag, Grafing 2006.

Emanation und Resorption, und auf diese Weise entfaltet sein kosmischer Tanz den Rhythmus der gesamten Schöpfung. So, als göttlichen Pulsschlag, muss man Kundalini verstehen, wenn man ihre Wirkung im Universum und in uns Menschen würdigen will. Kundalini ist Schwingung – vibrierende Wellenbewegung von Emanation und Resorption, von Schöpfung und ihrer Rücknahme – eine Schwingung allerhöchster Frequenz, und diese Schwingung wohnt eingebettet im Bewusstsein wie die Welle im Meer.

Heutzutage wird oft der Ausdruck „Kundalini Energie" gebraucht. Er führt in die Irre. *Kundalini Shakti* ist keine Energie, sie ist vielmehr, wie wir sahen, Bewusstsein; Teil des absoluten Bewusstseins, aus dem sie hervorgegangen ist, mit einem winzigen Quentchen Kraft. Sie gibt die Impulse, sie ist der zündende Funken, der Energien in Bewegung setzt, ohne sich je mit ihnen zu vermengen. Sie ist also um vieles mächtiger als die Energien, die sie zur Wirkung bringt.

Im Sanskrit gibt es viele Bezeichnungen für diese subtilste und zugleich stärkste aller Kräfte. Wie jede hochentwickelte Technologie, hat auch Indiens ausgefeilte Kartographie feinstofflicher und spiritueller Vorgänge ihre eigene Terminologie entwickelt. Sie ist an das altindische Sanskrit gebunden. Da es in modernen Sprachen für viele dieser hochdifferenzierten Begriffe keine Entsprechungen gibt, können Übersetzungen nur Annäherungsversuche sein.

Swamiji entdeckt immer wieder, und dann leuchten seine Augen, in alten Schriften neue Worte, die *Kundalini Shakti* charakterisieren. Obwohl er kein perfektes Englisch spricht, hat er ein sehr genaues Unterscheidungsvermögen für die Wertigkeit englischer Worte. Oft sah ich ihn um adäquate Übersetzungen für Sanskrit-Worte ringen, die die außerordentliche Feinheit des winzigen Quentchens Kraft wiedergeben, das der göttlichen *Kundalini Shakti* innewohnt.

Zugleich weist er darauf hin, dass man Kundalini nicht festnageln kann, dass man nicht sagen kann, Kundalini sei dieses oder jenes. Sie überragt alle Definitionen. Deswegen hat man immer wieder versucht, sie durch poetische Vergleiche und schöne Bilder zu beschreiben. In der *Hatha Yoga Pradipika* heißt es: „So wie er eine Tür mit einem Schlüssel öffnet, solle der Yogi das große Tor der Befreiung durch

Kundalini öffnen." Man hat *Kundalini Shakti* die ‚Mutter des ewigen Glücks' genannt, ‚brilliant wie tausend Sonnen', ‚die lodernde Flamme göttlicher Leidenschaft', und sie mit ‚feurigen Funken' verglichen, ‚die aus dem himmlischen Schlangenmund hervorkommen' oder mit einem ‚göttlichen Strahl, der in eine sterbliche Hülle dringt'. Swamiji, der so viele Prozesse begleitet hat, sagte, Kundalini bereite die Seele für die Erfahrung des großen Lichtes vor.

Neben den poetischen Umschreibungen stehen viele Versuche, Kundalini durch Analogien mit elektromagnetischen, radioaktiven oder nuklearen Vorgängen zu erklären. Doch letztlich entzieht sich *Kundalini Shakti* der verbalen Festlegung. Sie gehört einer Domäne an, die aus unserer ontologischen Ebene nicht gänzlich erfasst werden kann, deren Einbezug jedoch zum Verständnis unseres Daseins unerlässlich ist.

Die scheinbar widersprüchlichen Eigenschaften der Kundalini als subtilste und zugleich stärkste aller Kräfte beschreibt Shyam Sundar Goswami in dem Buch „Layayoga" [17]. Da heißt es, auch in freier und gekürzter Übersetzung wiedergegeben: „Je subtiler eine Kraft ist, umso stärker ist sie, und mit dieser Stärke ist sie fähig, alles, was gröber ist als sie, zu absorbieren. Wenn sie alles vereinnahmt und erleuchtet hat, bleibt nur noch Kundalini als höchste Kraft in ihrem vollen Glanz, und diese Kraft ist ganz und gar Bewusstsein – aber nicht mentales Bewusstsein, da sie ja auch den Verstand völlig absorbiert hat, sondern den Verstand überragendes Bewusstsein, eben Kundalini-Bewusstsein."

Swamiji gab ein einfaches, nachvollziehbares Beispiel für die größere Kraft des Subtileren. Er sagte, die Wirkung laut gesprochener Gebete würde von solchen, die nur mit Lippenbewegungen geäußert werden, tausendmal übertroffen, und Gebete, die man nur in Gedanken vorbringt, ohne die Lippen zu bewegen, seien weitere tausendmal wirkungsvoller. Wer das nachprüfen will, wird schnell feststellen, dass Beten nur in Gedanken, ohne gesprochene Worte, einen viel höheren Grad an Konzentration erfordert; und dieser größere Kraftaufwand erhöht natürlich die Wirkung.

---

17 Shyam Sundar Goswami: Layayoga. Inner Traditions International, Rochester 1999.

Im feinstofflichen und spirituellen Bereich treffen wir immer wieder auf eine diametrale Umkehr der Gesetze, die in unserem alltäglichen und kulturellen Kontext vorherrschen. Um Wesen und Wirken der Kundalini zu verstehen, muss man sich für diese andere, erweiterte Sicht der Dinge öffnen. Dazu sind, wie mir vor allem in langen harten Nächten sehr bald klar wurde, eigene Erfahrungen unerlässlich.

Ich hatte mehr als einmal gehört und gelesen, dass Kundalini durch die Zehen in den Körper eindringt. Eine ältere, sehr glaubwürdige Frau, die ich für den Bericht über spirituelle Notfälle befragte, hatte mir erzählt, dass ihr schwieriger Prozess begonnen habe, nachdem Kundalini durch einen der großen Zehen in sie gefahren sei und dort ein schwarzes Brandmal hinterlassen habe. Doch nun erfuhr ich durch Swamiji, was bei dem schmerzenden Eintritt von Energie durch die großen Zehen tatsächlich stattfindet, und sah, dass ich die unterschiedlichen Ebenen, auf denen Kundalini und Energie angesiedelt sind, in mir selbst erfahren hatte.

Am Tag nachdem Swamiji aus Delhi zurückgekommen war, hatte ich ihn auf der sonnigen Terasse nach den stechenden Schmerzen in den Füßen gefragt und ob Kundalini wirklich durch die großen Zehen in den Körper eindringe. *„No, no, no, no"*, sagte er wie so oft, wenn wir Grundverkehrtes vorbrachten. Kundalini sei in jedem Menschen von allem Anfang an tätig. Sie sei, so könne man sagen, ein Geburtsrecht. Was eindringe, sei *Prana*, kosmische Energie, von *Kundalini Shakti* angefordert, um den im Körper tätigen *Prana*, also die *Vayus*, zu verstärken, deren Kraft nicht ausreiche, ihr die Wege zu bahnen.

Dieses von stechendem Schmerz begleitete Eindringen kosmischer Energie in den Körper ist ein großes Erlebnis. Es ist von dem deutlichen Gefühl begleitet, dass etwas geschieht, das um vieles größer ist als die üblichen physiologischen Vorgänge. Eine seltsame Mischung aus Schmerz, ehrfürchtigem Staunen und Hingabe an etwas Unvermeidliches stellt sich ein, an eine Macht, die die Dimension unserer alltäglichen Existenz überschreitet. Dieser Vorgang ist eine Art von *unio mystica*, einer auf der feinstofflichen Ebene vollzogenen und bewusst erlebten mystischen Vereinigung.

Rückblickend erinnerte ich mich dann, dass dieses Eindringen kosmischer Energie in den physischen Körper schon bald nach dem spontanen Übergang Kundalinis aus der schwierigen *Vajra Nadi* in *Sushumna Nadi* – zu dem wir im nächsten Kapitel kommen werden – stattgefunden hatte, jedoch nicht in den harten Nächten des Santo Daime und anderen vergleichbaren Erfahrungen. Hilfe aus einer übergeordneten Dimension wird einem nur zuteil, so scheint es, wenn der feinstoffliche Körper durch die richtigen, gezielten Übungen vorbereitet wird oder wenn tiefgreifende Veränderungen der Lebensweise die Voraussetzungen für die spontane Korrektur eines Kundalini-Prozesses schaffen. Die Tore des Himmels, heißt es, könne man nicht einrennen.

Eine Zwischenbemerkung: Im Laufe der Jahre habe ich die persönlichen Geschichten sehr unterschiedlicher Menschen gehört, die eine tiefgreifende Transformation durch bewusstseinserweiternde Substanzen erfahren haben. Bei vielen dieser Menschen haben diese Erfahrungen zu einer ersten Öffnung für die spirituelle Dimension des Lebens und bei einigen zu einer völligen Neuorientierung und bedeutenden Beiträgen im gegenwärtigen kulturellen Umwälzungsprozess geführt. Es handelt sich also hier nicht um eine generelle Ablehnung von bewusstseinserweiternden Substanzen, sondern um spezifische Beobachtungen über das Verhältnis von Substanzen und Kundalini in meinem eigenen Prozess.

Die grundlegenden Erklärungen Swamijis und die Richtigstellungen angelesener, jedoch falscher Informationen über Kundalini und den feinstofflichen Körper gehören zu den wichtigsten Bereicherungen, die mir während der Aufenthalte in Rishikesh zuteil wurden. Während dieses Lernprozesses habe ich versucht, wie ich mir das vorgenommen hatte, Swamijis in der Regel kurze Darlegungen mit kritischem Verstand aufzunehmen. Dabei zeigte sich, dass seinen verschiedenen Aussagen zu feinstofflichen und spirituellen Vorgängen, die so oft nebulös dargestellt werden, ein in sich schlüssiges und durch Erfahrungen erhärtetes System zugrunde liegt. Oft haben mir seine Bemerkungen auch geholfen, Fragen des spirituellen Bereiches zu verstehen, die auf den ersten Blick nicht unmittelbar mit Kundalini zusammenhängen.

Die schicksalshafte Komponente

Wer jedoch Kundalini mit Energie verwechselt, wird Schwierigkeiten haben, die richtige Einstellung zu seinem Prozess zu finden. Letztlich steht diese Verwechselung hinter der immer wieder in verschiedenen Abwandlungen vorgebrachten Klage: „Kundalini hat mein Leben ruiniert."

Es liegt nahe, dass Menschen, die gelesen oder gehört haben, dass Kundalini mit stechendem Schmerz in den Körper eindringt oder sengend heiß in der Wirbelsäule aufsteigt, *Kundalini Shakti* selbst für die Schwierigkeiten verantwortlich machen, die im Laufe eines Prozesses auftreten können. Doch solche falschen Vorstellungen erschweren es, die eigentlichen Ursachen der Probleme zu entdecken und die sublimen Eingebungen der Kundalini wahrzunehmen, die stets versucht, den Weg zu weisen, der für ihren weiteren Aufstieg und mithin für uns der beste ist.

Wie in unzähligen Metaphern dargestellt, strebt *Kundalini Shakti*, sobald sie erweckt ist, zurück zur Einheit mit *Shiva*, dem Bewahrer des absoluten Bewusstseins, aus dem sie hervorgegangen ist. Um ihren Weg nach oben zu öffnen, bedient sie sich, um es noch einmal zusammenzufassen, der *Vayus*, des in jedem menschlichen Körper tätigen und spezifische Funktionen erfüllenden kosmischen *Pranas*.

Wo die *Vayus* bei dieser Arbeit auf Widerstände stoßen, versuchen sie auf alle nur erdenkliche Weisen Kundalini die Wege zu bahnen oder, wenn nötig, aufzubrechen. Physische Schmerzen oder psychische Schwierigkeiten, die bei dieser von Kundalini gelenkten Tätigkeit auftreten, werden einzig und allein vom Zustand des Gefäßes, also des Menschen, hervorgerufen, in dem dieser Prozess vor sich geht. Wenn man diese Vorgänge aufmerksam beobachtet, erhält man ein sehr genaues Bild der eigenen körperlichen, feinstofflichen und mentalen Verfassung.

Für viele Menschen ist es schwer, diese Einsichten zu akzeptieren und die Verantwortung für ihren Prozess zu übernehmen. Besonders deutlich wurde mir das in einem langen Gespräch mit einer Frau, die unter einer Vielzahl schwerer, ihr völlig unerklärlicher physischer und psychischer Probleme litt. Sie hatte einen Traum, der ihr nahelegte, eine ihr nur vom Sehen bekannte Teilnehmerin eines Seminars anzusprechen. Sie erzählte dieser Frau, einer guten Freundin von mir, die selbst durch einen Kundalini-Prozess geht, von ihren Schwierigkeiten. Meine Freundin riet ihr, sich an mich zu wenden, da sie wusste, dass ich manchmal Leute an Swamiji verweise.

Ein paar Tage danach kam sie und sprach gute zwei Stunden, fast atemlos, über ihre Leiden und die vielen teuren Ärzte, die ihr nicht helfen konnten. Es war offensichtlich, dass sie durch einen schwierigen Kundalini-Prozess ging, ohne die geringste Ahnung von Kundalini zu haben. Ihre lange Leidensgeschichte erfüllte sie in so hohem Maße, dass sie nicht in der Lage war, ein paar generelle Hinweise zu Kundalini und den eigentlichen Ursachen ihrer Schwierigkeiten aufzunehmen, geschweige denn Empfehlungen für eine angemessenere Lebensweise. Es war, als ob sich ein Riegel vorschob und den Weg verstellte, den ihr der Traum gewiesen hatte.

Kundalini Shaktis Ursprung und Eigenschaften, die wir darzustellen versuchten, machen klar, dass man einen Kundalini-Prozess nur annehmen kann. Widerstände oder eine Verweigerung führen nur zu äußerem und innerem Leiden und bedeuten den Verlust einer Chance, der größten, wenn auch oft schwierigsten, die einem in diesem Leben gegeben wird. Das einzusehen, kann für Menschen, die dieser radikalen, das ganze Wesen erfassenden Transformation unterzogen werden, außerordentlich schwierig sein. Ich habe gelernt, in solchen Fällen nicht mehr zu sagen, dass es sich trotz allem um ein Geschenk Gottes handelt.

Unvergesslich ist mir eine kleine Episode: Nach einem Vortrag Swamijis und seiner amerikanischen Schülerin fragte ein Zuhörer, ob man Kundalini unterdrücken könne. Das war wohl für den eher zurückhaltenden Swamiji zu viel. Er fuhr regelrecht auf und sagte sehr streng, mit erhobener Stimme, wie ich sie nie zuvor gehört hatte: „Was? Was wollen sie, Kundalini unterdrücken? Das ist ganz und gar unmöglich. Sonst noch was?" Danach herrschte, vor der nächsten Frage, für geraume Zeit betretenes Schweigen.

Es liegt auf der Hand, dass ein Kundalini-Prozess etwas Schicksalhaftes an sich hat. Doch in wem, wann und warum im Leben eines Menschen *Kundalini Shakti* sich manifestiert, kann aus unserer ontologischen Ebene nicht beantwortet werden. Man kann nur eine Reihe besonderer, oft weit zurückliegender Ereignisse aufführen, die das Erwachen Kundalinis begünstigen oder auslösen können.

In außerordentlich seltenen Fällen, so heißt es, wird Kundalini unmittelbar, ohne die Hilfe eines Meisters, durch göttliche Gnade erweckt. Häufiger sind die Fälle, in denen ein Meister, sei es aus dem jenseitigen geistigen oder in unserem diesseitigen Bereich, einen Kundalini-Prozess auslöst. Wenn ein lebender spiritueller Lehrer Kundalini erweckt, nennt man das *Shaktipat*. Dabei handelt es sich um eine direkte Übertragung geistiger Kraft vom Meister auf den Schüler.

Shaktipat kann durch eine Berührung, einen Blick oder auch durch einen Gedanken gewährt werden. In seltenen Fällen wirkt diese Übertragung sofort, wie ein Blitz, der in einen fährt. Oft bleibt sie jedoch latent, einem Samen vergleichbar, der aufgeht oder nicht. Diese Form spiritueller Initiation ist im Westen vor allem durch Swami Muktananda bekannt geworden, der einen Ashram in Berkeley, Kalifornien unterhielt und *Shaktipat* vor allem durch Berührung mit einer Pfauenfeder übertrug. Heutzutage kann man in den Programmheften mancher Konferenzen lesen, dass der eine oder andere Meister kommen und während seiner Darbietung *Shaktipat* offerieren werde. Die zunehmende Popularisierung Kundalinis hat natürlich, wie alles, ihre zwei Seiten.

Häufiger als man gemeinhin annimmt, scheint das Karma eines Menschen die tiefere Ursache für einen Kundalini-Prozess zu sein. Also das Gesetz, nachdem jede Tat und jeder Gedanke einen Niederschlag findet und irgendwann, in diesem oder einem nächsten Leben, eine Wirkung auslöst. Dieser Vorstellung liegt die Lehre von der Wiedergeburt zugrunde, die auch im Westen, wie verschiedene Umfragen zeigen, mehr und mehr Anhänger findet.

Nach dieser Lehre kommen wir in das gegenwärtige Leben auf genau derselben geistigen Entwicklungsstufe, die wir im Vorleben erreicht haben. Das heißt natürlich auch, dass ein Kundalini-Aufstieg aus einem Leben in das nächste hinübergenommen wird, und zwar in der Regel genau auf der im vorangegangenen Leben erreichten Höhe. Spirituelle Anstrengungen sind eben, wie es schon in der *Bhagavad Gita* heißt, niemals vergeblich.

Somit geht man auch davon aus, dass das Erwachen der Kundalini ein einmaliges Ereignis in einer Kette aufeinanderfolgender Leben ist. Daher gibt es Menschen, die, ohne es zu wissen, durch einen Kundalini-Prozess gehen. Manche von ihnen mögen sogar von Kundalini gehört haben. Aber da im gegenwärtigen Leben keines der Symptome aufgetreten ist, die man gemeinhin mit dem Erwachen Kundalinis in Zusammenhang bringt, meinen sie, sie hätten keinen Prozess. Doch irgendwann im Leben werden sich viele dieser Menschern ihres Prozesses bewusst. Oft ohne besonderen Anlass, wenn sie an einen Punkt gekommen sind, an dem das Karma aus dem Vorleben seine Wirkung zeigt, wenn es reift, wie man sagt. Dann suchen sie Hilfe und beginnen an ihrer spirituellen Weiterentwicklung zu arbeiten.

Auch sakrale sexuelle Kontrolle kann zum Erwachen Kundalinis führen. Die erste von drei Formen, dieser auch als *high sex* bezeichneten Praktiken, auf die wir noch kommen werden, ist für sogenannte *householders*, also für Eheleute, bestimmt. Sie besteht nach altindischem Brauch aus sehr genauen Regeln zur sorgfältigen Vorbereitung der Heirat und der sexuellen Vereinigung. Das beginnt mit der Partnerwahl durch die Eltern, der eine lange Zeit folgt, auch nach der Hochzeit noch, in der sich das junge Paar aneinander gewöhnt, um dann schließlich im ersten sexuellen Vollzug zur gleichzeitigen Erweckung Kundalinis in beiden, dem Mann und der Frau, zu führen. Dem liegt natürlich die althergebrachte Vorstellung zugrunde, dass der tiefere Sinn der Ehe in der gegenseitigen spirituellen Förderung liegt.

Die beiden anderen Formen beruhen auf sehr spezifischen Praktiken zur Nutzung des großen sexuellen Potenzials. Einer von drei, meist missverstandenen Wegen der tantrischen Tradition bedient sich der Ritualisierung der geschlechtlichen Vereinigung. Sehr im Gegensatz zu populären Vorstellungen handelt es sich dabei nicht um eine Erhöhung sexueller Lustgefühle, sondern um die Einhaltung strenger, restriktiver Regeln, die zur Erweckung Kundalinis durch die Umwandlung von sexueller in spirituelle Energie führen sollen.

Auch in der klassischen zölibatären Lebensweise wird diese Umwandlung durch besondere Techniken im eigenen grob- und feinstofflichen Körper angestrebt. Sie erleichtert die Einhaltung des Zölibats, das nicht als auferlegtes Gebot, sondern als freie, selbst gewählte Lebensweise geübt wird. Swamiji erklärte mir, wie und in welchen *Nadis* dieser Vorgang abläuft. Dieses theoretische Wissen bedeutet natürlich nicht, dass man diese Praktik, wenn man wollte, schon ausüben kann.

Natürlich kann Kundalini auch durch bewusste zielgerichtete Anstrengungen erweckt werden. Zu den einschlägigen Techniken gehören die traditionellen Formen von Yoga, eine Vielzahl meditativer Praktiken und andere Übungen aus den verschiedenen spirituellen Traditionen. Vor allem aber schafft eine konsequent durchgehaltene, von einer inneren Stimme inspirierte, spirituelle Lebensweise die Voraussetzungen feinstofflicher und psychischer Natur für das Erwachen Kundalinis und die weitere Entfaltung des Prozesses.

Seit ein paar Jahrzehnten ist offensichtlich geworden, dass Kundalini-Prozesse immer häufiger durch herausragende oder traumatische Ereignisse im Leben ausgelöst werden. Das kann durch schwere Krankheiten, den Tod eines sehr nahen Menschen, durch Unfälle und, wie oft berichtet wird, beim Gebären geschehen. Das Gleiche gilt für die Reaktivierung tiefsitzender Traumata, Folterungen, UFO-Begegnungen, für den Entzug nach langer Drogenabhängigkeit und vor allem für Nah-Tod-Erfahrungen, die durch verbesserte Wiederbelebungstechniken schon fast zu einem Massenphänomen geworden sind.

Bereits 1982 hatte das renomierte Gallup Institut bei einer Umfrage über religiöse und spirituelle Tendenzen errechnet, dass acht Millionen Amerikaner eine Nah-Tod-Erfahrung gehabt haben mussten. Acht Jahre danach, bei einer weiteren Erhebung, stieg die Zahl auf zweiundzwanzig Millionen an. Auch wenn nicht alle diese Menschen eine tiefe, transformierende Nah-Tod-Erfahrung hatten und nur ein Teil von ihnen in einen Kundalini-Prozess katapultiert wurde, so scheint es sich doch um einen wichtigen, wenn auch unbeabsichtigten Beitrag der modernen Medizin zu einer spirituellen Wiederbelebung unseres agnostischen Zeitalters zu handeln.

Zum Teil mögen diese Zahlen das schnelle Anwachsen von Kundalini-Fällen im Westen erklären. Vor allem aber deuten sie auf die schicksalshafte Komponente spiritueller Prozesse hin, denn viele dieser Menschen müssen ein Geschehen auf sich nehmen, für das sie in keiner Weise vorbereitet sind und das sie nicht verstehen. Dieses Hineingeworfenwerden steht in diametralem Gegensatz zur hergebrachten idyllischen Vorstellung vom Meister und seinem Schüler, von jahrelanger strenger und doch liebevoller Hinführung zu einem als Geschenk der Götter verstandenen Aufstieg Kundalinis in einem sorgfältig vorbereiteten menschlichen Gefäß.

Wie oft traumatische und tragische Ereignisse zur Erweckung Kundalinis führen, ging mir erst durch den erstaunlich hohen Anteil unter Swamijis Schülern auf, die unter den Nachwirkungen sehr schwieriger früherer Leben litten. Er erwähnte sie vor allem, um den einen oder anderen Zusammenhang zu klären. Doch manchmal war es, als ob sie für einen kurzen Moment Einblick in die Machenschaften des Schicksals gewährten, in die Unentrinnbarkeit, in die hinter den Ereignissen wirkende Logik, die im Augenblick des Geschehens nicht erkennbar ist.

Welche Art von Kundalini-Prozess solche herausragenden oder traumatischen Ereignisse auslösen, ist so unvorhersehbar wie das Ereignis selbst. Es ist eine offene Frage, inwieweit die schnelle Zunahme dieser oft harten, ungewollten Initiationen zu einem kollektiven Bewusstseinssprung beiträgt. Von Swamiji habe ich dazu nichts gehört. Seine Aufmerksamkeit richtet sich vor allem auf den Moment und den jeweiligen Fall.

Schließlich kann man auch in billigen Büchern und im Internet lernen, wie man Kundalini im *Do it yourself*-Verfahren erwecken kann. Früher waren diese Praktiken nur den in die Geheimwissenschaften Eingeweihten zugäglich. Heutzutage jedoch wird die Aktivierung der Schlangenkraft für gutes Geld sogar in Wochenend-Workshops angeboten. Sich auf diesem Markt zurechtzufinden ist nicht leicht. Noch weit schwieriger ist es, Hilfe zu finden, wenn das Herumspielen mit der subtilsten und zugleich stärksten aller Kräfte eine Vielzahl oft wechselnder und im Rahmen der westlichen Medizin und Psychologie unerklärbarer physischer und psychischer Probleme nach sich zieht.

Sicher muss man in diesem Zusammenhang auch erwähnen, dass es Menschen gibt, die der hochpotenten Kraft *Kundalini Shaktis* nicht gewachsen sind, die die überirdischen Erfahrungen, die sie auslöst, nicht integrieren können und dann den Rest ihres Lebens in *Heilanstalten* dahindämmern müssen. An solch tragischen Fällen zeigt sich die schicksalshafte Komponente allen spirituellen Geschehens mit unbarmherziger Deutlichkeit.

Wer jedoch dazu in der Lage ist und sich durchringt, *Kundalini Shakti* die Möglichkeit zur Entfaltung zu bieten, kann sich Ihrer wohlwollenden Unterstützung sicher sein. Es entspricht ihrer ureigensten Natur, immer wieder und gegen alle Widerstände einen optimalen Zustand in den Menschen anzustreben, in denen sie sich manifestiert hat.

Kundalini hilft nicht nur, Schwierigkeiten, die durch ein missbräuchliches Erwecken hervorgerufen wurden, sondern auch physische und psychische Leiden anderen Ursprungs zu überwinden. So wie sie die günstigste Zeit für ihre Arbeit wählt oder Säuberungsaktionen aussetzt, wenn die äußeren Umstände nicht angemessen sind, aktiviert und lenkt sie auch die Kräfte zur Selbstheilung, die jedem Organismus innewohnen. Oft reicht es, eine langsamere Gangart einzuschlagen, sich die nötige Ruhe zu gönnen, um ihre Einflüsterungen wahrzunehmen und ihnen dann zu folgen.

Kundalini Shakti ist, ob man von ihr Kenntnis hat oder nicht, die auslösende, treibende und führende Kraft aller spirituellen Prozesse, wohlwollend und unerbittlich zugleich. Wenn sie erwacht, dann beginnt, am Anfang oft kaum wahrnehmbar, die spirituelle Suche. Sie kann auf sehr verschiedene Wege, auch auf Um- und Irrwege führen; denn Kundalini bringt einen nur auf den Weg, sie selbst ist kein Weg, keine religiöse Heilslehre.

Sie schreibt auch nicht vor, welchen der vielen Wege man einschlagen soll. Das den eigenen Neigungen angemessene Rüstzeug für diese Gratwanderung muss man selbst finden. Sie kann im Rahmen einer der vielen spirituellen Traditionen stattfinden oder auch ungebunden, in eigener Verantwortung, nur der inneren, von *Kundalini Shakti* inspirierten Stimme folgen. Da Kundalini kein spezifischer Weg, sondern eine über allen Wegen stehende Instanz ist, kann sie, wie wir noch sehen werden, in einer späteren Phase helfen, bereits zurückgelegte Wegstrecken zu verstehen und dem tieferen Sinn unseres Lebens auf die Spur zu kommen.

Kundalini Shakti ist also das übergeordnete Agens jeder spirituellen Suche. Sie gehört nicht der Ebene kirchlicher Institutionen oder religiöser Doktrinen an und steht dem einen Guru nicht näher als dem anderen. Wenn man das in Betracht zieht, lässt sich vielleicht die große Zunahme von Menschen, die durch Kundalini-Prozesse gehen und sich dessen bewusst werden, als ein zeitgerechtes Phänomen begreifen.

4

Die Wege der Kundalini

Die sechs Nadis der Kundalini

Was mich in den Vorträgen von Swamijis Nachfolgerin und seiner beiden amerikanischen Schüler während der Konferenz in Philadelphia fasziniert hatte, war das umfassende System, das sich da zum ersten Mal auftat und ein wenig Ordnung in den Irrgarten widersprüchlicher Informationen über Kundalini brachte.

Im ersten Jahr in Rishikesh begann dieses System dann durch Bemerkungen Swamijis und seine Antworten auf viele Fragen deutlichere Konturen anzunehmen; und sein Unterricht im zweiten Jahr zeigte mir, dass man feinstoffliche Vorgänge, die unter der sichtbaren Oberfläche ablaufen, sachlich, detailliert und in sich schlüssig darstellen kann. Alles, was Swamiji die traditionelle Wissenschaft von Kundalini nennt, hat Hand und Fuß.

Nach dieser Wissenschaft gibt es verschiedene Grundmuster, in denen sich *Kundalini Shakti* in uns Menschen manifestiert. Natürlich bilden diese Grundmuster kein starres System, das diese omnipotente Kraft einzuengen versucht; denn innerhalb dieser Vorgaben ist Raum für eine unbeschränkte Zahl individueller Varianten.

In diesem Kapitel wollen wir versuchen, dieses System, so weit das zum Verständnis der häufiger auftretenden Kundalini-Prozesse nötig ist, darzulegen. Auch wenn es sich dabei vor allem um Beschreibungen feinstofflicher Vorgänge handelt, sollte man doch stets im Auge behalten, dass sich in diesen Vorgängen eine außerordentlich subtile Kraft göttlichen Ursprungs manifestiert.

Der feinstoffliche Körper soll, das ist die am häufigsten genannte Zahl, 72.000 *Nadis* enthalten. Manche Systeme gehen von 352.000 feinstofflichen Kanälen aus, und auch Swamiji sprach von dieser höheren Zahl und rechnete ganz schnell vor, wie man auf sie kommt. Wie viele *Nadis* es auch immer sind, Kundalini steigt nur in sechs dieser feinstofflichen Kanäle auf.

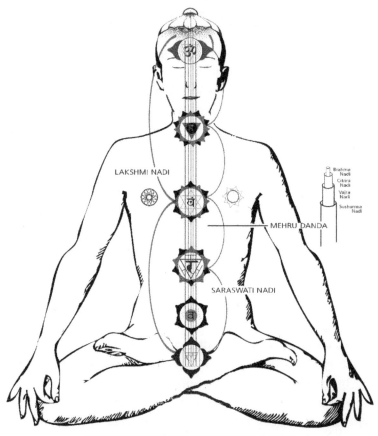

DIE SECHS NADIS DER KUNDALINI

Einen dieser sechs feinstofflichen Kanäle, *Lakshmi Nadi* genannt, wählt Kundalini zum Zeitpunkt ihres Erwachens nur außerordentlich selten. Trotzdem wollen wir versuchen, kurz die wichtigsten Funktionen aufzuzeigen, die der Tätigkeit Kundalinis in *Lakshmi Nadi* zugeschrieben werden, denn sie werfen zusätzliches Licht auf die Kundalini selbst und die vielfältigen Aufgaben, die sie in uns Menschen erfüllt.

Lakshmi Nadi ist für den Anfang und das Ende unseres Lebens von entscheidender Bedeutung. Kundalini benutzt sie, um den Fötus im Mutterleib zu entwickeln, um die Elemente, aus denen wir bestehen, zusammenzufügen und den feinstofflichen Körper in unserem physischen zu verankern. Wenn wir sterben, löst sie, ebenfalls in *Lakshmi Nadi*, die Elemente und somit auch die Bindungen des feinstofflichen Leibes, der weiter existiert, an den physischen Körper wieder auf.

Es heißt, dass Menschen mit erweckter Kundalini diese Vorgänge bewusst verfolgen können und einige Yogis fähig sind, auf diese Weise mittels streng geheim gehaltener Praktiken ihrem Leben ein Ende zu setzen. Aber Kundalini-Aufstiege in *Lakshmi Nadi* sind nicht nur außerordentlich selten, sondern auch sehr gefährlich. Unter anderem können sie zu spontanen Selbstverbrennungen führen, bei denen der eine oder andere Teil des Körpers, nicht jedoch die unmittelbare Umgebung, etwa das Bett, in dem die Person liegt, in Brand geraten.

Wenn wir *Lakshmi Nadi* beiseite lassen, dann verbleiben fünf feinstoffliche Kanäle, in denen Kundalini aufsteigen kann. Drei dieser fünf, *Brahma Nadi*, *Citrini* und *Sushumna Nadi,* ermöglichen einen positiven Verlauf, die zwei restlichen hingegen, *Vajra Nadi* und *Saraswati Nadi*, können zu schwierigen Kundalini-Prozessen führen. Sie sind Sackgassen.

Bevor wir uns den Eigenschaften der einzelnen *Nadis* und der Beschreibung der verschiedenen Prozesse zuwenden, wollen wir kurz aufzeigen, wo im feinstofflichen Körper diese fünf verbleibenden *Nadis* verlaufen. Vier, die drei positiven und die schwierige *Vajra Nadi*, befinden sich in einer Achse, einer feinstofflichen Entsprechung der Wirbelsäule, die *Mehru Danda* genannt wird, und alle sechs *Chakras*, vom Wurzel- bis zum Stirn-*Chakra*, verbindet.

Der äußerste und wohl auch deshalb am häufigsten mit Kundalini in Zusammenhang gebrachte feinstoffliche Kanal dieser Achse, der die anderen drei umfängt, ist *Sushumna Nadi*. Wenn die schwierigen Bedingungen für einen Aufstieg Kundalinis in *Sushumna Nadi* erfüllt sind, dann trifft sie auf ihrem Weg nach oben, wie wir noch sehen werden, auf Hindernisse, auf zwei *Lingas*, deren harte Kappen sie durchstoßen muss. *Sushumna Nadi* endet im oberen Teil des Stirn-*Chakras*, wo Kundalini dann für ihren weiteren Aufstieg in eine andere *Nadi* übergehen muss.

Der nächste feinstoffliche Kanal innerhalb *Mehru Dandas* ist *Vajra Nadi*, eine der beiden Sackgassen. Die wichtigste unter den vielen Bedeutungen des Wortes *Vajra* ist „hart", und so können auch die Prozesse sein, wenn Kundalini in diesem schwierigen Kanal aufgestiegen ist. Es gibt jedoch, und das ist eine Besonderheit, auf die wir noch kommen werden, eine *untere* und eine *obere Vajra Nadi*, die völlig verschiedene Funktionen in Kundalini-Prozessen erfüllen.

Innerhalb von *Vajra Nadi* befindet sich *Citrini Nadi* und schließlich zu allerinnerst noch *Brahma Nadi*, der subtilste aller feinstofflichen Kanäle. Prozesse in diesen beiden *Nadis* sind außerordentlich selten, doch im späteren Verlauf kann sich *Kundalini Shakti* nur noch über diese beiden exklusiven feinstofflichen Kanäle ihrem Ziel nähern, und für das allerletzte Stück ihres langen Weges bis zur ersehnten Vereinigung mit *Shiva* steht ihr nur noch *Brahma Nadi* zur Verfügung.

Saraswati Nadi schließlich, die zweite der beiden Sackgassen, verläuft außerhalb von *Mehru Danda*, berührt jedoch fünf der an dieser zentralen feinstofflichen Achse aufgereihten *Chakras*. Auch Aufstiege in *Saraswati* können das Leben sehr schwierig machen.

In diesem Zusammenhang ist es wichtig, noch einmal darauf hinzuweisen, dass die beiden *Nadis Ida* und *Pingala*, die viele Leute kennen, da sie im Yoga zu Atemübungen herangezogen werden, nicht zu den Wegen Kundalinis gehören. Sie transportieren mit der Atmung den lebenswichtigen *Prana* und sind der Polarität von Feminin und Maskulin, von Mond und Sonne unterworfen. Das alternierende Atmen durch das eine und andere Nasenloch, das Swamiji anfangs fast immer verordnet, dient vor allem dazu, einen Ausgleich zwischen diesen beiden Polen herzustellen.

In einem großen Teil der geläufigen Literatur über Kundalini ist nur von *Sushumna Nadi*, also von der äußersten der vier *Nadis* in *Mehru Danda*, die Rede. Gelegentlich wird *Citrini Nadi* erwähnt, so gut wie nie jedoch die beiden Sackgassen *Vajra* oder *Saraswati Nadi*, und wenn doch, dann ohne ihre besonderen Eigenschaften darzulegen. Die Kenntnis dieser fünf *Nadis*, ihrer Funktionen und Verflechtungen im feinstofflichen Körper sind jedoch, wie mir bei der Beobachtung von Swamijis Arbeit klar wurde, eine unabdingbare Voraussetzung für das Verständnis und die Korrektur schwieriger Kundalini-Prozesse.

Die Freisetzung Kundalinis

Bisher habe ich, wie es fast immer heißt, vom Erwachen Kundalinis gesprochen. Swamiji legt jedoch, da Kundalini nie schläft, großen Wert darauf, nicht den Ausdruck *Erwachen* zu verwenden, sondern von der *Freisetzung* Kundalinis zu sprechen.

Kundalini Shakti ist von Anfang an in uns wirksam. Sie entwickelt nicht nur den Fötus im Mutterleib, indem sie die erste von der zweiten Zelle trennt, das Herz und das Gehirn formiert, sie miteinander verbindet, um dann von oben nach unten den feinstofflichen und durch das Zusammenfügen der Elemente schließlich auch den grobstofflichen Körper zu bilden. Sie löst auch, wenn wir dieses Leben verlassen, die Anbindungen des feinstofflichen an den physischen Körper wieder auf und unterstützt, vor allem nachts, wenn sie in den drei unteren *Chakras* tätig ist, die Lebensprozesse in allen Menschen, auch in denen, deren Kundalini nicht erweckt ist. Wenn, wie meistens, vom Erwachen oder von der Erweckung der Kundalini die Rede ist, dann wohl deshalb, weil ihre Freisetzung ein erstes spirituelles Erwachen mit sich bringt.

Um die Menschen nicht in zwei Kategorien einzuteilen, in solche mit und solche ohne erweckte Kundalini, mag es gut sein, einen Ausspruch von Vivekananda zu zitieren, der gegen Ende des 19.Jahrhunderts indische Spiritualität bei seinem triumphalen Auftritt im „Weltparlament der Religionen" in Chicago in den Westen gebracht hat. Er hat über die große Mehrzahl der Menschen gesagt, deren Kundalini noch nicht freigesetzt ist, er sehe deutlich, „dasselbe *Brahman*, dieselbe *Shakti* wirkt in ihnen und in mir, nur ein Gradunterschied der Manifestation ist vorhanden...".

Allein mit dem Vorgang der Freisetzung Kundalinis aus *Muladhara*, dem Wurzel- *Chakra*, könnte man ein ganzes Kapitel füllen. Er ist außerordentlich kompliziert. Doch die Kenntnis der wesentlichen Punkte, auf die wir uns beschränken werden, ist zum Verständnis weiterer Vorgänge nötig, und sie verdeutlicht vor allem auch, warum es zu Aufstiegen in den beiden Sackgassen *Saraswati* und *Vajra Nadi* kommen kann, die man, da sie keinen guten Verlauf ermöglichen, fehlgeleitete Aufstiege nennt.

Symbolisch wird Kundalini als eine dreieinhalb Mal eingerollte Schlange dargestellt, die in *Muladhara* haust und mit ihrem Kopf den Eingang zu *Mehru Danda*, der zentralen Achse, verschließt, in der sich, wie wir gesehen haben, vier der sechs feinstofflichen Kanäle befinden, in denen Kundalini aufsteigen kann. Auf dem *Linga* über ihrem Kopf, *Svayambhu Linga* genannt, sitzt eine Kappe, von der man sagt, sie sei so hart wie Stein, und über ihr rotiert noch ein Wirbel aus zusammengeballter Energie. Um in einem der positiven Kanäle aufzusteigen, muss Kundalini sich also entrollen, ihren Kopf aus dem Eingang zu *Mehru Danda* nehmen, die steinharte Kappe von *Svayambhu Linga* aufbrechen und dann noch den schnell drehenden Wirbel überwinden.

Damit all das geschehen kann, muss eine Reihe von energetischen Vorgängen im feinstofflichen Körper stattfinden. *Apana Vayu* im unteren Teil des Körpers muss sich so stark erhitzen, dass er bis zur Brust aufsteigt, sich dort mit *Prana Vayu* vereint, um dann gemeinsam mit diesem wieder herabzukommen und in *Muladhara* tätig zu werden. Wenn die Hitze und Kraft der beiden vereinten *Vayus* genau richtig, also weder zu stark noch zu schwach ist, kann Kundalini – nach ein paar weiteren Vorgängen – die beschriebenen Hindernisse überwinden und in einer der drei positiven *Nadi*, in der Regel in *Sushumna*, aufsteigen.

Um diese hohen Anforderungen zu erfüllen, sind die Praktiken der spirituellen Traditionen von Yoga, also *Asanas* und *Pranayamas*, vom ekstatischen Tanz der Sufis bis hin zu verschiedenen Licht- und Feuerritualen, auf die Erzeugung von Wärme und Druck gerichtet. Da sich die *Vayus* nur in einem reinen Gefäß, also in einem gut vorbereiteten grob- und feinstofflichen Körper entfalten können, schreiben die meisten esoterischen Schulen Reinigungsprozeduren und eine Lebensweise vor, die die nötigen Voraussetzungen schafft.

Diese hohen Anforderungen erklären auch, warum die Freisetzung Kundalinis im weiblichen Organismus, der schon während der hormonalen Vorgänge des Monatszyklus Wärme erzeugt, in der Regel leichter ist. Der spätere Verlauf des Prozesses hingegen ist bei Männern, die diesen periodischen Schwankungen nicht unterworfen sind, in den meisten Fällen einfacher.

Wenn Wärme und Druck für einen Aufstieg der Kundalini in einer positiven *Nadi* nicht ausreichen oder das Gefäß, also der Mensch, in dem der Prozess abläuft, nicht genügend vorbereitet ist, dann können sich sehr unterschiedliche Probleme mit spezifischen Symptomen ergeben. Im ungünstigsten Fall entrollt sich Kundalini nur und kann in keiner der fünf *Nadis*, also auch nicht in den beiden Sackgassen, aufsteigen. Das heißt, sie wird gar nicht freigesetzt, sondern bleibt im Wurzel-*Chakra* gefangen. Swamiji nennt das eine Erregung Kundalinis. Sie kann sehr unangenehme Folgen nach sich ziehen.

Oft wird eine bloße Erregung Kundalinis über *Vyana Vayu*, der den ganzen Körper umfasst und als *Aura* wahrgenommen wird, an den unterschiedlichsten Stellen spürbar. Sie kann sich anfühlen, als ob man plötzlich an elektrischen Strom angeschlossen sei. Manche Menschen wollen dann diesen überhöhten Zustand immer wieder herbeiführen und versuchen, dieses suchtartige Verlangen unter anderem in ekstatischen Kulten zu befriedigen. Auch flüchtige Blicke in höhere Bereiche, eine kurzfristige Illusion, als ob Kundalini zum Kronen-Lotos aufgestiegen und man schon erleuchtet sei, können durch eine bloße Erregung ausgelöst werden und zu großen Verwirrungen führen.

Zugleich aber können, wenn das kraftspendende Wurzelzentrum des feinstofflichen Energiefeldes gestört ist, viele sehr unangenehme, auch rein körperliche Phänomene auftreten. Ich erinnere mich an den Anruf einer Frau, die sagte, sie habe seit fünf Jahren Schmerzen im Bereich von *Muladhara* und wisse, dass sie von Kundalini verursacht würden.

Sie wollte ein Patentrezept zur Behebung der Schmerzen. Da ich sagte, damit könne ich nicht dienen, dazu seien umfassendere Maßnahmen nötig, rief sie bald danach zurück, um mir triumphierend mitzuteilen, man hätte ihr geraten, das Wurzel-*Chakra* mit rotem Licht zu bestrahlen. Nun lege sie eine Lampe auf den Schoß und spüre schon, dass das die Lösung für ihre Probleme sei. Derartiges lässt man am besten auf sich beruhen. Einsichten kommen, wenn die Zeit für sie reif ist.

Auch die fehlgeleiteten Aufstiege in *Saraswati* oder *Vajra Nadi* gehen, wie schon erwähnt, auf zu geringfügige oder unausgeglichene Kräfte während des komplizierten Vorgangs der Freisetzung aus dem Wurzel-*Chakra* zurück. Kundalini kann nur dann alle Hindernisse überwinden und in eine positive *Nadi* eingehen, wenn Wärme und Druck der vereinten *Vayus* im Moment der Freisetzung genau richtig dosiert sind. Ist das nicht der Fall, dann tritt Kundalini in eine der beiden Sackgassen ein.

Die energetischen Vorgänge, die zu den beiden Arten fehlgeleiteter Aufstiege führen, sind grundverschieden. Wenn bei der Freisetzung die Wärmeentwicklung und der Druck zu schwach für einen Aufstieg in *Sushumna Nadi* sind, steigt Kundalini in *Saraswati Nadi* auf, und wenn sie zu stark sind, dann wird sie in *Vajra Nadi* katapultiert. Die *Nadi*, in der Kundalini aufsteigt, ist also ein Ausdruck der feinstofflichen, das heißt der energetischen und psychologischen Gegebenheiten, die sie zum Zeitpunkt ihrer Freisetzung vorfindet und die sich dann in den Schwierigkeiten widerspiegeln, die fehlgeleitete Prozesse mit sich bringen. Wenn man diese Zusammenhänge kennt, wird klar, warum man mit Kundalini nicht leichtfertig umgehen soll.

Manchmal erwähnte Swamiji auch bestimmte Praktiken esoterischer Gruppierungen. Es war nicht nur interessant zu sehen, dass immer wieder versucht wird, Kundalini zu manipulieren. Oft verdeutlichten diese Bemerkungen auch die komplizierten Vorgänge, die zur Freisetzung und zum Aufstieg der Kundalini führen. So bereiten, wie er erklärte, einige esoterische Schulen, um die hohen Anforderungen einer Freisetzung in *Sushumna Nadi* zu umgehen, ihre Schüler für den einfacheren Aufstieg in *Vajra Nadi* vor, um Kundalini dann bald danach in *Sushumna Nadi* überzuleiten.

Dadurch vermeiden sie nicht nur die Schwierigkeiten eines direkten

Aufstiegs in *Sushumna*, sondern heimsen beim ersten Hochschnellen Kundalinis in *Vajra Nadi* auch noch die eine oder andere Erfahrung höherer Bereiche ein. Doch selbst für solche Umgehungswege müssen die Schüler, wie Swamiji erwähnte, sorgfältig vorbereitet werden und muss das eigentliche Ziel ein spirituelles sein. Ist das nicht der Fall, gelingt die Überleitung nicht, und der Schüler muss sich mitunter für den Rest seines Lebens auf einen schwierigen Prozess in *Vajra Nadi* einstellen.

Weil diese Überleitungen meistens auf der Höhe von *Svadhishtha-na*, dem zweiten *Chakra*, geschehen, wird in den Piktogrammen des feinstofflichen Körpers dieser Schulen nicht *Muladhara*, das *Wurzel-Chakra*, sondern *Svadhishthana* als erstes Zentrum in der Reihenfolge der *Chakras* dargestellt. Wer auf diese ungewöhnliche Zählung der *Chakras* stößt, ohne einen Meister zu haben, der in einer mündlichen Überlieferung steht und die Hintergründe solcher Abweichungen erklären kann, kommt leicht zu dem Schluss, er werde sich nie in Indiens feinstofflichen Irrgärten zurechtfinden.

Fehlgeleitete Aufstiege

Wenn Kundalini, wie heutzutage so häufig, in einem der beiden schwierigen feinstofflichen Kanäle, *Saraswati* oder *Vajra Nadi*, aufgestiegen ist, kann sie gleich nach der Freisetzung für kurze Zeit ungehindert zu *Sahasrara*, dem tausendblättrigen Kronen- Lotos, emporschnellen und dabei mehrere Gehirnzentren öffnen. Das kann besondere Begabungen, charismatische Ausstrahlung oder auch ein diffuses spirituelles Verlangen hervorrufen, da diese kurzen Aufstiege oft einen flüchtigen Blick auf das eigentliche Ziel ermöglichen.

Doch das Ziel selbst, einen winzigen Punkt oberhalb von *Brahmaran-dhra*, dem kleinen zwölfblättrigen Lotos ganz oben in *Sahasrara*, kann Kundalini in diesen beiden *Nadis* nicht erreichen. In ihnen sind nur schnelle Auf- und Ab-Bewegungen in unregelmäßigen Abständen möglich, aber keine dauerhaften Erfahrungen. Das kann zu vielen sehr unangenehmen Sensationen, zu Schäden in Drüsen und Gehirnzentren, und mitunter in ein haltloses und schwieriges Leben führen, doch nicht zur Erfüllung der in kurzen Momenten geweckten spirituellen Erwartungen.

Doch damit enden die Gemeinsamkeiten fehlgeleiteter Aufstiege schon. Wie wir gesehen haben, sind die Voraussetzungen, unter denen Kundalini die eine oder die andere dieser beiden schwierigen *Nadis* wählt, höchst unterschiedlich. Das gilt auch für die Erfahrungen und die Auswirkungen auf das Leben, die durch Kundalini-Prozesse in *Saraswati Nadi* oder *Vajra Nadi* hervorgerufen werden. Daher kann man mitunter, auch ohne ein Kundalini Meister zu sein, intuitiv erfassen oder aus der Körpersprache und der Beschreibung von Symptomen schließen, in welcher dieser beiden *Nadis* Kundalini aufgestiegen ist.

Bei Prozessen in *Saraswati Nadi* stößt Kundalini in drei *Chakras* auf Knoten, *Granthis* genannt, die das Auf- und Absteigen Kundalinis, wenn sie nicht geöffnet sind, erschweren, doch nicht verhindern können, wie die harten Kappen auf den *Lingas* in *Sushumna Nadi*. Kundalini kann sich also in *Saraswati*, so oft sie will, wenn auch nicht so schnell wie in der knotenlose *Vajra Nadi*, zwischen Wurzel-*Chakra* und Kronen-Lotos auf- und abbewegen.

Dieses Auf und Ab kann starke Hitze erzeugen, den feinstofflichen Körper belasten und extreme Stimmungsschwankungen nach sich ziehen, aber auch Gehirnzentren öffnen und besondere Begabungen, große Sensibilität oder paranormale Fähigkeiten hervorrufen. Oft überfordert diese Mischung gegenläufiger Tendenzen die Ordnungskräfte des Organismus und führt in ein unstetes, außerordentlich schwieriges Leben.

Es ist jedoch wichtig, sich darüber im Klaren zu sein, dass kurze flüchtige Blicke in das ungetrübte absolute Bewusstsein nicht immer Anzeichen eines fehlgeleiteten Aufstiegs sind. Sie können sich, da Kundalini-Prozesse immer mit Vorgängen im Gehirn verbunden sind, unabhängig von der *Nadi*, in der Kundalini aufgestiegen ist, in allen Prozessen und Entwicklungsstadien ergeben. Kundalini gewährt sie wohl, um uns einen kleinen Vorgeschmack der höchsten Wonnen zu vermitteln, unseren Appetit zu wecken und uns auf diese Weise anzuspornen.

In fehlgeleiteten Prozessen, vor allem in *Saraswati Nadi*, wechseln sich diese flüchtigen, doch unvergesslichen Augenblicke häufig mit schwer einzuordnenden Impressionen aus anderen geistigen Ebenen ab, die das Öffnen von Gehirnzentren zugänglich gemacht hat. Das führt mitunter zu einer schillernden Semi-Spiritualität, die Menschen außerordentlich attraktiv machen, aber kein gutes Leben mit sich bringen kann.

Wer schon mit einem *Saraswati*-Prozess in dieses Leben gekommen ist, kann, da Kundalini mitunter schon früh zusätzliche Gehirnzentren erschließt, eine vielversprechende Kindheit haben, in den ersten Schuljahren brilliant sein oder sich durch überdurchschnittliche künstlerische oder musikalische Leistungen hervortun. Nicht von ungefähr hat man *Saraswati Nadi* nach der gleichnamigen Göttin der Wissenschaften und der schönen Künste benannt.

Wenn jedoch mit dem Beginn der Pubertät alte Traumata aufgewühlt werden, die auch aus einem Vorleben stammen können, kann dieser vielversprechende Anfang ein jähes Ende nehmen. Ich erinnere mich an einen begabten jungen Mann mit starken spirituellen Neigungen, dessen Leben diesen Verlauf genommen hat. Als seine Probleme begannen, lief er von Pontius zu Pilatus, nur um sein Unheil durch unsachgemäße Behandlungen noch zu vergrößern. Er war so misstrauisch geworden, dass er, als sich durch eine Reihe glücklicher Umstände die Möglichkeit bot, seinen Prozess von Swamiji korrigieren zu lassen, diese Hilfe nicht annehmen konnte.

Zum gegenwärtigen Zeitpunkt sind unter Swamijis Klienten, obwohl *Sushumna Nadi* durch die fast ausschließliche Hervorhebung in der Literatur fast schon zu einem Synonym von Kundalini geworden ist, Prozesse in *Saraswati Nadi* mit Abstand am häufigsten. *Saraswati* ist wohl, da sie der Freisetzung *Kundalini Shaktis* die geringsten Widerstände entgegensetzt, der Weg, den sie in der wachsenden Zahl von Menschen einschlägt, die durch schwierige Lebensumstände oder traumatische Ereignisse ohne jegliche Vorbereitung in einen Kundalini-Prozess geworfen werden.

Die robuste *Vajra Nadi*, die mich, ohne dass ich von ihr wusste, so lange umgetrieben hat, ist, obwohl sie in *Mehru Danda*, der zentralen Achse, verläuft und von *Sushumna* umkleidet ist, die schwierigere der beiden Sackgassen. Das macht schon das Wort *Vajra* deutlich, das ‚Donnerkeil' oder ‚diamanten' und somit hart oder hartnäckig bedeutet und auch als Codewort für den Penis benutzt wird.

Dass *Vajra Nadi* unter Einsatz geheimer Techniken in den fernöstlichen Kampfkünsten eine wichtige Rolle spielt, zeigt an, wie widerstandsfähig dieser feinstoffliche Kanal ist. Wenn bei Kundalini-Prozessen in *Vajra Nadi* Schwierigkeiten auftreten, dann werden sie, wie Swamiji erwähnte, so gut wie nie durch diese harte *Nadi*, sondern fast immer durch Störungen der *Vayus* verursacht.

Vajra Nadi beginnt in den Sexualorganen, führt von dort zu *Muladhara*, dem Wurzel-*Chakra*, hinab und steigt dann bis zu *Sahasrara*, also in die Gehirnzentren, auf, und wird, wenn sie diese erreicht hat, *Obere Vajra Nadi* genannt. In *Vajra* befinden sich keine *Lingas* und keine Knoten. Sie ist immer offen. Kundalini kann ungehindert auf- und absteigen, wann immer sie will. Es können sich jedoch toxische Ablagerungen an bestimmten Punkten bilden, wie bei mir im Kehlkopf-*Chakra*, die die Auf- und Ab-Bewegungen Kundalinis behindern.

Auch Prozesse in *Vajra Nadi* können, vor allem beim ersten schnellen Emporstreben Kundalinis, noch unerschlossene Gehirnzentren aktivieren, den geistigen Horizont erweitern und besondere Begabungen hervorbringen. Doch das häufige und unregelmäßige Auf- und Abschnellen Kundalinis in dieser immer offenen *Nadi* führt oft zu großer Ruhelosigkeit und Labilität.

Wenn Kundalini in einem der sechs feinstofflichen Zentren entlang ihres Weges auf Unreinheiten oder nicht aufgearbeitete mentale Neigungen stößt, werden diese häufig verstärkt. Das kann viele sehr unangenehme Sensationen auslösen, oft im Bereich von *Vishuddha*, dem sensiblen Kehlkopf-*Chakra*. Kundalini-Prozesse in *Vajra Nadi* treten bei Männern häufiger auf, während bei Frauen die Überleitung in eine positive *Nadi* in der Regel schwieriger ist.

Da *Vajra Nadi* die Geschlechtsteile mit dem Hypothalamus verbindet, wird die innere Unruhe, das Getriebensein, oft noch durch einen starken sexuellen Drang intensiviert. Das Auf- und Absteigen Kundalinis führt mitunter dazu, dass die *Vayus*, also das nach seinen

Funktionen unterschiedene Lebenselixier *Prana*, aus dem oberen Bereich des Körpers nach unten und die des unteren nach oben gezogen werden, sich miteinander vermischen und dadurch Hitze erzeugen.

So kann sich zum Beispiel bei einem Abstieg Kundalinis *Prana Vayu* aus dem Brustbereich mit nach unten bewegen, auf *Apana Vayu* im Unterleib stoßen und große innere Hitze hervorrufen, die dann den sexuellen Druck noch erhöht. Umgekehrt können bei Aufwärtsbewegungen der Kundalini *Vayus* von unten mitaufsteigen, sich mit den oberen zusammentun, Brust, Hals oder Kopf erhitzen und heftige Migräne-Anfälle und andere Probleme verursachen. In extremen Fällen können diese Vorgänge, an denen außer dem Hypothalamus auch verschiedene Drüsen beteiligt sind, zu einer Art von Verbrennungen in dem einen oder anderen Körperteil führen.

Doch Prozesse in *Vajra Nadi* müssen nicht immer so dramatische Folgen haben. Wie für alle Arten von Kundalini-Prozessen gilt auch hier, wenn man einigermaßen vernünftig lebt, hat man nicht unter allzu großen Problemen zu leiden. Da ich, wie Swamiji konstatiert hat, schon mit einem *Vajra*-Prozess in dieses Leben gekommen bin, habe ich runde dreiundsechzig Jahre ohne größere Zusammenbrüche mit ihm gelebt, und das mit toxischen Ablagerungen in *Vishuddha*, dem empfindlichen Kehlkopf-*Chakra*.

Die optimale Lösung für die vielen Probleme, die fehlgeleitete Prozesse in den beiden Sackgassen *Saraswati* und *Vajra Nadi* nach sich ziehen, ist die Überleitung Kundalinis in eine positive *Nadi*, die eine weitere Entfaltung des Prozesses ermöglicht. Der Zeitaufwand und die eigenen Anstrengungen, die für eine Überleitung Kundalinis in eine positive *Nadi* nötig sind, unterscheiden sich, wie ich bei anderen Schülern Swamijis beobachtet habe, nicht wesentlich von der beschriebenen Säuberung meines Kehlkopf-*Chakras*.

Die Atemübungen und Körperpositionen, die Swamiji zur Korrektur von Prozessen verordnet, variieren natürlich von Fall zu Fall, je nach Art des Aufstiegs oder der Blockierung, den grob- und feinstofflichen, den mentalen und psychischen Gegebenheiten der Klienten. Daher kann diese Arbeit nicht in Gruppen, sondern nur individuell ausgeführt werden.

Welche *Nadi* Kundalini bei einer Überleitung wählen wird, kann ein Meister, wie Swamiji des öfteren betont hat, nicht beeinflussen. Diese Wahl trifft einzig und allein *Kundalini Shakti*. Angesichts der außergewöhnlichen Eigenschaften der beiden anderen positiven *Nadis*, auf die wir gegen Ende dieses Kapitels kommen werden, fällt sie fast immer auf *Sushumna Nadi*.

Um Kundalini aus *Saraswati Nadi* in *Sushumna* überzuleiten, müssen die drei Knoten, die *Granthis*, in den Wurzel-, Herz- und Stirn-*Chakras* geöffnet und der feinstoffliche Körper und seine *Nadis* gesäubert werden. Normalerweise geht Kundalini dann auf der Höhe von *Manipura*, dem Nabel-*Chakra*, in *Sushumna Nadi* über. Im günstigsten Fall ermöglicht die vorangegangene Säuberung des *Chakra*-Systems, dass Kundalini gleich nach der Überleitung bis zum Punkt *Makara* aufsteigt, der zehnten und höchsten Station im Stirn-*Chakra*. Wenn sie diesen wichtigsten Punkt in *Ajna* erreicht hat, beginnt eine neue Phase von entscheidender Bedeutung für die weitere Entfaltung von Kundalini-Prozessen, mit der wir uns noch ausgiebig beschäftigen werden.

Eine Überleitung aus *Saraswati* in *Sushumna Nadi* ist mit den verordneten Übungen und der entsprechender Lebensweise relativ leicht zu erreichen. Doch das Aufarbeiten der alten, tiefsitzenden Konditionierungen und das Sich-Öffnen für eine radikale Neuorientierung, die Kundalini immer wieder anmahnt, können nach einem langjährigen Prozess in *Saraswati Nadi* sehr schwierig sein.

Aus *Vajra Nadi,* der zweiten Sackgasse, kann Kundalini durch einschlägige Praktiken im Wurzel-*Chakra*, wenn es in gutem Zustand ist, in *Sushumna Nadi* übergeleitet werden, oder auch, wie in meinem Fall, spontan übergehen. Wenn *Muladhara* geschwächt oder geschädigt ist, dann muss die Überleitung nach langer Vorbereitung, häufig verbunden mit sexueller Enthaltsamkeit, in *Svadhishthana*, dem zweiten *Chakra*, vollzogen werden.

Wenn man den vielen Versuchungen widersteht, die fehlgeleitete Prozesse auslösen, können sich die Probleme von Aufstiegen in *Saraswati* und *Vajra Nadi* so weitgehend vermindern, dass man ein relativ normales Leben führen und im günstigsten Fall sogar bis zu einem gewissen Grad in den Genuss der Vorteile kommen kann, die die Erschließung zusätzlicher Gehirnzentren mit sich bringt.

Da Kundalini ihrem Wesen nach unablässig versucht, ihrem Ziel näher zu kommen, müssen wir ihr vor allem, wie Swamiji immer wieder betont hat, die Voraussetzungen dazu einräumen. Wenn wir das tun, führt der kleinste Fortschritt, jedes Stückchen des Weges nach oben, den sie durch unser einsichtiges Verhalten zurücklegen kann, zu einer Verbesserung unserer eigenen Situation, und im günstigsten Fall zur spontanen Überleitung eines fehlgeleiteten Prozesses in einen feinstofflichen Kanal, in dem sie sich ihrem Ziel nähern kann.

Wahrscheinlich sind mir die Zusammenhänge zwischen Lebensführung und Kundalini-Prozessen so klar geworden, weil sie nicht auf theoretischen Kenntnissen, sondern auf meinen eigenen, über mehrere Jahre gesammelten Erfahrungen beruhen. Sie haben mir sehr deutlich gezeigt, dass mein Leben nach dem spontanen Übergang aus *Vajra* in *Sushumna Nadi*, und in noch größerem Maße nach der Säuberung des Kehlkopf-*Chakras* und dem weiteren Aufstieg Kundalinis, um Vieles besser geworden ist.

Bewusst jedoch wurden mir diese Zusammenhänge erst sehr viel später, lange nachdem sich die Veränderungen meiner Lebensweise ausgewirkt hatten, und vor allem, wie mir scheint, durch die Einflüsterungen von *Kundalini Shakti* selbst. Sie hat mich mit großem Nachdruck und viel Geduld für diese Einsichten geöffnet.

Mit der davorliegenden Zeit, den turbulenten *Vajra*-Jahren, werden wir uns bei der Beschreibung des großen Reinigungs- und Erneuerungs-Prozesses beschäftigen, der nach dem Aufstieg Kundalinis zum Stirn-*Chakra* und dem springenden Punkt *Makara* eingesetzt und mich über mehrere Jahre hin mit weit zurückliegenden und völlig verdrängten Geschehnissen konfrontiert hat und der schließlich zu einer Neubewertung vieler weit zurückliegender Geschehnisse meines Lebens führte.

Sushumna Nadi und der spontane Übergang

Als sich in den Tagen und Nächten in San Francisco, fast sieben Jahre bevor ich das erste Mal zu Swamiji nach Rishikesh kam, der spontane Übergang der Kundalini aus der schwierigen *Vajra Nadi* in *Sushumna Nadi* anbahnte, hatte ich keine Ahnung davon, dass Kundalini in verschiedenen feinstofflichen Kanälen aufsteigen kann und sich spontane oder von einem Meister durch gezielte Übungen herbeigeführte Überleitungen der Kundalini aus einer *Nadi* in eine andere ergeben können.

Auch fünf Jahre nach dem spontanen Übergang haben die drei Vorträge in Philadelphia über die Grundmuster der Manifestationen der Kundalini und Swamijis zielgerichtete Arbeit nicht zu Spekulationen über meinen eigenen Prozess geführt, obwohl einer der beiden amerikanischen Schüler Swamijis ausführlich über seinen Prozess in *Vajra Nadi* und die schwierige Überleitung zu *Sushumna* berichtet hatte. Damals sah ich so gut wie keine Ähnlichkeiten zwischen seinen Erfahrungen und den Vorgängen in meinem Leben.

Als ich bald danach Swamijis Bewertung meines Prozesses bekam, in der es hieß, dass ich mit einem Kundalini-Prozess in *Vajra Nadi* in dieses Leben gekommen sei und die Vorgänge, die ich für eine Freisetzung Kundalinis gehalten hatte, eine spontane Überleitung in *Sushumna Nadi* gewesen sei, kam mir das höchst befremdlich vor. Das macht deutlich, wie schwierig es sein kann, solche Erfahrungen ohne einschlägige Kenntnisse und die Hilfe eines Meisters richtig einzuschätzen und dann den Weg durch diese fremde Welt zu finden, die sich von unserer alltäglichen so sehr unterscheidet.

Daher erlebte ich das, was in den dreieinhalb Wochen in San Francisco vor sich ging, als ein erstes Erwachen der Kundalini und als einen Aufstieg in *Sushumna Nadi*, dem einzigen feinstofflichen Kanal, den ich damals mit Kundalini in Verbindung brachte. So habe ich es auch in meinen Aufzeichnungen aus dieser Zeit festgehalten, auf die ich mich bei der Beschreibung dieser Vorgänge stützen werde.

In der Literatur über Kundalini wird – sieht man von der poetisch verschlüsselten Schrift *Sat Cakra Nirupana* ab, auf der die Wissenschaft von Kundalini beruht – fast immer nur *Sushumna Nadi* als Aufstiegsweg der subtilen und doch omnipotenten Schlangenkraft genannt. Sie wird die große oder zentrale Achse, der „verheißungsvollste aller feinstofflichen Kanäle" und auch der „köngliche Weg der Befreiung" genannt.

Sushumna ist nicht nur die wichtigste *Nadi* für den ersten Teil von Kundalini-Aufstiegen, sie unterstützt auch wichtige Vorgänge im Körper, zum Beispiel die Aufrechterhaltung der Temperatur im grob- und feinstofflichen Leib. Wenn Kundalini dann, um ihre Wege zu bahnen, auch noch die *Vayus* in Bewegung setzt, kann *Sushumna Nadi*, wie man sagt, so heiß wie Feuer werden. Das führt, wie oft berichtet wird, zu Sensationen von großer Hitze oder lodernden Flammen und von im Rückgrat wirbelnd nach oben drängender Energie. Diese aufreibenden Vorgänge zehren, je nachdem welche *Vayus* Kundalini für ihre Arbeit einspannt, an den Kräften in der einen oder anderen Körperregion und können sehr unterschiedliche Symptome, von vorübergehender Appetitlosigkeit oder großer Esslust bis zu Angstzuständen oder Herzbeschwerden nach sich ziehen.

Deswegen heißt es auch, dass das Feuer in *Sushumna Nadi,* vor allem in den Anfangsstadien eines Kundalini-Prozesses, die gröbsten Niederschläge unserer Taten und Gedanken aus diesem und vorangegangenen Leben lichterloh verbrenne. Das kann ein sehr schmerzhafter und zugleich befreiender Vorgang sein, der sich mitunter über viele Tage und Nächte erstreckt. Die oft zitierten Worte „himmelhoch jauchzend und zu Tode betrübt" geben den krassen Wechsel zwischen großer Euphorie und völliger Erschöpfung bei diesem ersten kleinen Fegefeuer recht genau wieder.

Ich wusste damals auch nichts von *Prana* oder den *Vayus* und der außerordentlichen Subtilität der Kundalini und meinte deshalb, dass sich *Kundalini Shakti* selbst in den aufsteigenden Energiewellen und anderen Phänomenen manifestiere und man diese onmipotente Kraft unmittelbar in sich spüren könne. Diese verkehrte Sichtweise und Interpretaion der Vorgänge habe ich bei der Schilderung dieser weit zurückliegenden Ereignisse beibehalten.

Träume von einer Frau mit vielen tausend Juwelen in den Haaren und von fließendem, gleißend hellem Wasser, das sich in vibrierende Energie verwandelte, die über meinen Rücken hochströmte, kamen mir wie die ersten Vorboten Kundalinis vor.

Ein paar Nächte danach, in einem weiteren Traum, saß ich neben einer in dunkle Tücher gehüllten Frau, und eine zweite ging auf und ab und erteilte Kundalini-Unterricht. Auch ich war verhüllt, nur meine linke Hand ragte auf Brusthöhe aus dem Umhang. Sie begann zu zittern, und vor mir tauchte ein bläuliches Licht von überirdischer Qualität auf, dem ein strahlend weißes folgte, das verschiedene Formen annahm und dann mit dem bläulichen in ein Wechselspiel trat. Schließlich kam ich zu mir und fragte mich, wie ich damals notierte, ob das ein Traum oder eine Erfahrung auf einer anderen Ebene gewesen sei. Danach liefen wieder für geraume Zeit feine Wellenmuster über meinen Rücken nach oben.

Nach diesem Vorgang, der mir wie eine Initiation erschienen war, spürte ich Nacht für Nacht starke Wellen von Energie durch meinen Körper fließen, oft durch Träume vorbereitet, in denen sich in der einen oder anderen Form sehr helles Licht manifestierte.

In dieser Zeit war ich mit der Vorbereitung des Berichtes über spirituelle Notfälle beschäftigt und besuchte einen Abendkurs, an dem eine Interview-Partnerin dieses Berichtes teilnahm, um zu sehen, ob er ein paar Bilder für diesen wortlastigen Film abwerfen könne. Zur Bewertung der folgenden Episode muss ich erwähnen, dass weder diese Interview-Partnerin noch die beabsichtigten Dreharbeiten in diesem Abendkurs irgendetwas mit dem Teil dieses Berichtes zu tun hatten, der sich mit Kundalini befasste.

Der Kurs begann mit Entspannungs- und Konzentrationsübungen, um die Teilnehmer auf das Wahrnehmen der *Aura*, die uns umgibt, vorzubereiten. Anschließend wurde dann *Aura*-Lesen mit einem Partner geübt. Zu meiner Überraschung sollte auch ich teilnehmen. Die Leiterin des Kurses hatte mich, wie ich später erfuhr, ihrer besten Schülerin und Assistentin anvertraut. Sie begann in einem halbdunklen Raum die Energieströme recht genau zu beschreiben, die in mir aufstiegen, und meinte dann, es handele sich um Kundalini, obwohl ich ihr kein Wort von den Vorkommnissen dieser Tage und Nächte gesagt hatte. Das erstaunte mich, denn ich misstraute solchen Praktiken und hatte mich deshalb nie zuvor einer *Aura*-Lesung unterzogen.

Doch trotz dieser unerwarteten Bestätigung durch eine Außenstehende und besonders starken Energieflüssen in der Nacht nach der Lesung zweifelte ich noch, ob es sich wirklich um ein Erwachen Kundalinis handelte; denn meine Erfahrungen waren eher mild und undramatisch, sehr im Gegensatz zu den vielen Geschichten außerordentlich schwieriger Prozesse, die ich in diesen Tagen bei der Suche nach einem geeigneten Kandidaten für den Kundalini-Teil des Berichtes gehört hatte. Irgendwo tief in mir hielt ich mich auch nicht für würdig, durch solch einen außergewöhnlichen Prozess zu gehen. Kundalini war damals für mich noch in Sphären angesiedelt, zu denen ich, wie ich glaubte, keinen Zugang hatte.

Nachdem jedoch weiterhin in Träumen überhelles Licht auftauchte und Nacht für Nacht Wellen von Energie durch mich flossen, die von unkontrollierbaren Zuckungen und schmerzhaften Verkrümmungen des ganzen Körpers eingeleitet wurden, begann ich langsam zu glauben, dass es sich wirklich um ein Erwachen Kundalinis handelte. Hin und wieder folgte diesen aufreibenden Vorgängen ein Schweben zwischen Wachen und Schlafen, das mich bis in die letzten Körperfasern entspannte.

Schließlich räumte ein traumartiges Geschehen, rund drei Wochen nach dem nächtlichen Kundalini Unterricht mit dem abwechselnd bläulichen und weißen Licht, die letzten Zweifel aus: Es ist tiefe Nacht. Ich bin aufgestanden und befinde mich auf dem Umgang vor meinem Zimmer, von dem man in den großen Innenhof des Motels in San Francisco herabblicken konnte, in dem ich in diesen Wochen wohnte. Eine Frau erscheint und macht mich darauf aufmerksam, dass ein seltsamer Geruch aus meinem Zimmer komme.

Daraufhin gehe ich mit einem Freund von der gegenüberliegenden Seite, auf der sich keine Tür befand, wieder zurück in mein Zimmer und sehe, dass kleine züngelnde Flammen die Konturen meines liegenden Körpers auf dem Betttuch nachzeichnen. Ich schaue auf dieses Bild und schlagartig wird mir klar, das kann nur Kundalini sein. Dann wache ich auf in dem Bett, das gerade noch in Flammen stand, und kleine, heiße Wellen beginnen über die Beine und den Rücken für unendlich lange Zeit nach oben zu strömen. Ich bin so geladen mit Energie, dass ich bis in die frühen Morgenstunden nicht schlafen kann. Nur ein paar Minuten bevor ich aufstehen muss, kommt eine Art von himmlischer Ruhe über mich und stärkt mich für einen langen Drehtag.

In diesen Träumen und Visionen hat sich wohl die lichte und feurige Natur von *Sushumna Nadi* in milder Form widergespiegelt. Auch Blau wird oft mit Kundalini in Zusammenhang gebracht, von Swami Muktanandas „blauer Perle" bis zu der geheimnisvollen „blauen Blume", die bei den Dichtern der Romantik auftaucht, die das Wort Kundalini nicht erwähnen, doch allem Anschein nach ihre Manifestationen erfahren haben.

In diesen knapp vier Wochen in San Francisco sprühte tagsüber oft Energie, wie mir schien, von der Kopfoberfläche ins All, und ich fühlte mich leicht wie eine Feder, die der leiseste Windhauch hätte fortblasen können. Immer wieder ging mir, wie eine Begleitmusik, der schöne Titel von Milan Kunderas Roman „Die unerträgliche Leichtigkeit des Seins" durch den Kopf. Auch nachdem ich nach Deutschland zurückgekehrt war, hielten viele dieser Sensationen und die nächtliche Arbeit der Kundalini an.

Wenn ich mich in den ersten Nächten in San Francisco aus Sorge, ich könnte den Energiefluss unterbrechen, kaum zu bewegen traute, konnte ich nun, auch wenn ich es versuchte, die schnell in mir aufsteigenden Ströme nicht mehr anhalten. Ich notierte damals, dass mir die wichtigste Bestätigung meiner selbst zuteil geworden sei, dass ich das Gefühl einer großen Erfüllung hatte und zugleich das klare Wissens, dass ich ganz am Anfang eines neuen und wohl schwierigen Weges stünde. Dann gelobte ich und schrieb auf Englisch nieder, wie meistens in diesen Tagen, wenn mich höchst ungewohnte Regungen überkamen, *complete surrender*, ich wollte mich Kundalini ganz und gar überlassen.

Nach ein paar Tagen bat ich dann *Kundalini Shakti* auf Knien, wenn ich mich recht erinnere während der Endfertigung des Berichtes über spirituelle Notfälle, eine kleine Pause einzulegen, mich schlafen und arbeiten zu lassen. Damals hatte ich noch keine Geschichten von Kundalinis einfühlsamer Anpassung an die Notwendigkeiten des Alltags gehört. Ich bat sie einfach, weil ich spürte, dass meine Energie für dieses gleichzeitige Leben auf zwei Ebenen nicht ausreichen würde.

Von diesem Abend an schlief ich den größten Teil der Nächte, zuerst mit ein wenig Sehnsucht nach dem Fließen und den Verrenkungen, in denen ich glaubte, Kundalini selbst zu spüren. Nach einiger Zeit verströmte ich auch keine Energie mehr in Redaktions- und Schneideräumen. Doch in der Nacht, nachdem der Text für diesen Bericht fertig und gesprochen war, begann der aufreibende Prozess von Neuem, stärker denn je, und ich war sehr froh, dass es weiterging und Kundalini mich nicht verlassen hatte.

Insgesamt dauerte diese erste Phase des Aufstiegs in *Sushumna Nadi*, mit Zeiten stärkerer und schwächerer Erfahrungen, etwa vier Monate. Allmählich wurde das angenehme Fließen immer öfter von *Kriyas* abgelöst, den unwillkürlichen, kompulsiven und von spontaner Atmung begleiteten Körperbewegungen, die nach dem Erwachen der Kundalini häufig auftreten. Oft verursachten diese sicht- und spürbaren Manifestationen feinstofflicher Energien im physischen Bereich krampfartige Schmerzen, meist mitten in der Nacht und vor allem in den Unterschenkeln. Da half dann nur Aufstehen und Auf- und Abgehen.

Kriyas sind eine erste, von *Kundalini Shakti* gelenkte Entschlackung des Gefäßes des Menschen, in dem sie aufzusteigen versucht. Das unwillkürliche Atmen und die bizarren Verrenkungen des Körpers, die mit höchster Präzision, auch wenn wir nicht verstehen, was vor sich geht, Blockaden und toxische Stoffe im grob- und feinstofflichen Körper eliminieren, werden von Kundalini höchstpersönlich gesteuert. Während man bei Yoga-Übungen, wie Swami Muktananda dargelegt hat, nicht mit absoluter Sicherheit wissen kann, ob die Übungen ihren Zweck erfüllen oder schädliche Nebenwirkungen verursachen, sind die von Kundalini gelenkten *Kriyas* unfehlbar[18]. Daher sagt man, Yoga sei ursprünglich aus diesen, aus höherer Ebene inspirierten Bewegungsab-

---

18 Muktananada Paramahamsa: Kundalini, Die Erweckung der kosmischen Energie im Menschen. Aurum Verlag, Freiburg im Breisgau 1988.

läufen hervorgegangen, bestehe also letztlich aus erstarrten, systematisch geordneten *Kriyas*.

Heute erscheinen mir, im Vergleich mit den harten Nächten des Santo Daime und dem unerbittlichen Reinigungsprozess des ersten Jahres in Rishikesh, die enervierenden *Kriyas* der Anfangszeit wie ein mildes Vorspiel. Doch damals waren sie eine neue Erfahrung. Vor allem die völlige Unkontrollierbarkeit, dass da etwas in und mit mir geschah, das ich nicht beinflussen, geschweige denn zum Stillstand bringen konnte, war höchst ungewöhnlich und beunruhigte mich. Was ich damals über Kundalini und *Kriyas* wusste, reichte nicht aus, um mir dieses Geschehen zu erklären.

Es ist wichtig, sich darüber im Klaren zu sein, dass nicht alle unwillkürlichen Körperbewegungen *Kriyas* sind und einen Kundalini-Prozess anzeigen. Manchmal werden spontane Bewegungen auch durch starke Emotionen oder eine außergewöhnliche Aktivierung von *Prana* hervorgerufen.

Doch wenn *Kriyas* auf Kundalini zurückgehen, zeigen sie nicht nur an, dass *Kundalini Shakti* die *Vayus* in Bewegung setzt, um den grob- und feinstofflichen Körper zu entschlacken und die Wege für ihren Aufstieg zu öffnen, sondern *Kriyas* sind zugleich Lehrgänge für Anfänger. Auch wenn sie großes Unbehagen bereiten, helfen sie uns beim ersten Vortasten auf dem spirituellen Weg. Nach und nach lernt man einfach mitzugehen, das Unvermeidliche geschehen zu lassen und merkt, dass die *Kriyas* dann weniger Schmerzen verursachen.

Dieser Lernprozess bleibt nicht auf physische Abläufe beschränkt, er weitet sich aus. Wenn man feststellt, dass man nicht einmal die Bewegungen des eigenen Körpers beherrscht, wie man bislang angenommen hatte, beginnt man zu ahnen, dass sich auch andere Bereiche des Lebens unserer Kontrolle entziehen. So lernt man nach und nach, das eine oder andere einfach laufen zu lassen und merkt, dass manche Dinge ohne eigenes Zutun besser laufen als zuvor. Wenn man bei diesem Lernprozess die Ebenen nicht durcheinander bringt, nicht die, auf der man nach wie vor agieren muss, mit der neu entdeckten verwechselt, dann stellt man nach einer Weile fest, dass der Verlust der Kontrolle, der zuerst so schwer fiel, ein Gewinn sein kann.

Wenn die *Kriyas* eines Tages aufhören, ist man, wie ich zuerst an mir selbst und dann oft bei anderen beobachtet habe, sehr besorgt. Da wir *Kriyas* mit Kundalini verwechseln, glauben wir, wenn keine Symptome mehr auftreten, der Prozess sei zum Stillstand gekommen. Doch Kundalini-Prozesse gehen, wie ich im Laufe der Jahre gelernt habe, schubweise vor sich. Oft folgen Zeiten spürbaren Fortschritts Perioden scheinbaren Stillstands, und dann beginnt sich *Kundalini Shakti* plötzlich erneut zu regen. *Kriyas* begleiten häufig die ersten offensichtlichen Schübe, doch sie sind Kinderkrankheiten. In den späteren Phasen eines Kundalini-Prozesses verlagern sich die Manifestationen mehr und mehr nach innen. Meister winden sich nicht in *Kriyas*, und auch in fortgeschrittenen Schülern sind sie selten.

Es sei hier noch einmal hervorgehoben, dass es sich bei den beschriebenen Phänomenen und ihren Begleiterscheinungen nicht um eine Freisetzung und einen ersten Aufstieg der Kundalini gehandelt hat. Wie schon erwähnt, hatte Swamiji in seiner Bewertung meines Prozesses festgestellt, dass ich schon mit einem Kundalini-Prozess in *Vajra Nadi* auf die Welt gekommen sei, und dass das, was ich für ein Erwachen der Kundalini gehalten hatte, ein spontaner Übergang der Kundalini aus der problematischen *Vajra Nadi* in *Sushumna Nadi* war.

Dennoch hatten, nach allem was ich gelesen und von anderen gehört habe, die Erfahrungen der Tage und Nächte von San Francisco eine gewisse Ähnlichkeit mit einem Erwachen und einem Aufstieg der Kundalini in *Sushumna Nadi*, der ja in meinem Fall zuvor tatsächlich noch nicht stattgefunden hatte. Wie ich bei mir und anderen gesehen habe, weiß man, solange Kundalini in einer der beiden Sackgassen hinauf- und herunterschnellt, häufig nicht, dass sie freigesetzt und die Ursache vieler ungewöhnlicher Erfahrungen ist. Es sieht ganz so aus, als ob *Kundalini Shakti* ihre alles durchdringende Präsenz erst ganz deutlich machen möchte, wenn sie ihre Arbeit in *Sushumna Nadi* verrichtet.

Auch dass Kundalini und *Sushumna Nadi* so oft in einem Atemzug genannt werden, geht wohl darauf zurück, dass Kundalini, wenn sie aus einer der zwei schwierigen feinstofflichen Kanäle, spontan oder mit Hilfe eines Meister, in eine positive *Nadi* übergeht, in der Regel *Sushumna* wählt. Die beiden anderen positiven Kanäle in denen Kundalini aufsteigen kann, *Citrini* und *Brahma Nadi*, kommen, von wenigen Ausnahmen abgesehen, erst in einer spätern Phase des Prozesses ins Spiel.

Hintergründe des spontanen Übergangs

Wenn ich versuche, die Vorgänge zu rekonstruieren, von denen ich meine, dass sie zur spontanen Korrektur meines fehlgeleiteten Aufstieges beigetragen haben, dann muss ich gute vier Jahre vor dem Ereignis beginnen. Irgendwie war in mir der Entschluss gereift, mit meinem Lotterleben, das so schlimm nicht war, Schluss zu machen.

Dieser Entschluss war nicht von äußeren Faktoren beeinflusst. Es gab damals keine nennenswerten Probleme oder warnende Signale in meinem Dasein und auch keinen Menschen mit großer Autorität, der mich ermahnt oder freundschaftlich beraten hätte. Ich glaubte, der uneingeschränkte Herrscher in meinem Leben zu sein, der alles mit seinem höchst eigenen freien Willen entschied. Doch zugleich ahnte ich, dass hinter dieser selbstherrlichen Fassade, die mir keine Freude bereitete, ein Vakuum lag, das ich nicht auszufüllen vermochte.

Um den Gründen des spontanen Übergangs auf die Spur zu kommen, habe ich in meinen Aufzeichnungen aus diesen Jahren nach möglichen Faktoren gesucht. Zugleich war mir bewusst, dass womöglich Kräfte an diesem Geschehen mitgewirkt haben, die sich meinen Erkenntnismöglichkeiten entziehen.

Im zeitlichen Ablauf stand der Entschluss, täglich zu meditieren, an erster Stelle. Nach einer Zeit intensiver Lektüre, vor allem über spiritistische Phänomene, hatte ich einen gewissen Drang gespürt, einen regelmäßigen spirituellen Übungsweg zu beginnen. Ich begann mit der Transzendentalen Meditation, die mir nicht weiterhalf. Ein halbes Jahr später, bei meinem ersten Aufenthalt in Indien, verbrachte ich dann zwei Wochen in einem Vorort von Delhi bei den geduldigen Jains, die mir die ersten Schritte beibrachten. Danach meditierte ich regelmäßig, aber es fiel mir nicht leicht.

Nach einer Anzahl weiterer Schritte in ein geordneteres Leben tat ich mich dann mit einer Frau zusammen, die ich unter höchst ungewöhnlichen Umständen, auf die wir bei den Ausführungen über den Umgang mit Geistern kommen werden, kennengelernt hatte. Damals hielt ich diese Umstände für einen Wink aus höheren Sphären. Ich schwor nicht ihr, sondern mir selbst, diesmal ein wirklich treuer Partner zu sein und hielt das eisern durch, obwohl es an verlockenden Gelegenheiten nicht mangelte.

Das war wohl der wichtigste unter mehreren Faktoren, die zum spontanen Wechsel der Kundalini geführt hatten. Mehrere Jahre später, in einem völlig anderen Zusammenhang, hörte ich Swamiji sagen, der damals über diese Detailles meines Lebens nicht informiert war, dass Kundalini in einer treuen Ehe aus *Vajra* in *Sushumna Nadi* übergehen könne.

Ein ganz anderes, nicht willentlich herbeigeführtes Ereignis gehört sicher in diesen Zusammenhang. Ich war für einen Bericht über die praktischen Anwendungen erweiterter Bewusstseinszustände im medizinischen und psychologischen Bereich auf das von Stanislav Grof entwickelte „Holotrope Atmen" gestoßen und hatte erreicht, dass wir in einem der noch kleinen Ausbildungskurse der Anfangszeit filmen durften. Der Kurs fand auf einer kleinen Insel im Pazifischen Ozean vor der kanadischen Küste statt, die wir mit einem Charterflug erreicht hatten.

Am Abend nach den Dreharbeiten schlug eine Kursteilnehmerin vor, das Filmteam am nächsten Morgen zum „Atmen" einzuladen. Weder Kameramann noch Assistent und Toningenieur wollten sich auf dieses Abenteuer einlassen – und ich hatte große Bedenken. Wir standen noch ganz am Anfang der Filmarbeiten, während der ich nicht nur Flüge und Hotels buchen, Autos mieten und Drehtermine absprechen, sondern auch Regie führen und Notizen für den Kommentar machen musste. Ich fragte mich, ob ich all das nach einer gruppentherapeutischen Arbeit in einem erweiterten Bewusstseinszustand, deren starke Wirkung ich am Vortag beim Filmen beobachtet hatte, noch schaffen würde.

Doch der Impuls, Neuland zu betreten, war stärker. Etwas in mir sagte, ich könne die Chance nicht ungenutzt lassen, in dieser kleinen, hochkarätigen Gruppe, unter der Leitung von Stan Grof, herauszufinden, was diese unkonventionelle Therapie bewirkte, über die ich nur in seinen Büchern gelesen hatte.

Zuerst passierte nicht viel, obwohl ich recht kräftig atmete. Doch nach einiger Zeit begannen sich meine Arme und Beine selbstständig zu machen. In unregelmäßigen Abständen erhob sich ohne mein bewusstes Zutun das eine oder andere Glied, um dann durch sein Eigengewicht auf den Boden zurückzufallen, immer wieder und wieder. Bei jedem Crescendo der Begleitmusik, einem Schrei, Lachen oder Aufschluchzen der Teilnehmer, schlugen meine Beine und Arme von Neuem auf den Boden.

Insgesamt hat das wohl nicht viel mehr als eine gute Stunde gedauert, doch ich hatte das Gefühl, ich könne den Rest meines Lebens in diesem zeltartigen Raum liegen und nichts weiter tun als spüren, wie sich die Verspannungen von Jahrzehnten aus mir herausschüttelten. Hinterher fragten mich die anderen, was passiert sei. Da sich keine großartigen Visionen eingestellt hatten, sagte ich, es sei so gut wie nichts geschehen. Dann kam das Charter-Flugzeug, das uns schon hergebracht hatte, um uns zurück in die reale Welt zu bringen. Den Rest der Drehzeit gingen mir die lästigen organisatorischen Erledigungen viel leichter als üblich von der Hand, und bald danach entschloss ich mich, die Ausbildung zum *Facilitator* für „Holotropes Atmen" zu machen.

Noch ein kleines, scheinbar nebensächliches Vorkommnis muss ich hier anführen. Während seiner Blütezeit habe ich in Brasilien am Fischer-Hoffman-Prozess, einem Intensivkurs, teilgenommen, der die tiefsitzenden und fortdauernden Konditionierungen durch Vater und Mutter in unserem Leben ausmerzen soll.

In einer der Visualisierungsübungen stand ich plötzlich wieder in einer kleinen Lichtung mitten im dunklen Fichtenwald, der vor dem Haus lag, in dem ich aufgewachsen bin. Ein überirdisches Licht schien auf mich herabzufallen, und ich war tief ergriffen von etwas, dem ich keinen Namen geben konnte. Meinen Eltern habe ich davon nichts erzählt, da sie das, wie ich meinte, nicht hätten verstehen können. Dieses kostbare Geheimnis hütete ich über lange Zeit – und dann vergaß ich es ganz und gar. Das Wiederauftauchen dieser frühen numinosen Erfahrung und ihre Wiedereingliederung in mein Leben hat mir sicher geholfen, mich wieder für diese Dimensionen zu öffnen.

Doch zwei Punkte, die Swamiji in der Bewertung meines Prozesses angeführt hatte, wollten mir nicht eingehen. Da hieß es, die spontane Überleitung Kundalinis aus *Vajra* in *Sushumna Nadi* sei eine Gnade gewesen und meine Vorfahren väterlicherseits, also die aus einer langen Reihe protestantischer Pfarrer, hätten mir dabei geholfen. Nicht nur war Gnade damals ein Wort, das mir – schon gar nicht für Vorkommnisse in meinem eigenen Leben – über die Lippen gekommen wäre, sondern ich war auch davon überzeugt, dass ich die schwere protestantische Erblast, im Gegensatz zu meinem Vater, endgültig hinter mir gelassen hätte.

Dass der Nachdruck, mit dem sich mein durch und durch atheistischer Vater für die moderne Architektur und die gute Form moderner Gebrauchsgegenstände eingesetzt hatte, etwas von missionarischem Eifer an sich hatte, war mir nicht entgangen. Doch ich, viel konsequenter, hatte den Atlantischen Ozean zwischen mich und meine Vergangenheit gelegt, wähnte mich in Brasilien mehr zu Hause als in Deutschland, hatte zwei Kinder mit lateinamerikanischen, zumindest nominell katholischen Müttern gezeugt und somit, wie ich meinte, die Abkopplung endgültig vollzogen, die mein Vater begonnen, aber nicht vollendet hatte.

Die Ironie des Schicksals, die hinter dieser Annahme lag, konnte ich damals nicht erkennen; denn es war vor allem Brasilien, wo ich mich durch den Kontakt zu afro-brasilianischen Kulten und zum Spiritismus europäischer Prägung mehr und mehr für spirituelle Belange öffnete. Dies hat nach vielen weiteren Vorgängen schließlich dazu geführt, dass es mir heute plausibel erscheint, dass meine protestantischen Vorfahren, die ich glaubte, abgeschüttelt zu haben, meine spirituelle Weiterentwicklung auf die eine oder andere Weise gefördert haben.

Als ich nachzugrübeln begann, ob an Swamijis erstaunlicher Feststellung etwas dran sein könnte, fiel mir ein, dass mich die Rolle, die evangelische Pfarrhäuser in der deutschen Geschichte als kulturelle Keimzellen und später als Brutstätten des Terrorismus gespielt haben, immer besonders interessiert hat, und dass ich manchmal über die Potenzierung protestantischer Gene nachgedacht habe, die sich durch die früher so häufigen Ehen zwischen jungen Pfarrern und den Töchtern ihrer älteren Kollegen in den benachbarten Dörfer ergeben haben muss. Bei meinem Großvater und meiner Großmutter war das so, auch bei deren Eltern und, wenn ich mich nicht täusche, auch bei den vorhergehenden Generationen.

Wichtiger jedoch als diese Gedankenspiele war, dass ich zwei Ausflüge zu dem Pfarrhaus in Südhessen gemacht habe, in dem mein Großvater zuletzt tätig war. Beim ersten Besuch war die Kirche geschlossen, aber ich durfte ins Pfarrhaus gehen und sah das Zimmer, in dem mein Großvater in sehr jungen Jahren kurz nach dem Mittagessen einen Herzschlag erlitten haben muss und später auf seinem Stuhl tot aufgefunden wurde. Ein gutes Jahr danach bin ich noch einmal an einem Sonntag mit meinen beiden damals noch ganz lateinamerikanischen Kindern dort gewesen und habe das erste Mal seit meiner Schulzeit an einem evangelischen Gottesdienst teilgenommen. Beide Besuche fielen in die vier Jahre vor der spontanen Überleitung der Kundalini aus *Vajra* in *Sushumna Nadi*.

Wahrscheinlich hatte das hübsche Konstrukt meiner vollkommenen geographischen und geistigen Abkopplung, ja vielleicht sogar der Tilgung aller protestantischen Gene in den heißen Tropen, die vielen sich darunter vollziehenden Veränderungen in meinem Leben aus dem Gedächtnis verdrängt. Beim Nachdenken über Swamijis erstaunliche Feststellung kamen sie dann nach und nach wieder hoch.

Dann fiel mir noch ein, dass mich bei der Eröffnung einer Konferenz der International Transpersonal Association die von einer riesigen, pechschwarzen Afrikanerin geleitete Visualisierung der langen Kette unserer Vorfahren tief beeindruckt hatte. Von ihrer bezwingenden Stimme geführt, stellten sich Hunderte von Menschen ihre Eltern, Großeltern, dann deren Eltern, in hinter uns in die Breite wachsenden Keilen, bis zurück in die siebte Generation vor. Auch hinter mir tauchten im überdimensionierten Konferenzsaal eines kalifornischen Hotels all die protestantischen Pfarrer auf, einer nach dem anderen.

Bei der Suche nach weiteren Faktoren fiel mir ein, dass ich schon vor den fraglichen vier Jahren mit einer weitgehenden Umstellung meiner Ernährung begonnen hatte. Damals lebte ich einen Teil des Jahres im brasilianischen Hinterland. Fleisch wurde in Bretterbuden verkauft und war stets von oben bis unten voller Fliegen. Der Verzicht auf dieses Fleisch ist mir nicht schwergefallen. Ohne Steaks verloren allmählich auch die Caipirinhas, die schmackhaften Cocktails aus Zitrone und Zuckerrohrschnaps, ihre Attraktion. Dann ließ ich nach und nach auch Hühnerfleisch und Fisch beiseite. Es waren keine Überzeugungstaten, eins ergab sich aus dem anderen. Doch heute weiß ich, wie sehr diese Umstellungen den Energiefluss im feinstofflichen Körper gefördert und damit zum spontanen Übergang Kundalinis beigetragen haben.

Abgesehen von dem Entschluss, täglich zu meditieren und eine feste Beziehung einzugehen, war der spontane Übergang der Kundalini wohl weniger das verdiente Ergebnis bewusster Anstrengungen als vielmehr eine natürliche Folge scheinbar zufälliger Ereignisse: Der Öffnung für ganz Neues, dem Erinnern an verschüttete Erfahrungen der Kindheit und der Wiedereinbindung in die so lange trotzig abgelehnten familiären Gegebenheiten. Ich habe den Weg zum Mutationspunkt nicht zielbewusst zurückgelegt, eher bin ich von einer inneren Stimme, also wohl von *Kundalini Shakti*, zu ihm geführt worden.

Durch das Niederschreiben dieser Vorgänge wurde mir klar, dass mir, ohne die spontane Überleitung und die damit verbundenen Sensationen eines Kundalini-Aufstieges in *Sushumna Nadi,* nicht bewusst geworden wäre – wie vielen Menschen, die einen Kundalini-Prozess aus einem Vorleben mitgebracht und somit in diesem Leben keine Aufstiegserfahrungen gehabt haben – dass Kundalini in mir tätig ist. Dann hätte ich wohl kaum den Weg zu Swamiji gefunden und mit seiner Hilfe die hartnäckige, jahrzehntealte Blockierung im Kehlkopf-*Chakra* durchbrochen. Dieser Gedankengang hat es leichter gemacht, das Wort Gnade anzunehmen, das Swamiji in seiner Bewertung benutzt hat.

Als dann bei einem meiner Aufenthalte in Rishikesh von *Vajra Nadi* die Rede war, fragte ich Swamiji, wie lange es nach tiefgreifenden Veränderungen der Lebensweise dauern würde, bis sich ein spontaner Wechsel Kundalinis aus *Vajra* in *Sushumna Nadi* ergeben könne. „Drei bis fünf Jahre", sagte er, und ich nahm mir vor, diese Aussage an meinem Fall zu überprüfen.

Als ich wieder zu Hause war, suchte ich in meinen Aufzeichnungen nach den beiden Daten, an denen ich ein festes Verhältnis eingegangen war und der spontane Übergang der Kundalini stattgefunden hatte. Zwischen diesem besonders markanten Wendepunkt und den Vorgängen in San Francisco lagen fast auf den Tag genau vier Jahre und zehn Monate.

Die drei Prüfsteine in Sushumna Nadi

Die von Swamiji vertretene und weiterentwickelte traditionelle Wissenschaft von Kundalini ordnet die Aufstiege und Manifestationen von *Kundalini Shakti* in mehrere Kategorien ein. Zu den Kriterien dieser Einordnung gehören, wie schon erwähnt, einerseits die *Nadis*, in denen Kundalini aufgestiegen ist, und andererseits das Niveau oder die Ebene, die Kundalini im feinstofflichen Körper erreicht hat. Diese Kategorien sind nicht bloße Theorie, sondern haben mit den Erfahrungen zu tun, die in den verschiedenen Phasen auftreten. Sie bieten somit klar definierte Anhaltspunkte für die Diagnose und Korrektur von Kundalini-Prozessen.

Um die sehr unterschiedlichen Manifestationen von Kundalini-Prozessen zu verstehen, muss man sich von der eingebürgerten, allzu einfachen Vorstellung freimachen, dass Kundalini im feinstofflichen Körper der Reihe nach *Chakra* für *Chakra* aufsteigt. Wie wir noch sehen werden, trifft das nur für die außerordentlich seltenen Prozesse in *Citrini Nadi* zu, in denen Kundalini mitunter in ihrem höchst eigenen Interesse einen Meister heranbildet.

Ansonsten aber klettert Kundalini nicht, wie das von einer allzu simplen Psychologisierung der *Chakras* nahelegt wird, auf einer siebenstufigen Treppe fein säuberlich Schritt für Schritt ihrem Ziel entgegen. Sie muss vielmehr auf ihrem Weg nach oben spezifische, in der traditionellen Wissenschaft von Kundalini genau bezeichnete Hindernisse überwinden.

Am deutlichsten wird das durch die Kappen auf den drei *Lingas* in *Sushumna Nadi*, die sich im ersten, vierten und sechsten *Chakra* befinden, und deren Härtegrad, wie wir noch sehen werden, mit dem Aufstieg Kundalinis von *Linga* zu *Linga* zunimmt. Man hat diese Hindernisse auch psychische Knoten genannt, die man auf seinem Entwicklungsweg lösen muss.

Die *Lingas* sind *Shiva* zugeordnet, und es wird oft gesagt, sie seien Phallus-Symbole. Doch das wird ihrer Bedeutung nicht gerecht. *Lingas* stehen vielmehr, da ein Oval weder Beginn noch Ende hat, für den Übergang von einer spezifischen Form ins Formlose. Wer eine der bunten Statuen *Shivas* angebetet hat, sich dann auf das *Linga* konzentriert, das ihn symbolisiert, dem wird es leichter fallen, die an Form und Namen gebundene Denkweise hinter sich zu lassen, um im wahren *Shiva*, dem absoluten, kosmischen Bewusstsein aufzugehen. Die drei *Lingas* in *Sushumna Nadi*, die Kundalini überwinden muss, sind gleichsam Prüfsteine auf dem Weg zu diesem Ziel.

Wenn es Kundalini gelungen ist, das erste *Linga* im Wurzel-*Chakra* zu durchstoßen und in *Sushumna Nadi* aufzusteigen, aber das Gefäß, also der Mensch, in dem der Prozess abläuft, nicht gereinigt und vorbereitet ist, kann das ihren weiteren Aufstieg hemmen. Im zweiten und dritten *Chakra* befinden sich keine Hindernisse vom Ausmaß der *Lingas*, daher kann Kundalini sie rasch hinter sich lassen. Doch ihre Säuberung muss häufig in einer späteren Phase des Prozesses aus einer höheren Ebene nachgeholt werden und kann sehr schmerzhaft sein. Ich erinnere mich gut an die Verkrampfungen in den Füßen und Beinen, die der Auflösung der Blockade im Kehlkopf-*Chakra* vorausgingen und, wie mir Swamiji erklärte, vor allem mit *Svadhishthana*, dem zweiten *Chakra*, zu tun hatten.

In *Anahata*, dem Herz-*Chakra*, trifft Kundalini auf das zweite *Linga*, *Bhana Linga* genannt, von dem es heißt, es sei so hart wie ein Kristall. Wenn Kundalini *Bhana Linga* nicht durchstoßen und nicht weiter emporstreben kann, dann verharrt sie nicht auf der erreichten Höhe von *Anahata*, sondern steigt auf und fällt in unregelmäßigen Abständen zwischen Wurzel- und Herz-*Chakra* und wieder ab, doch ohne, wie in den fehlgeleiteten Aufstiegen, für kurze Momente in die Gehirnzentren vorzudringen.

Dieses unvorhersehbare Auf und Ab führt oft zu großen Stimmungsschwankungen. Man flattert als zartes Herzchen wie ein Schmetterling durchs Leben. Nicht von ungefähr ist dem Herz-*Chakra*, das genau in der Mitte des menschlichen Entwicklungsweges liegt, das Element Luft zugeordnet. Eine gewisse Frömmigkeit, Neigungen zu okkulten Praktiken, ein Drang zu heilen oder zu sich selbst aufopferndem Dienen sind typisch für Blockierungen der Kundalini in *Anahata*. Sie treten aufgrund offensichtlicher physischer und hormoneller Gegebenheiten vor allem bei Frauen auf.

Aber Blockierungen im Herz-*Chakra* sind selten. Swamiji sagte einmal, unter der großen Zahl seiner Schüler seien nur vier Frauen gewesen, deren Kundalini in *Anahata* blockiert war. Als ich das erste Mal nach Rishikesh kam, war eine dieser Frauen bei Swamiji. Sie überwand durch intensive Praxis und tiefgreifende Veränderungen ihrer Lebensweise die langjährige Blockade in *Anahata*, und in der Folge stieg Kundalini dann zu *Ajna*, dem Stirn-*Chakra*, auf.

Es ist wichtig, sich darüber im Klaren zu sein, dass man die sehr spezifischen Phänomene einer Blockade Kundalinis in *Anahata* nicht mit dem generellen Vorgang der Öffnung des Herz-*Chakras* verwechseln darf, die sich auch ohne Kundalini-Prozess ergeben kann. Sie wird heute von vielen Menschen angestrebt und hat mit einem Entwicklungsschritt der Menschheit zu tun.

Wenn Kundalini nicht auf der Höhe des Herz-*Chakras* festgehalten wird, dann trifft sie in *Ajna*, dem Stirn-*Chakra*, auf den dritten, *Itara Linga* genannten Prüfstein, dessen Kappe härter und schwerer zu durchstoßen ist als die auf den beiden vorangegangenen *Lingas*. In dem großen Bereich oberhalb von *Bhana Linga* im Herz-*Chakra* und unterhalb von *Itara Linga* im Stirn-*Chakra* bleibt Kundalini häufig für lange Zeit gefangen, meistens in *Vishuddha*, dem empfindlichen Kehlkopf-*Chakra*, in dem sich unser energetischer und psychischer Zustand besonders deutlich widerspiegelt.

Das Anrennen gegen Blockaden in *Vishuddha* kann sich, wie in meinem Fall, über viele Jahre hinziehen. Doch wenn Kundalini *Bhana Linga* hinter sich gelassen hat und in den Bereich oberhalb von *Anahata* vorgedrungen ist, bewegt sie sich nicht mehr in unkontrollierbaren Intervallen auf und ab, wie bei Blockierungen im Herz-*Chakra*. Auf dieser Ebene, auch wenn er sehr schwierig ist, stabilisiert sich der Prozess.

Wenn Kundalini auch noch die, wie es heißt, diamant-harte Kappe von *Itara Linga*, dem dritten und größten Prüfstein auf ihrem Weg nach oben, durchstoßen hat und bis zur höchsten und wichtigsten Station im Stirn-*Chakra*, dem Punkt *Makara*, vorgedrungen ist, dann beginnt eine völlig neue und entscheidende Phase des Prozesses. Mit *Ajna*, dem springenden Punkt *Makara* und den schwierigen Vorgängen in diesem fortgeschrittenen Stadium werden wir uns im nächsten und übernächsten Kapitel beschäftigen.

Citrini und Brahma Nadi

Wenn wir uns nun *Citrini* und *Brahma Nadi* zuwenden, dann nähern wir uns ganz unverkennbar einer höher gelegenen Region; denn Prozesse in diesen beiden *Nadis* sind außerordentlich selten, und Kundalini kann nur, da *Sushumna Nadi*, wie wir gesehen haben, im höchsten Punkt des Stirn-*Chakras* endet, über diese beiden exklusiven *Nadis* ihr lang ersehntes Ziel erreichen.

Prozesse in *Citrini*, der dritten *Nadi* in *Mehru Danda*, der feinstofflichen Entsprechung des Rückgrats, haben ganz besondere Eigenschaften. *Citrini Nadi* beginnt in *Muladhara*, durchläuft alle *Chakras*, vor und hinter denen sich Knoten befinden, welche die Kundalini bei ihrem Aufstieg lösen muss, und verästelt sich dann, schon ganz nahe dem Ziel, im obersten Bereich von *Sahasrara* in einem winzigen Lotos aus zwölf Blütenblättern. Dieser kleine Lotos, dem im physischen Körper die Fontanelle entspricht, wird *Brahma Randhra* genannt.

Wenn *Kundalini Shakti* in *Citrini Nadi* aufsteigt, hält sie auf ihrem Weg der Reihe nach in allen *Chakras* an, um sie zu reinigen, ihre Blütenblätter zu öffnen und dem Yogi sämtliche Eigenschaften der sechs feinstofflichen Zentren zu demonstrieren. Dieser Prozess kann sich über viele Tage hinziehen und seine gesamte Kraft und uneingeschränkte Aufmerksamkeit beanspruchen. Oft verweilt Kundalini im Kehlkopf-*Chakra* am längsten, um den Sinngehalt seiner sechzehn Blütenblätter zu offenbaren, die wesentlichen Eigenschaften des Elements Raum aufzuzeigen und die sechzehn *Nadis* zu reinigen, die von *Vishuddha* ausgehen.

Durch dieses Fortschreiten von *Chakra* zu *Chakra* weiht Kundalini den Yogi während ihres Aufstiegs in alle Einzelheiten des feinstofflichen Körpers ein. *Kundalini Shakti* wird also in *Citrini*-Prozessen zur großen Lehrerin, und mitunter formt sie auf diese Weise höchstpersönlich einen Meister. Swamiji ging selbst durch diesen Prozess, und manchmal erwähnte er, dass er sein Wissen über die feinstofflichen Zusammenhänge in erster Linie dieser Erfahrung verdanke.

Ab und zu setzt sich dieser Lernprozess nach dem ersten großen Aufstieg noch fort; denn Kundalini kann, nachdem sie ihr Ziel erreicht hat, wieder herabgeführt werden, um dann mit der Hilfe eines eingeweihten Lehrers erneut und nacheinander in jedem einzelnen ihrer sechs feinstofflichen Kanäle aufzusteigen und so einem zukünftigen Meister alle Varianten ihres Wirkens vorzuführen. Ich weiß, das hört sich wie eine hübsche Geschichte, wie esoterisches Jägerlatein an, doch ich habe im Laufe der Jahre zu viele Dinge bei Swamijis Tätigkeit beobachtet, die er nicht aus Büchern hat lernen können, zu oft die Wirkung der unübersehbaren Einwirkungen Kundalinis, ihrer lenkenden Macht in meinem und im Leben anderer erfahren, um die gezielte Heranbildung eines Meisters in ihrem höchsteigenen Interesse in Frage zu stellen.

Hin und wieder fuhr Swamiji mit uns Schülern nach Hardwar, einer der sieben heiligen Städte Indiens, eine Autostunde von Rishikesh entfernt, um den *Mahasamadhi*, die letzte Ruhestätte von Anandamayi Ma, einer der großen heiligen Mütter des vergangenen Jahrhunderts, zu besuchen. Dort meditierten wir dann eine Weile im kühlen Marmortempel, während ihre Anhänger das nachmittägliche *Darshan* zelebrierten.

Anandamayi Ma, so heißt es, habe ihren Schülern zuliebe noch einmal, Stufe für Stufe, den Aufstieg Kundalinis in *Citrini Nadi* vorgelebt, obwohl sie schon mit einem vollendeten Prozess in jenes Leben gekommen war. Bei meinem vierten Aufenthalt in Rishikesh entnahm ich dann einer Bemerkung Swamijis, dass er in besonders schwierigen Fällen mitunter die Hilfe und Mitarbeit Anandamayi Mas in Anspruch nimmt.

Brahma Nadi schließlich, die dritte und allerinnerste der *Nadis*, in denen Kundalini zum Ziel gelangen kann, ist von ganz besonderer Natur. Man sagt, Kundalini-Prozesse in *Brahma Nadi* fänden alle tausend Jahre einmal statt, seien einem Buddha oder Jesus vorbehalten, dauerten bloß wenige Tage oder auch nur ein paar Stunden und gewährten umgehende Erleuchtung.

Brahma Nadi führt direkt, ohne auf ein einziges Hindernis zu stoßen, aus dem Wurzel-C*hakra* zu einem winzigen Punkt jenseits von *Brahma Randhra*, dem kleinen zwölfblättrigen Lotos ganz oben in *Sahasrara*. Wenn *Kundalini Shakti* diesen Punkt erreicht hat – und zuletzt kann sie ihn, in welchem Prozess auch immer, nur über *Brahma Nadi* erreichen – dann ist sie endlich am lang ersehnten Ziel und vereint sich mit *Shiva*, dem reinen, absoluten Bewusstsein, aus dem sie ursprünglich hervorgegangen ist.

Es scheint auf eine innere Logik der spirituellen Vorgänge in diesen oberen Bereichen zu deuten, dass zum höchsten Punkt, dem Gipfel, in Sanskrit *Bindu* genannt, einzig und allein *Brahma Nadi*, der subtilste aller feinstofflichen Kanäle, führt. *Brahma Nadi*, so heißt es, ist auch der Weg zu den jenseitigen, rein geistigen Sphären, in denen die großen Adepten aller spirituellen Traditionen zu Hause sind, und somit auch der Pfad, über den sie sich auf unserer Ebene manifestieren. In letzter Instanz verbindet *Brahma Nadi* also den Himmel mit der Erde und die Erde mit dem Himmel.

Wenn Kundalini in diese oberen Bereiche vorgedrungen ist, entzieht sie sich den Versuchen einer gezielten Beeinflussung. Die diffizilen Vorgänge auf dieser Ebene unterliegen einzig und allein dem Ermessen *Kundalini Shaktis*. Der Meister kann sie erkennen, erklären und durch die Vergabe spezifischer Praktiken fördern. Doch direkten Einfluss, wie vorher durch Übungen zur Überleitung Kundalinis aus einer der beiden schwierigen in eine kulminierende *Nadi* oder zum Aufbrechen einer Blockade, kann er nicht mehr nehmen. Die Tatsache, dass Swamiji dies des öfteren erwähnt hatte, machte es mir leicht, mich vorbehaltlos in seinen Hände zu geben.

5

In einem höheren Stockwerk

Die ersten Tage nach dem Durchbruch

Nachdem Swamiji von seiner Reise zurückgekommen war und gesagt hatte, Kundalini sei ins Gehirn aufgestiegen, der Prozess müsse sich nun beruhigen, ich solle meine Übungen aussetzen, viel gehen, kräftig essen und noch öfter den ayurvedischen Kräutertee einnehmen, arbeitete Kundalini deutlich spürbar in mir weiter, obwohl ich mich an Swamijis Empfehlungen hielt.

Selbst *Suryanamaskar*, den Sonnengruß, den ich seit der Vorbereitungszeit in Brasilien täglich mehrere Male vollzogen hatte, sollte ich nun nicht mehr machen. Zuerst war das so, als ob man mir etwas weggenommen hätte. Zu solchen Verhaftungen sagte Swamiji gerne: „Ihr *Westler* wollt immer an dem festhalten, was ihr schon kennt."

In den Nächten, in den frühen Morgenstunden und mitunter auch am Nachmittag begann Kundalini nun ganz von selbst mit ihrer Arbeit. Doch abgesehen davon, dass die Erfahrungen sich nun auch ohne Übungen einstellten, konnte ich in den ersten Tagen nach dem Durchbruch keine wesentlichen Veränderungen meines Zustandes feststellen.

Oft begannen diese von der Praxis abgelösten Exerzitien mit spontanem Atmen durch beide Nasenlöcher. Normalerweise atmen wir, auch wenn wir uns dessen nicht bewusst sind, nur durch das eine oder das andere unserer beiden Nasenlöcher, wobei der Wechsel vom einen zum anderen ganz von selbst in einem bestimmten Rhythmus geschieht. Wenn man mit der Reinigung des feinstoffliche Körpers begonnen hat, kann das gleichzeitige Atmen durch beide Nasenlöcher spontan einsetzen. Es zeigt eine erste Veränderung im Zusammenspiel zwischen der energetischen und der mentalen Komponente des subtilen Körpers an und begünstigt die Arbeit der Kundalini. Wenn man jedoch, wie mitunter empfohlen wird, unvorbereitet und ohne kompetente Anleitung den Aufstieg der Kundalini mit gleichzeitiger Atmung durch beide Nasenlöcher erzwingen will, kann das sehr unangenehme Folgen haben, die dann weder Ärzte noch Psychologen zu beheben wissen.

Auch das spiralförmige Aufsteigen von *Prana* setzte nun ganz von selbst ein, und manchmal forderte Kundalini zu ihrer Unterstützung wieder kosmische Energie an, die mit einem kurzen, stechenden Schmerz durch die großen Zehen eintrat. Alle diese Erfahrungen waren jetzt intensiver und hielten länger an, doch sie erschöpften mich nicht mehr so sehr.

Ich ging, wie Swamiji mir empfohlen hatte, viel spazieren, meist allein am Ganges auf einem langen Damm, der bis zu einem Stauwerk führte. Oft schien mir, dass ich in der lauten und betriebsamen Alltagswirklichkeit nicht ganz aufging, dass ich mich halb in ihr und halb in einer anderen, parallelen Welt bewegte. Häufig hatte ich auch das Gefühl, ich sei gute zwanzig Zentimeter größer als sonst. Doch das euphorische und zugleich erschöpfende Ausströmen von Energie durch den Kopf, wie seinerzeit in San Francisco, fand nicht mehr statt. Die Leichtigkeit des Seins war von anderer Qualität. Dieser leicht entrückte Zustand stellte sich auch in den folgenden Monaten von Zeit zu Zeit wieder ein.

In diesen ersten Tagen und Nächten nach der Überwindung des hartnäckigen Engpasses konzentrierten sich die energetischen Vorgänge nach wie vor auf die unteren Teile der Beine. Vor allem in den Füßen und Waden kam es immer wieder zu krampfartigen Anspannungen. Ein paar Bemerkungen Swamijis und vor allem sein Unterricht im zweiten Jahr klärten die Hintergründe dieser Vorgänge auf.

Zwischen den Eigenschaften der drei höherliegenden und der drei tieferliegenden *Chakras* bestehen intime Verbindungen mit spezifischen Wechselwirkungen. Das Kehlkopf-*Chakra*, in dem mein Prozess so viele Jahr blockiert war, ist eng mit *Svadhishthana*, dem zweiten *Chakra*, verbunden, dem der sexuelle Bereich untersteht und dem das Element Wasser zugeordnet ist. Außerdem führen von *Svadhishthana* vier der sechsunddreißig wichtigsten *Nadis* in die Beine; und unsere Füße sind auch der Ort im Körper, in dem das Element Wasser zu Hause ist[19]. Es scheint also Sinn zu machen, dass sich die physisch spürbaren Niederschläge aus den vielen Jahren meines *Vajra*-Prozesses mit seinen sexuellen Inklinationen und der gleichzeitigen Blockade in *Vishuddha* auf die Füße und Beine konzentriert haben.

Swamiji hatte uns Eselsbrücken gebaut, damit wir die Korrespondenzen zwischen den oberen und unteren *Chakras* leichter behalten konnten. So kommt man zum Beispiel, wenn man sechs und zehn, die Zahlen der Blütenblätter von *Svadhishthana* und dem Nabel-Zentrum *Manipura*, summiert, auf sechzehn, also auf die Zahl der Blütenblätter von *Vishuddha*. Diese kleine Rechnung zeigt das enge Verhältnis zwischen diesen *Chakras* an. Unreinheiten im Kehlkopf-*Chakra* wirken sich denn auch besonders im Sakral- oder Nabel-*Chakra* aus.

Das kann zu der falschen Annahme führen, dass vor allem die unteren *Chakras* belastet sind. Swamiji erklärte uns jedoch, dass die drei ersten *Chakras* in der Regel nur wenig schädliche Niederschläge aus der Vergangenheit anhäufen und relativ leicht gereinigt werden können. Toxische Ablagerungen sammeln sich in erster Linie im oberen Bereich des feinstofflichen Körpers, in *Vishuddha* und *Ajna* an. Viele Yoga-Lehrer, fügte er hinzu, wüssten das nicht und ließen sich durch die Symptome täuschen, weil sich die oben angestauten Schadstoffe, je nach ihrer Art, über das Nabel-*Chakra*, dem die Verdauung untersteht, in Reinigungsdiarrhöen oder, wie bei mir, vor allem durch schmerzhafte Verkrampfungen in den Waden und Füßen manifestieren.

Niederschläge aus der Vergangenheit nennt man *Vasanas* und *Samskaras*. In einem Kundalini-Prozess können sie sehr virulent werden. *Vasanas* sind ins Unterbewusstsein abgesunkene Wünsche, Neigungen oder Begierden, die einen starken Einfluss auf unser Verhalten ausüben und jederzeit wieder hochkommen können. Sie sind eng verwandt mit den *Samskaras*, den durch unser Handeln und Denken in

---

19 Muktibodhananda Saraswati: Swara Yoga. Bihar School of Yoga, Munger, Bihar 1984.

diesem und vorangegangenen Leben entstandenen, tief eingefleischten Charakterzügen[20]. *Vasana* und *Samskara* waren längst schon zu Haushaltsworten im *Guesthouse Patanjali Kundalini Yoga Care* geworden. Wir Schüler machten fast täglich unsere kleinen Witze über neue *Vasanas*, die während der Praxis hochgeschwemmt wurden.

Auch hier, wie schon in San Francisco, wurde der Prozess oft von Träumen begleitet. Zwei der damals aufnotierten Träume haben mich besonders beeindruckt. In einer dieser Nächte, als sich die Erfahrungen zu einem Crescendo steigerten, befand ich mich plötzlich halb wach, halb schlafend auf einer Segeljacht, die bei starkem Sturm und höchstem Wellengang durch das aufgebrachte Meer kreuzte. Immer wieder schien sie ganz oben auf den Wellenkämmen entlang zu gleiten, mehr über als im Wasser. Doch ich hatte keine Angst. Ich war mir ganz sicher, dass sie nicht kentern und uns unter den dunklen Wellen begraben würde. Der Traum half mir, die besonders intensiven Erfahrungen dieser Nacht ganz ruhig hinzunehmen.

Ein andermal tauchte auf einem Stein am Ufer des Ganges unvermittelt und ganz dicht vor mir eine kleine grüne Schlange auf. Für einen Moment hatte ich Angst. Doch dann spürte ich, dass sie mich nicht angreifen, sondern sich nur zeigen wollte. Ihr Unterteil war eingerollt, Oberteil und Kopf kerzengerade aufgerichtet und ihre Zunge ragte bewegungslos, wie ein roter Strahl, weit nach oben.

Der Eindruck, den sie hinterließ, war so stark, dass ich mich fragte, ob es sich um einen Traum oder eine Vision gehandelt habe. Dann fiel mir ein, dass Swamiji erzählt hatte, Patanjali, der Autor der *Yoga-Sutras*, sei von seiner Mutter mit der Hand als kleine Schlange aus einem Fluss geschöpft worden. Der Name Patanjali bedeutete denn auch „in die zu einer Kelle geformten Hände gefallen". Er ist also frei von jeglicher Gebundenheit in diese Welt gekommen – eine unbefleckte Empfängnis sehr eigener Art.

Manchmal begann der Prozess nach einer halbdurchwachten Nacht mit voller Kraft am frühen Morgen. Bei einer dieser unfreiwilligen Exerzitien bewegte sich alle Energie meines Körpers nach oben zum

---

20 siehe auch Martin Mittwede: Spirituelles Wörterbuch Sanskrit-Deutsch. Sathya Sai Vereinigung e.V., Dietzenbach 1997.

Kopf hin. Das ging mit einer Art von Betäubung in Rumpf und Gliedern einher. Ich spürte, dass meine Hände auf dem Betttuch lagen, doch die Arme und die meisten anderen Körperteile waren verschwunden. Einzig und allein das Gehirn war hellwach, und es war deutlich spürbar, dass dort intensive Prozesse abliefen. Dieser Zustand eines nahezu körperlosen Beobachtens innerer Abläufe hielt für gute zwei Stunden an.

Als ich mir vor Jahren die Geschichten von den Kundalini-Prozessen mehrerer Leute angehört hatte, um den richtigen Interview-Partner für den Bericht über spirituelle Notfälle zu finden, beschlich mich mitunter das Gefühl, dass ihre Schilderungen von sehr drastischen Interventionen Kundalinis etwas übertrieben waren. Nun weiteten sich, Nacht für Nacht, meine zu engen Vorstellungen von der Arbeit *Kundalini Shaktis* in uns Menschen aus. Dabei hat mich meine tief eingewurzelte Skepsis auch in diesen Nächten in Rishikesh nicht ganz verlassen. Doch meistens blieb mir nichts anderes übrig, als still zur Kenntnis zu nehmen, was in mir ablief.

Hin und wieder überkam mich der anscheinend unbezwingbare Drang, aktiv ins Geschehen einzugreifen. Dann begann ich ein wenig nachzuhelfen, die deutlich spürbaren Energieströme auf Punkte zu konzentrieren, von denen ich meinte, dass sie bearbeitet werden müssten. Doch diese Versuche, die *Vayus*, die Kundalini zur Öffnung ihrer Wege einsetzt, in die eine oder andere Richtung zu lenken, lösten ungute Empfindungen aus und verursachten manchmal auch körperliche Schmerzen.

Langsam lernte ich, dass willentliche Beeinflussungsversuche den Prozess störten. Sie muteten wie Interferenzen in einem sich selbst organisierenden Feld an. Um ganz sicher zu gehen, fragte ich Swamiji an einem dieser ersten Tage nach dem Durchbruch, ob ich mich, wie bei den Übungen der ersten Tage, auf bestimmte Punkte konzentrieren solle oder nicht. „*No, no, no, no*", sagte er, ich solle nur aufmerksam registrieren, was vor sich ginge. Kundalini wisse, was zu tun sei. Ich solle sie bei ihrer Arbeit nicht stören.

Aber auch ein Abschweifen der Gedanken, das Nachlassen der Aufmerksamkeit, störte den Prozess, schwächte die Erfahrungen ab, ohne sie allerdings zu beenden, und hinterließ ein Gefühl von Unzulänglichkeit, einer versäumten Gelegenheit. Kundalini wollte also in diesen sehr intensiven Arbeitsstunden genau beobachtet werden, nichts weiter. Mit der Zeit wurde mir klar, dass hier ein Lernprozess begonnen hatte, der sich nicht auf die spürbare Arbeit der Kundalini beschränkte. Also gab es wieder viele lange nächtliche Schulstunden in stiller Bewusstheit.

Nach einer knappen Woche konzentrierten sich die *Vasanas* und *Samskaras* aus meiner *Vajra*-Vergangenheit auf die Genitalien selbst. Ich hatte nachts bei geringeren Anspannungen in den Füßen und Waden immer wieder Erektionen, die von starken sexuellen Gelüsten und entsprechenden Träumen begleitet waren. Swamiji, dem ich das mitteilte, sagte, wenn das wieder geschehe, solle ich aufstehen, auf- und abgehen und *OM* vor mich hin singen. Abgesunkene Gelüste könnten sehr tief sitzen, und es könne lange dauern, bis sich ihre Niederschläge auflösten. Auch er spüre manchmal noch die *Samskaras* aus seinem vorangegangenen Leben, von dem er einmal mit so vielen Details und der Selbstverständlichkeit gesprochen hatte, mit der wir Ereignisse aus den letzten Wochen wiedergeben.

In einer der darauffolgenden Nächte stellten sich lang andauernde Erektionen ganz anderer Art ein. Sie waren völlig frei von lästigen Begleiterscheinungen in den Füßen und Beinen, lösten ein außerordentliches, fast orgastisches Wohlgefühl aus, allerdings ohne irgendwelche sexuelle Gelüste oder Phantasien. Gegen Ende dieser Nacht betete ich lange und dankte den Göttern wieder, dass sie mich hierher geführt hatten.

Ajna, weiß und zart wie der Mond

Ajna, das sechste *Chakra*, nicht weit von der Stelle angesiedelt, an der sich Rückenmark und Gehirn verbinden, nimmt einen besonderen Platz im feinstofflichen Körper ein, da es schon jenseits der Elemente und unserer fünf Sinne liegt. Deswegen heißt es auch, hier sei der sechste Sinn zu Hause, von dem so oft die Rede ist.

Die den tiefer liegenden *Chakras* zugeordneten Elemente und Sinnesorgane sind im Stirn-*Chakra*, da sie ursprünglich aus ihm hervorgegangen sind, in verfeinerter Form enthalten. Aber *Ajna* befasst sich nicht mehr mit den verschiedenen Regionen des Körpers, sondern mit dem mentalen Geschehen, und ist mithin eine übergeordnete Instanz. Die roten Punkte, die indische Frauen und die Asche, die Yogis auf der Stirn tragen, erinnern an die besondere Bedeutung *Ajnas*.

In *Ajna* treffen auch die drei Nadis *Ida, Pingala* und *Sushumna* zusammen. Eine der vielen Metaphern für das Aufeinandertreffen dieser drei *Nadis*, die für unsere Atmung und die Bewegung der *Vayus* so wichtig sind, ist der Zusammenfluss der drei heiligen Ströme Ganga, Yamuna und Sarasvati. *Ida*, weiblich und dem Mond, und *Pingala*, männlich und der Sonne zugeordnet, enden im unteren Teil von *Ajna*. In *Sushumna Nadi* hingegen kann Kundalini noch über zehn Stationen, jede mit ihren besonderen Eigenschaften, bis zu *Makara*, dem höchsten und wichtigsten Punkt im Stirn-*Chakra*, aufsteigen, und dann endet auch sie.

Wie wir gesehen haben, stehen die drei unteren und die drei oberen *Chakras* in einem engen Verhältnis zueinander, wobei die oberen die zentrale Thematik der unteren in verfeinerter Form widerspiegeln: Also das vierte feinstoffliche Zentrum die des ersten, das fünfte die des zweiten, und *Ajna* schließlich, das sechste, variiert auf einer höheren Ebene die Eigenschaften von *Manipura*, dem dritten *Chakra*.

Wenn man die *Chakras* in einen psychologischen Kontext stellt, dann hat das Nabel-Zentrum, das auch zweites Gehirn genannt wird, mit dem Vorwärtskommen im Leben, mit Selbstbehauptung, Durchsetzungsvermögen und Machtausübung zu tun. Auf dem Niveau von *Ajna* jedoch handelt es sich nicht mehr um die Herrschaft über andere, sondern um die weit schwierigere über sich selbst, um das Kommando im eigenen Leben.

Man wird auf dieser Ebene nicht mehr so leicht umgetrieben von den unzähligen Impulsen, die von Außen und aus dem eigenen Inneren andrängen. Man erkennt sie und kann bewusst auf sie reagieren, aber auch loslassen, wenn die Situation es erfordert. Loszulassen ist ein Ratschlag, der heutzutage in vielen Seminaren immer wieder gegeben wird. Doch für Menschen, die aus der im gegenwärtigen kulturellen Kontext noch dominierenden Modalität des dritten *Chakras* leben, ist es nicht leicht, dieser Aufforderung zu folgen. Dinge so laufen zu lassen, wie sie laufen, ist eine Kunst höherer Ebenen.

Auf dem Niveau des Stirn-*Chakras* sind die Herausforderungen anderer Natur. *Ajna* wird dem Bereich der drei *Gunas* zugeordnet, also den drei konstituierenden Kräften, die in einem ewigen Wechselspiel aus einem undifferenzierten Urzustand die physischen und psychischen Welten zur Manifestation bringen. Wenn Kundalini bis zu *Ajna* aufgestiegen ist, dann ist man, wie Swamiji sagte, diesem unentwegten Wechselspiel in besonderem Maße unterworfen. Man darf sich jedoch nicht mit den von Moment zu Moment wechselnden Zuständen identifizieren, sondern muss durch das Intonieren von *OM*, dem Kernbuchstaben *Ajnas*, zu innerer Ruhe finden.

In der klassischen *Chakra*-Lehre ist *Ajna* denn auch das letzte und höchste feinstoffliche Zentrum, denn genau genommen zählt *Sahasrara* nicht mehr zu den *Chakras*, sondern ist ihnen übergeordnet und wird nicht *Chakra*, sondern *Padma*, also Lotos, genannt. Die besondere Stellung des Stirn-*Chakras* wird auch dadurch hervorgehoben, dass ihm, genau wie *Sahasrara*, als *Bija-Mantra* der Urklang *OM* beigegeben ist, aus dem alles andere hervorgegangen ist und immer wieder hervorgeht.

Ich hatte von den tiefen Erfahrungen beim Aufstieg Kundalinis durch die zehn Stationen dieses zarten feinstofflichen Zentrums, das in *Sat Cakra Nirupana* mit dem Mond verglichen wird, gehört und gelesen. Doch bei mir stellten sich keine besonderen Manifestationen nach dem Aufstieg *Kundalini Shaktis* zum Stirn-*Chakra* ein. Ich hatte keine großartigen Lichterfahrungen, und auch die immer wieder zitierte Aktivierung des sechsten Sinnes war ausgeblieben. So fragte ich mich, obwohl die nächtlichen Erfahrungen eine andere Qualität angenommen hatten, ob Kundalini wirklich zu *Ajna* aufgestiegen sei.

Als Swamiji wieder einmal im unteren Raum des Gästehauses tätig war, sagte ich ihm, dass ich keine besonderen Erfahrungen hätte und fragte, ob Kundalini wirklich zu *Ajna* und zum Punkt *Makara* aufgestiegen sei, wie er mir am Tag nach seiner Rückkehr gesagt hatte.

„*Yes*", sagte er und murmelte nur noch, ohne auf meine Bedenken einzugehen, es sei eben nach den vielen Jahren der Blockade in *Vishuddha* sehr schnell gegangen.

Damit waren meine Zweifel nicht ausgeräumt, und ich begann mich, wie in den ersten Tagen, wieder zu fragen, ob er wirklich wusste, was in meinem Prozess vor sich ging, ob er tatsächlich ein Meister war. Meine Vorstellung von Kundalini war damals noch stark von der weit verbreiteten, nicht zuletzt aus den Schriften Gopi Krishnas gespeisten Auffassung geprägt, dass sie Genies hervorbringe; und in einem Kundalini-Meister, so meinte ich, müsse sich das natürlich besonders deutlich zeigen. Doch Swamiji entsprach in keiner Weise dem Bild, das ich mir in meinem hochgeistigen deutschen Elternhaus von einem Genie gemacht hatte.

Ein paar Bemerkungen aus dem Buch „Kundalini and Meditation" des Inders Arjan Dass Malik[21], das ich genau in diesen Tagen in Swamijis kleiner Bibliothek gefunden hatte, halfen mir dann, meine vorgefassten Ideen von Kundalini-Prozessen und ihren Auswirkungen zu korrigieren.

Zusammengefasst heißt es da: „Wir hingegen sind mit den Ansichten von Gopi Krishna, dass Kundalini Übermenschen hervorbringt oder den Funken der Genialität entfacht, nicht einverstanden. Kundalini ist eine Energie, und wie jede Energie, ist sie von Haus aus neutral. Die Ergebnisse hängen von der Anwendung ab. In Gopi Krishnas Fall scheint diese Energie zufällig in das Gehirn und den Intellekt geflossen zu sein und ihn zu einem raren Genie gemacht zu haben. Doch das war nur ein Zufall. Es gibt nicht viele Gurus, die Kundalini willentlich in eine Richtung lenken können. Jene aber, die es können, wie mein Guru, ziehen es vor, Kundalini zur Seele hinzuleiten. Physische und intellektuelle Gewinne aus einem Kundalini-Prozess sind bloßes Beiwerk."

Dann erinnerte ich mich auch, dass Gopi Krishna in einem Gespräch mit Gurucharan Singh Khalsa, der ihn in Kashmir besuchte, sehr deutlich zum Ausdruck gebracht hatte, dass er keine Ahnung davon habe, was in Kundalini-Prozessen vor sich gehe. Er sagte in die-

---

21 Arjan Dass Malik: Kundalini and Meditation: Manohar Publications, New Delhi 1994.

sem Gespräch: „Ich verstehe Kundalini immer noch nicht. Ich gehe nun seit siebenundzwanzig Jahren durch diese Erfahrung. Ich habe alte Texte übersetzt, doch sie sind in symbolischen Codes verschlüsselt. Bis zum heutigen Tag kann ich ihnen keine Lehre erteilen. Ich kann nur zur Forschung ermuntern."[22]

Swamiji hingegen hatte uns immer wieder genau erklärt, welche feinstofflichen Vorgänge in unseren sehr verschiedenen Prozessen abliefen und was die Übungen, die er uns gegeben hatte, bewirkten. Es fiel mir auch ein, dass mir eine Schülerin gleich zu Anfang erzählt hatte, wie sie ihm vor ein paar Tagen einen kleinen Flecken auf ihrem Handrücken gezeigt und er darauf gesagt habe, dass sie morgen einen entzündeten Gaumen und Zahnschmerzen bekommen werde. Und genau so war es dann auch.

Doch schon bald blieb keine Zeit mehr zum Grübeln. Die von Swamiji verordnete Ruhepause, die nie so recht stattgefunden hatte, war abgelaufen. Eine gute Woche nach dem Aufstieg der Kundalini zu *Ajna* hatte er mir dann eine neue, etwas schonendere Übung beigebracht, die vor allem aus dem alternierenden Atmen durch beide Nasenlöcher, dem Intonieren von *OM* und stiller Aufmerksamkeit bestand. Schon nach zwei, drei Tagen, wieder mit täglich vier Stunden Übung, ließen die körperlichen Empfindungen langsam nach. Dinge aus meiner Vergangenheit, die ich völlig vergessen oder verdrängt hatte, schoben sich mehr und mehr in den Vordergrund.

In den folgenden Tagen summte es während der Übungen, und oft auch danach in meinem Kopf, wie in einem Bienenstock. Immer wieder war deutlich spürbar, dass Kundalini in der linken Hälfte des Gehirns arbeitete. Es fühlte sich an wie ein schnelles, schmerzloses Hin- und Herfließen einer warmen Substanz in sehr feinen Kanälen. Irgendwann stellten sich Erinnerungen an die harten Nächte des Santo Daime ein und ich sah, wie rudimentär das Anrennen gegen die Blockade damals war. Nach ein paar Tagen wunderte ich mich, dass diese hochsensiblen Vorgänge im Gehirn bloß in der linken Seite des

---

22 Gurucharan Singh Khalsa: Exploring the Myths and Misconceptions of Kundalini. John White, editor: Kundalini, Evolution and Enlightenment. Paragon House, New York 1990.

Kopfes stattfanden und fragte Swamiji danach. Er sagte nur, die rechte Seite käme später an die Reihe – und genau so war es dann auch.

Schließlich begann sich meine höchst persönliche Vergangenheitsbewältigung mehr und mehr in Bildern abzuspielen, die vor mir auftauchten und bestimmte Situationen aus meinem Leben wieder ins Bewusstsein riefen. Diese Rückblenden schienen kein Ende zu nehmen, immer wieder drängten sich kleinere und größere, längst vergessene Episoden aus den Kellern meines Daseins nach oben.

Zu den ersten Bildern einer langen Serie, die während der Meditation oder in einer Art von Wachträumen hochkommen sollten, gehörte der schwarze, völlig entblößte Busen eines blutjungen Mädchens, das ich in einem Kokospalmenhain an der Küste Togos angetroffen hatte. Plötzlich schwebten diese wohlgeformten Brüste, die sich in großen, leicht nach oben gewölbten Brustwarzen fast noch einmal reproduzierten, losgelöst von ihrer Trägerin vor mir im dämmrigen Raum.

Ich hatte diese kurze Begegnung Anfang der sechziger Jahre, bei meinem ersten Aufenthalt in Afrika, völlig vergessen und auch, dass ich das hübsche Mädchen photographiert hatte, nachdem ich auf meine Kamera gezeigt und sie mit einem unbefangen Nicken ihre Zustimmung gegeben hatte. Damit war diese kurze Begegnung beendet, und ich fragte mich, warum diese schwarzen Brüste nach siebenunddreißig Jahren hier in Rishikesh, mitten in der Meditation, vor mir aufgetaucht waren.

Swamiji hatte uns erklärt, dass nach dem Aufstieg Kundalinis zu *Ajna* eine neue Phase des Prozesses beginnt, in der die angesammelten *Vasanas* und *Samskaras* allmählich, wie er sagte, verbrannt werden. Zuerst war ich mir nicht sicher, ob dieses Verbrennen mit der kaleidoskopischen Bilderflut längst vergangener Ereignisse und der Phantasien, die sich um sie rankten, schon angefangen hatte.

Doch bald war ganz klar, dass die Konfrontation mit meinen tief eingewurzelten *Vajra*-Inklinationen begonnen hatte. Die meisten dieser weit zurückliegenden, zum Teil völlig verblichenen Ereignisse drängten sich erst während meines zweiten Aufenthaltes bei Swamiji wieder ins Bewusstsein. Wir werden auf diese von *Kundalini Shakti* veranstaltete Rückschau im Kapitel „*Makara*, der springende Punkt" zurückkommen und dabei versuchen, bestimmte Charakteristika dieses Reinigungsprozesses und die daraus gewonnenen Einsichten aufzuzeigen.

Doch es gab auch schöne Momente, in denen deutlich wurde, dass der Prozess in ein neues Stadium eingetreten war. *Kundalini-Shakti* schien die frühen Nachmittagsstunden nach einer exzellenten vegetarischen Mahlzeit und einer halben Stunde erquickenden Schlafes besonders zu schätzen. Swamiji meinte auf meine diesbezügliche Frage, sie habe dann die Energien zur Verfügung, die sie für ihre Arbeit benötige. Schon vorher hatte er zu unserem ganz besonderen Vergnügen einmal gesagt, gutes Essen sei wichtiger als spirituelle Praxis.

Ich liebte diese intensiven Stunden nach dem Essen, und manchmal, wenn ich das Mittagsgeschirr abzuwaschen hatte, sagte ich, ich würde das später machen und zog mich in mein Zimmer zurück. An einem dieser Nachmittage klopfte eine der Schülerinnen an meine Tür und sagte, sie würden einen der kleinen Ausflüge machen, die Swamiji hin und wieder zu unserer Entspannung einschob.

Ich stand also auf, obwohl ich mitten im Prozess war, zog mich an und ging zum Auto. Wir fuhren nach Lakshman Jhula, gingen über die Hängebrücke auf die andere Seite des Ganges und dann wortlos auf einer ruhigen Straße flussaufwärts. Mir war schwindlig, und ich musste meine ganze Kraft aufwenden, um das Gleichgewicht zu halten. Dann liefen wir durch tiefen Sand zum Ganges hinunter, suchten einen Platz am Ufer zwischen den riesigen Steinen und jeder blieb allein mit sich am rauschenden Fluss. Bald schien es mir, als ob das kühle, grüne Wasser des Ganges durch meinen Kopf strömte. Dann begann er sich mit dem Orange von Swamijis Robe zu füllen, der sich weiter oben auf einen Felsbrocken gelegt hatte.

Als wir uns auf den Rückweg machten, dämmerte der Abend schon. Das letzte, fahle Licht des Tages milderte die grellen Farben der *Shiva*-Statue am Brückeneingang; und über den Seilen und hohen Pfeilern der Hängebrücke stand die noch ganz feine, höchstens drei Tage alte Sichel des zunehmenden Mondes. Sie ist ein Symbol für Lichterfahrungen im oberen Teil von *Ajna*, die in *Sat Cakra Nirupana* besungen werden. Dann fuhren wir schweigend zurück.

Als an einem der nächsten Tage wieder eine Schülerin bald nach dem Mittagessen an meine Tür klopfte und sagte, sie seien abfahrbereit, ich solle kommen, antwortete ich nicht. Ich hörte sie noch sagen: *„He is in the middle of nowhere"*, und dann überließ ich mich dem Prozess, der mit dem Eintritt von *Prana* durch die großen Zehen begonnen hatte und sich nun im Kopf verdichtete. Es war ganz ruhig im leeren Gästehaus. Ich lag bewegungslos auf dem Rücken und irgendwann, nach langer Zeit, begann ich *OM* vor mich hinzusingen, immer wieder und wieder. Dann stand ich auf und ging ohne ein Gefühl von Schwindel auf die Terrasse und schaute in die Sonne, die rot hinter den Bäumen unterging.

Das große OM

Langsam neigte sich der erste Aufenthalt in Rishikesh seinem Ende entgegen. Daher gab uns Swamiji hin und wieder Hinweise, wie wir uns in Zukunft, nach der Rückkehr in unseren Alltag, verhalten sollten. Er betonte, dass das Sauberhalten des feinstofflichen Körpers, wie uns die harten Reinigunsprozesse schon am eigenen Leib vorgeführt hatten, durch gute Ernährung und vernünftiges Leben die Grundlage eines störungsfreien Kundalini-Prozesses bilde.

Er riet uns auch, wie Eremiten zu leben, ohne wirklich solche zu sein. Wir sollten uns nicht aus dem Leben zurückziehen, sondern in einem normalen Dasein Platz für die spirituellen Belange schaffen. Dann wies er nachdrücklich darauf hin wie wichtig es sei, eine gute Arbeit und ein gesichertes Einkommen zu haben. Im Westen sei es in der gegenwärtigen Zeit, sagte er, ohne gesunde wirtschaftliche Basis kaum möglich, den Anforderungen eines auf das Spirituelle ausgerichten Lebens gerecht zu werden. Es war offensichtlich, dass er diese Einsichten im Vorjahr bei seinem ersten Besuch in den USA gewonnen hatte.

Dann machte er uns anhand der Metaphern, mit denen die verschiedenen Stadien eines Kundalini-Prozesses beschrieben werden, auf die tiefgreifenden Veränderungen aufmerksam, die sich nach dem Aufstieg der Kundalini zum Stirn-*Chakra* einstellen. Solange Kundalini in *Muladhara*, im Wurzel-*Chakra*, gefangen ist, spricht man – und das ist die bekannteste bildliche Entsprechung – von einer eingerollten schlafenden Schlange. Wenn sie zum Herz-*Chakra* hochgeklettert ist, ist die Rede von einem geflügelten Wesen, einem Vogel, einem Drachen oder einem fröhlich flatternden Schmetterling.

Nach dem Aufstieg zu *Ajna*, sagte Swamiji, werde man zu einer Art von *„spacewalker"*, zu einem Wanderer im Raum, der nicht wisse, wohin er gehe und doch wisse, dass die Richtung, die er eingeschlagen habe, stimme. In diesem Stadium könne einem jedoch, wenn man sich nicht in Acht nehme, das Wechselspiel der drei *Gunas* zu schaffen machen, also die sich unentwegt ändernden Einflüsse aus einer übergeordneten Ebene. Schon bald, zuerst in Deutschland und dann in Brasilien, merkte ich, wie genau diese Metapher meinen Zustand beschrieb.

Allmählich wurde es im Gästehaus immer stiller. Ein Schüler nach dem anderen reiste ab. Nur ich war für eine weitere Woche geblieben. Swamiji bereitete sich auf seinen zweiten Aufenthalt in den USA vor und hatte wenig Zeit. Wahrscheinlich war es gut, dass ich nicht alle meine Fragen los wurde, sondern mich in langen Spaziergängen am Ganges auf die Rückkehr in ein sehr andere Welt vorbereiten konnte. In einer der letzten Nächte vor meiner Abreise geschah dann etwas, das mich tief beeindruckte und mir wie eine Bestätigung dafür erschien, dass Swamijis Arbeit einige Oktaven höher angesiedelt war als alles, was ich bisher kennengelernt hatte.

Nur Swamiji und ich waren in den unteren Räumen des Gästehauses zurückgeblieben, dessen Türen mit ihren altmodischen Vorhängeschlössern jeden Abend sorgfältig verriegelt wurden. Der Nachtwächter des Wohnviertels, der mit seinem großen Stock und seiner Trillerpfeife, mit denen er Nacht für Nacht lautstark demonstrierte, dass er seine Arbeit verrichtete, war, wie ich im leichten Schlaf registriert hatte, schon zwei oder dreimal vorbeigekommen. Es muss also gegen zwei Uhr Morgens gewesen sein, als ich von einem *OM* geweckt wurde, das weit stärker und eindringlicher war als alle *OM*-Laute, die ich bis dahin gehört hatte, die von vier- bis fünfhundert Menschen in riesigen Sälen zur Eröffnung internationaler Konferenzen eingeschlossen.

Dieses nächtliche *OM* war so voll, so wohlklingend und zugleich von einer so außerordentlichen Intensität, dass ich sofort den Eindruck gewann, es könne nicht von einer menschlichen Stimme stammen. Es war nicht wie das übliche Hören eines Lautes, eher so, als ob die Tonschwingungen nicht von außen gekommen, sondern im Ohr selbst entstanden seien. Ich spürte, wie dieses machtvolle *OM* in meinem ganzen Körper vibrierte und für lange Zeit in allen Fasern nachklang. Dann lag ich, bis die Sonne aufging, schlaflos und tief bewegt im Bett und fragte mich, woher dieses überirdische *OM* gekommen sei.

Dass Swamiji, dessen eher verhaltenes, gutturales *OM* ich sehr genau kannte, diesen kraftvollen Ton nicht hervorgebracht hatte, war völlig klar. Genauso klar war, dass niemand das Haus betreten hatte. Der Eingang lag unmittelbar neben meinem Zimmer, das laute Umdrehen der großen Schlüssel und das Aufziehen der Sicherheitsvorrichtung hätte ich nicht überhört, vor allem weil mein Schlaf nach den vielen durchwachten Stunden im harten Prozess des ersten Jahres noch sehr leicht war. Und natürlich konnte solch ein überirdisches *OM* auch nicht von irgendwelchen Eindringlingen stammen.

Also fragte ich Swamiji am nächsten Morgen, während er die Terrasse kehrte, so beiläufig wie möglich, woher dieses *OM* der letzten Nacht gekommen sei. Er arbeite nicht nur hier in diesem Haus, sagte er, sondern auch in anderen Bereichen. Als ich nachhakte, fügte er in einem Ton hinzu, dem zu entnehmen war, dass er nicht mehr sagen werde, dass ein hoher Besucher aus einer anderen Ebene gekommen sei und sich mit diesem *OM* eingeführt habe. In den folgenden Jahren machten mir weitere außergewöhnliche Vorkommnisse deutlich, dass Aktivitäten auf anderen Ebenen mit ihren sehr unterschiedlichen Anforderungen zu den Aufgaben eines Kundalini-Meisters gehören.

Schließlich brachte Swamiji auch mich nach Delhi zum Flughafen. Während der Fahrt stellte ich noch ein paar Fragen, während er mich an das eine oder andere erinnerte. Der Abschied war wortlos. Nach einer weit nach oben ausholenden Bewegung umarmte er mich, nicht kurz, nicht lange, nicht zärtlich, nicht Abschied nehmend, aber sehr fest – und ich wusste, der Meister hatte den Schüler jetzt auf seinen Weg geschickt. Eine starke Emotion ergriff mich. Ich ging in die Abflughalle, erledigte die üblichen Prozeduren und flog dann zurück in meine alte Welt, die mir oft sehr fremd vorkommen sollte.

Ereignisreiche Zwischenzeit

Kurz vor meiner Rückreise, als Swamiji für einen Tag nach Delhi gefahren war, bekam ich einen ersten Vorgeschmack von dem, was mich in Kürze erwarten sollte. Nach langer Zeit war ich wieder einmal ins kleine, aber geschäftige Rishikesh gegangen, um noch ein paar Mitbringsel zu kaufen. Der Verkehr, die vielen Menschen, das unentwegte Hupen waren weit entfernt und zugleich vibrierten sie tief in meinem Inneren. Nach meiner Rückkehr nach München und Rio de Janeiro vermied ich Orte, auf die sich die großstädtische Betriebsamkeit konzentrierte. Kaufhäuser gehören in diese Kategorie. Später hörte ich oft die Geschichten anderer über die erhöhte Sensibilität im akuten Stadium innerer Prozesse. Im Laufe der Zeit wächst jedoch eine Art Hornhaut um den hochsensiblen Kern.

In den neun Monaten bis zu meinem zweiten Aufenthalt in Rishikesh verlangsamte sich der Prozess. Das Auftauchen vergangener Ereignisse wurde von der Auseinandersetzung mit höchst aktuellen Problemen verdrängt. Ich hatte mich, wenige Wochen nachdem ich nach Rio de Janeiro zurückgekehrt war, von meiner Frau getrennt. Der Entschluss zu dieser Trennung war nicht in den zwei Monaten bei Swamiji in Rishikesh gereift. Ich wusste schon bevor ich nach Indien flog, dass dieser Schritt unvermeidlich war und hatte die bevorstehende Trennung das eine oder andere Mal in Gesprächen mit Mitschülern erwähnt.

Da ich nach der Rückkehr die Ereignisse, die zu dieser Trennung führten, aus einer größeren Distanz sah, die nicht Frucht des ohnehin geringen zeitlichen Abstands, sondern einer neuen, erweiterten Sicht aus einer höheren Warte war, ging ich mit großer Gelassenheit durch diese schwierige Phase. Den Ablauf dieses Dramas nicht als armer Betroffener, sondern als ein Beobachter unvermeidlicher Geschehnisse zu durchleben, war sicherlich erst durch die Auflösung der Blockierung im Kehlkopf-*Chakra* und durch den Aufstieg der Kundalini zu *Ajna* möglich geworden.

Später erkannte ich dann, dass sich hinter den vordergründigen Ereignissen, die zum Scheitern dieser Ehe geführt hatten, eine andere Dimension verbarg. Dieses umfassendere Verständnis, auf das wir noch kommen werden, verdanke ich Erklärungen Swamijis, dem Überdenken zurückliegender Ereignisse und vor allem einer langsamen Ausweitung meines beschränkten Horizonts, die nach dem Durchbrechen der Blockade im Kehlkopf-*Chakra* begonnen hatte.

Nach der Trennung zog ich in ein kleines Appartement, weit unter dem, was man gemeinhin als seinen 'sozialen Status' bezeichnet, und merkte schnell, dass man in Rio de Janeiro, das mehr und mehr in Kriminalität versank, im Milieu des unteren Mittelstands, in dem es nicht viel zu holen gibt, sicherer lebt als in den vornehmeren Vierteln. Zuerst beanspruchte mich der Kauf von ein paar Möbeln und den wichtigsten Utensilien. Doch bald fühlte ich mich wohl in dieser kleinen Wohnung, die ich als eine Übergangslösung für ein paar Monate angesehen hatte und die dann für längere Zeit mein Zuhause bleiben sollte.

In dieser Zwischenzeit meditierte ich jeden Morgen, ernährte mich, wenn immer möglich, so wie ich das in Indien gelernt hatte und hielt mich im Großen und Ganzen an die Lebensregeln für *Spacewalker*, die uns Swamiji mit auf den Weg gegeben hatte. Oft fühlte ich mich wie ein Fremdling in dieser Stadt, die ich vor vielen Jahren zu meiner Wahlheimat machen wollte. Aber es störte mich nicht. Mein wichtigstes Anliegen in diesen Monaten zwischen dem ersten und zweiten Aufenthalt in Rischikesh war es, den auf kleinerer Flamme weiterbrodelnden Prozess nicht zu stören.

Mitunter wallten die alten *Vajra*-Einflüsse wieder auf, die, wie ich dann in Rishikesh bald merken sollte, noch längst nicht getilgt waren. Doch ich empfand es nicht als schwierig, allein und sehr zurückgezogen zu leben. Es war ein wenig so, als ob ich im selben Gebäude in ein höheres Stockwerk umgezogen war und eine größere Übersicht gewonnen hatte, die den Drang verringerte, sich ins mondäne Leben zu stürzen und tausenden nicht sehr wichtigen Dingen nachzujagen.

Ajna – Tor zu höheren Bereichen

Die neun Monate bis zum zweiten Aufenthalt bei Swamiji waren schnell vergangen. Die Rückkehr nach Rishikesh hatte etwas von einem Nach-Hause-Kommen an sich. Doch für sentimentale Anwandlungen blieb keine Zeit. Schon am zweiten Tag gab mir Swamiji neue, sehr anstrengende Übungen.

Diese neuen Übungen waren ganz anders als alle bisherigen. Sie bestanden aus sechs Segmenten. In drei aufeinanderfolgenden, durch das Intonieren von *OM* voneinander abgesetzten Teilstücken musste ich, mit kleinen Variationen der Haltung, die Arme erst nach vorne und dann an beiden Seiten des Kopfes senkrecht in die Höhe strecken. Nur eine dieser Übungen kam aus dem klassischen Yoga. Die anderen hatte Swamiji, wie er sagte, auf Kirchenfenstern in Notre Dame und Chartres gesehen. Auch darin zeigte sich, dass Spiritualität, worauf er immer wieder hinwies, und mithin auch spirituelle Praktiken keine Grenzen kennen, sondern universell sind.

Anfangs beanspruchte das bloße Hochhalten der Arme für gute dreißig Minuten meine Kräfte. Doch schon sehr bald, mit fast vier Stunden Praxis pro Tag, beschleunigte sich der Prozess wieder. Starke wellenartige Ströme begannen in einem breiten Band über den Rücken nach oben zu strömen, und oft ging das auch nach den Übungen noch lange Zeit weiter.

Manchmal fühlte es sich an, als ob ich an eine Starkstromleitung angeschlossen war. Nichts anderes, notierte ich damals, reduziert das Ego so sehr wie dieses nächtliche Empordrängen überaus starker Energien. Doch diese energetischen Vorgänge liefen jetzt ohne *Kriyas*, also ohne Dramatik ab. In einer dieser Nächte schlief ich während dieses prickelnden Hochfließens ein, und als ich am frühen Morgen aufwachte, flossen die Wellen immer noch unvermindert stark nach oben.

Durch das Hochstrecken der Arme strömen die Haupt-*Vayus*, die, wie wir gesehen haben, bestimmte Funktionen im Körper erfüllen, nach oben in den Kopf. Das bringt ein gewisses Abgehobensein, eine Art von sphärischem Gefühl mit sich. Die vereinte Kraft der hochstrebenden *Vayus* sollte darum auch, wie Swamiji mir erklärt hatte, über das persönliche, erdnahe Energiefeld hinaus in den darüberliegenden Bereich führen, der etwa zwei Handbreiten über dem Kopf beginnt.

Manchmal löste dieses Emporströmen auch ein flaues Gefühl im Magen aus. Auf meine Frage, worauf diese Verstimmung zurückzuführen sei, sagte Swamiji, wenn *Samana Vayu*, der vor allem die Verdauungsvorgänge in der Magen- und Bauchregion reguliert, nach oben drängt, könne das eine vorübergehene Schwächung in diesem Bereich auslösen.

Selbst solche kleinen Störungen im feinstofflichen Energiefeld machen deutlich, dass man nicht einfach Übungen aus Büchern übernehmen und auch bei der Wahl eines Lehrers sehr vorsichtig sein sollte. Bei einem späteren Aufenthalt in Rishikesh wurden mir dann die Folgen der Schwächung von *Samana Vayu*, die ich selbst durch zu großen Eifer verursacht hatte, noch deutlicher vorgeführt.

Irgendwann in diesen Tagen fiel mir ein, dass ich vor fast genau zehn Jahren das erste Mal in Indien gewesen war und bei den geduldigen Jains mit dem Meditieren begonnen hatte. Damals war all das, was jetzt vor sich ging, graue Theorie, die mich brennend interessierte, doch eigene Erfahrungen im feinstofflichen Bereich erschienen mir völlig unerreichbar.

In diesem zweiten Jahr gab Swamiji am Abend Unterricht, meist zwei bis drei Stunden, manchmal auch länger. Drei der Schüler waren schon im Vorjahr bei ihm gewesen, drei neue hatten sich dazugesellt. Den Beginn des Unterrichts, von dem ich noch heute zehre, hatte Swamiji auf den zweiten Tag nach meiner Ankunft gelegt. Mit vier Stunden Praxis, dem Niederschreiben der Erfahrungen, dem abendlichen Unterricht, dem Ausarbeiten der Notizen vom Vortag und dem Klären des einem oder anderen Details in Swamijis Bibliothek waren die Tage voll ausgefüllt.

In diesen intensiven Wochen entstand aus angelesenen, oft zusammenhanglosen Bruchstücken langsam ein genaueres Bild von den Vorgängen im feinstofflichen Bereich; und da wir zwischendurch immer wieder Fragen stellen konnten, wurden falsche Vorstellungen ausgeräumt und viele halbverstandene richtig gestellt. Zugleich aber und ganz unvermeidlich wurde mir schmerzlich bewusst, wie wenig ich von dieser uralten, hochpräzisen Wissenschaft wusste.

Ab und zu, wenn Swamiji sagte, im Grunde müsse man Sanskrit lernen, um wirklich in diese Dinge einzudringen, vertiefte sich dieses schmerzliche Gefühl noch. Als ich einmal eher spielerisch zurückgab, ich würde das aus Altersgründen auf das nächste Leben verschieben, meinte er, dann müsse ich halt wiedergeboren werden; und es war unüberhörbar, dass in diesen Worten eine Spur von Verachtung mitschwang für diese nach indischer Auffassung grundfalsche Vorstellung vom Ziel des Lebens. In solchen Momenten wurde mir klar, wie weit ich von dieser Welt entfernt war, die man in ein paar Flugstunden erreichen kann.

Durch Swamijis Unterricht und seine Erklärungen über die sehr unterschiedlichen Erfahrungen, die von den Übungen ausgelöst wurden, begann ich langsam zu verstehen, welche qualitativen Veränderungen ein Kundalini-Aufstieg zu *Ajna*, dem Stirn-*Chakra*, mit sich bringt.

Swamiji unterschied sehr klar zwischen dem unteren und dem oberen Teil des Stirn-*Chakras*, in dem Kundalini, wie wir gesehen haben, auf das dritte und schwierigste Hindernis in *Sushumna Nadi*, auf *Itara Linga* mit seiner diamantharten Kappe, stößt. Sieben der insgesamt zehn Stationen im Stirn-*Chakra* befinden sich unterhalb dieses größten Prüfsteins.

In *Manasthana*, der vierten dieser sieben Stationen, laufen alle mentalen Vorgänge ab, die im Sanskrit unter dem Wort *Manas* zusammengefasst und im Englischen als *mind* bezeichnet werden. *Manasthana* steht über eine *Nadi* in enger Verbindung mit einem untergeordneten feinstofflichen Zentrum, das rechts von unserem Herzen liegt und *Manas-Chakra* heißt. Auf den acht Blütenblättern von *Manas-Chakra* sind die mentalen Neigungen, *Vrittis* genannt, die auf den verschiedenen Stufen der inneren Entwicklung vorherrschen, mit der außerordentlichen Genauigkeit aufgezeichnet, die mich an diesem uralten System und seinen psychologischen Entsprechungen immer wieder fasziniert.

Wenn die mentalen Vorgänge von *Manasthana* sich in dem kleinen *Manas-Chakra* manifestieren, werden *Vayus* in Bewegung gesetzt, die, wenn die sehr speziellen Voraussetzungen dafür gegeben sind, ein weiteres feinstoffliches Zentrum aktivieren, das links vom Herzen liegt und *Hrid Padma* genannt wird. Das führt zu einer nicht sehr häufig auftretenden Art von Kundalini-Prozessen mit sehr tiefen Erfahrungen, die von vielen Heiligen der Katholischen Kirche, die nie von Kundalini gehört haben, sehr genau beschrieben wurden und aufs engste mit dem „Heiligen Herzen Jesu" verbunden sind. Wir werden später auf diesen Vorgang, der *Hrid*-Prozess genannt wird, zurückkommen.

Der andere Punkt, der noch unterhalb der harten Kappe von *Itara Linga* liegt, das Fenster der Hellsichtigkeit, hat mit den besonderen Fähigkeiten zu tun, die sich oft mit dem Erreichen *Ajnas* und der Aktivierung zusätzlicher Gehirnzentren einstellen. Nicht von ungefähr wird das Stirn-*Chakra* auch „Drittes Auge" genannt. *Siddhis*, wie man diese, häufig für das wichtigste Ergebnis eines Kundalini-Aufstiegs gehaltenen besonderen Fähigkeiten nennt, treten auf diesem Niveau in verstärktem Maße und dauerhafter auf als in fehlgeleiteten Kundalini-Prozessen. Doch in den meisten spirituellen Disziplinen wird vor ihnen gewarnt, da sie vom eigentlichen Ziel ablenken.

In *Itara Linga* selbst steht *Shiva*, der hier in seiner Form als *Ardhanarishvara*, zur Hälfte männlich und zur Hälfte weiblich, dargestellt wird. Gott und Göttin sind in einem Körper vereint, aber noch nicht zu einer Einheit verschmolzen. Auf der Höhe des sechsten *Chakras* soll also die Dualität von männlich und weiblich, die Identifikation mit dem eigenen Geschlecht, überwunden werden. Die dahinterliegende Polarität hingegen, wie die Darstellung von zwei klar identifizierbaren Hälften in einem Körper anzeigt, bleibt auf diesem Niveau noch erhalten. Diese Metapher bringt sehr klar zum Ausdruck, dass mit dem Aufstieg der Kundalini in den oberen Teil des Stirn-*Chakras* eine neue Bewusstseinsebene, aber noch nicht das Ziel erreicht ist.

Wenn Kundalini dann auch die diamantharte Kappe von *Itara Linga*, dem dritten und größten Prüfstein auf ihrem Weg nach oben, durchstoßen hat und über zwei weitere Stationen bis zu *Makara*, dem letzten und höchsten Punkt in *Ajna*, aufgestiegen ist, beginnt der lange, tiefgreifende und oft sehr schwierige Reinigungsprozess, der eine völlig neue und entscheidende Phase darstellt. Er entspricht dem Kehren der Kirche vor dem Beten, und deswegen heißt es, und auch Swamiji hat dies oft gesagt, dass ein wahrhaft spirituelles Leben erst mit dem Aufstieg Kundalinis zum Punkt *Makara* möglich wird.

Die drei Prüfsteine, die *Kundalini Shakti* auf ihrem Weg nach oben überwinden muss, machen das besonders deutlich. Denn wenn die Kappe des ersten *Linga* im Wurzel-*Chakra* hart wie Stein war, die zweite in *Anahata* die Härte eines Kristalls hatte, dann wird der dritten Kappe auf *Itara Linga* der Härtegrad eines Diamanten zugeschrieben. Nichts könnte den Wechsel in eine höhere Ebene, den Qualitätssprung, der mit dem Erreichen *Makaras* stattfindet, besser zum Ausdruck bringen als diese Metaphern, die uns sehr deutlich zeigen, dass die Anforderungen auf dem spirituellen Weg umso größer werden, je höher man geklettert ist.

6

Makara – der springende Punkt

Die fünf Hüllen

Schon ganz zu Anfang meines zweiten Aufenthaltes in Rishikesh hatte eine winzige Episode, so schien es mir, den Übergang von den leichtfüßigen *Spacewalker*-Tagen zum harten und langwierigen Aufarbeiten der tief eingenisteten Niederschläge aus meinen *Vajra*-Jahre angezeigt.

Als ich nach dem Durchbruch des Engpasses und dem Aufstieg der Kundalini zum Stirn-*Chakra* und dem springenden Punkt *Makara* wieder nach Deutschland zurückgekommen war, hatte ich oft so wenig Boden unter den Füßen und wandelte so abgehoben im Raum, dass es mir schien, ich müsse für dieses neue, höchst ungewohnte Lebensgefühl einen Ausdruck oder ein Gegengewicht im Materiellen schaffen. Daher kaufte ich in jener Straße Münchens, in der ich auf die Welt gekommen bin, einen Platin-Ring. Platin ist das Metall, das dem Stirn-*Chakra* zugeordnet ist. Ich hatte nie zuvor einen Ring getragen. Doch in jenen Tagen drehte ich den neuen Ring, obwohl er mir sehr fremd war, immer wieder um den Finger.

Wenige Tage nach meiner Rückkehr nach Rishikesh rutschte dieser Platin-Ring während meiner üblichen Morgengymnastik beim kraftvollen Drehen der Arme vom Finger, prallte auf den Steinboden der Terrasse auf, gab einen metallhellen Ton von sich und sprang dann wohl in das wuchernde Unkraut eines unbebauten Nachbargrundstücks. Ich habe ihn nicht gesucht. Er hatte seine Funktion erfüllt und konnte getrost, wie so vieles in diesen intensiven Tagen, aus meinem Leben verschwinden.

Um die qualitativen Veränderungen nach dem Erreichen *Makaras* und die besonderen Eigenschaften des Reinigungsprozesses zu verstehen, müssen wir die Lehre von den fünf Hüllen *(Koshas)* heranziehen, die unseren eigentlichen, meist Seele genannten Wesenskern umkleiden. Sie ist eine der Grundlagen von *Kundalini Vidya*, der über Jahrhunderte aus direkten Erfahrungen gewonnenen Wissenschaft von Kundalini, und nimmt einen zentralen Platz im kohärenten Systems ein, auf dem Swamijis Arbeit fußt.

Die äußerste dieser fünf Hüllen ist unser grobstofflicher, physischer Körper *(Annamaya Kosha)*. Die nächsten drei Hüllen bilden zusammengenommen den subtilen oder feinstofflichen Körper, der auch Astralleib genannt wird. In ihnen läuft der größte Teil der wahrnehmbaren Vorgänge eines Kundalini-Prozesses ab. Schließlich folgt die fünfte und innerste Umkleidung der Seele. Sie wird Kausalkörper *(Anandamaya Kosha)* genannt. Sie ist die allerfeinste der fünf Hüllen und ist dem absoluten Bewusstsein schon sehr nahe. Daher gehen aus ihr die von Schritt zu Schritt immer dichter werdenden Hüllen des feinstofflichen und zuletzt auch unser grobstofflicher Körper hervor. Diese Abfolge von Hüllen wird oft mit einer Zwiebel verglichen, bei der man mit jeder Schale, die man entfernt, dem Allerinnersten, der Essenz, näherkommt.

Um diesen Vorgang zu verstehen, der die zur Zeit noch vorherrschende Auffassung von Entwicklungsprozessen auf den Kopf stellt, muss man sich daran erinnern, dass in den Schöpfungsgeschichten der großen Religionen die Materie aus dem Geist entspringt und dann, diesem Prinzip folgend, in einer langen Kette von Vorgängen das Gröbere aus dem jeweils vorgeordneten Feineren entsteht. Zuerst war der Urklang *OM*, oder, wie es in der Bibel heißt, das Wort, und aus seinen Schwingungen ging alles Weitere hervor. Es sieht ganz so aus, als ob wir uns an diese uralte Sicht der Dinge wieder gewöhnen müssen, da sie inzwischen von der Quantenphysik auch experimentell bestätigt wird.[23]

---

23 Amit Goswami, a.a.O.

Dass die These, nach der dem Geistigen mehr Kraft innewohnt und somit die Materie aus ihm hervorgeht, nicht einfach aus der Luft gegriffen ist, wird von einem ganz einfachen, unbestreitbaren Faktum untermauert, das, wie so vieles in dieser althergebrachten Wissenschaft, auf der Beobachtung natürlicher Gegebenheiten beruht: Ohne Nahrung, die mit dem dichtesten Element, der Erde, in Verbindung steht, kann man Wochen überleben, ohne Wasser, ohne zu trinken, nur einige Tage, ohne das wärmende Element Feuer kann man schon in einer einzigen Nacht erfrieren, und ohne das noch weit feinere vierte Element Luft – mit dem wir obendrein *Prana*, den Lebensodem, aufnehmen, der dem fünften Element zugeordnet ist – stirbt man schon nach wenigen Minuten.[24] Diese Abfolge zeigt sehr deutlich, dass das Subtilere lebenswichtiger und bedeutungsvoller ist als das Gröbere und ihm somit vorgeordnet ist.

Viele Menschen identifizieren sich so weitgehend mit ihrem Körper, dass sie die Existenz der anderen, subtileren Hüllen gar nicht zur Kenntnis nehmen. Sie gehen, wie der englische Schriftsteller Alan Watts diesen Zustand treffend nannte, als ein *skin encapsulated ego*, ein von Haut umschlossenes Ich, durchs Leben. Andere, die schon etwas weiter entwickelt sind, identifizieren sich vor allem mit ihren Gedanken und Gefühlen. Diese Bindungen an den physischen Körper oder an die beiden dichteren Hüllen des feinstofflichen Leibes werden in den spirituellen Traditionen als Ignoranz, als ein Nichterkennen der tieferen Zusammenhänge der menschlichen Existenz gewertet.

Der feinstoffliche Körper, mit dem wir es hier vor allem zu tun haben, wird in vielen esoterischen Schulen, obwohl er aus drei Hüllen besteht, als ein einheitliches Gebilde angesehen. Er ist es auch, der bei außerkörperlichen oder Nah-Tod-Erfahrungen und wenn wir sterben aus dem physischen Körper austritt. In unserem Zusammenhang ist es jedoch wichtig, zwischen den drei Hüllen, aus denen er besteht, zu unterscheiden.

Die erste dieser Hüllen, die dem grobstofflichen Körper am nächsten ist und als Bindeglied zu ihm dient, wird energetischer oder

---

24 Oscar Marcel Hinze, Theodora Hugentobler: Der Lichtweg des Samkhya. Akademie für Phänomenologie und Ganzheitswissenschaft, Moos/Weiler 1996.

Ätherkörper *(Pranamaya Kosha)* genannt. Er ist das Aktionsfeld von *Prana*, genauer genommen der fünf Haupt-*Vayus*, deren Funktionen wir schon beschrieben haben, der fünf Neben- und der vielen ihnen untergeordneten kleineren *Vayus*. Somit gehören zu diesem Leib auch die *Nadis* und die *Chakras*, in denen *Prana* sich bewegt und wirkt. Unsere Lebensenergie, Bergsons *elan vital*, fließt also vor allem in dieser zweiten Hülle.

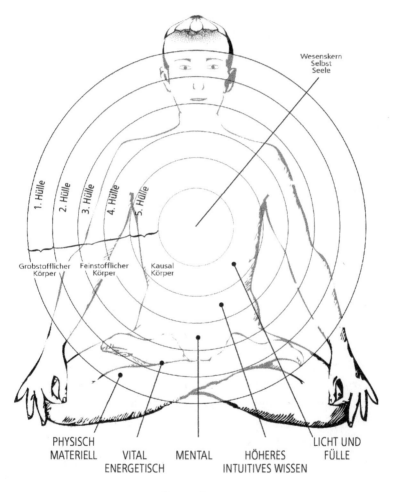

DIE FÜNF HÜLLEN

An dritter Stelle und genau in der Mitte der Hüllenfolge, die man sich wie einen von fünf immer größer werdenden Kreisen umgebenen Kern vorstellen kann, befindet sich die mentale Hülle *(Manomaya Kosha)*, die den Verstand und unsere Fähigkeit zu denken und zu handeln beherbergt. In ihr laufen alle mentalen Prozesse ab, unsere Wahrnehmungen, ihre Verarbeitung, die aus ihnen resultierenden Handlungsimpulse sowie die Gedanken und Gefühle, sowohl die bewussten als auch die unbewussten. Im Englischen werden die vielfältigen Funktionen dieser dritten Hülle unter dem Wort *mind* zusammengefasst, das wir später der Einfachheit halber ein paar Mal benutzen werden. Es entspricht in etwa dem Sanskrit-Begriff *Manas*.

Die schon erwähnten *Vasanas* und ein guter Teil der *Samskaras* nisten sich vor allem in dieser Hülle ein; und in ihr macht sich auch unser Ego zu schaffen, das im Sanskrit umfassender als *Ahamkara* bezeichnet und sehr treffend als „Ich-Macher" übersetzt wird[25], der die physischen, mentalen und psychischen Gegebenheiten unseres Daseins als seine höchst eigenen reklamiert. Diese dritte mentale Hülle ist der Bereich, auf den sich die klassische westliche Psychologie konzentriert.

Die vierte Umkleidung schließlich *(Vijnanamaya Kosha)*, die noch Teil des feinstofflichen Körpers ist, beherbergt eine Art höherer Intelligenz, die den vielfältigen Denkvorgängen der mentalen Hülle deutlich übergeordnet ist. Die Intuition, die innere Stimme und ein unbestechliches, vom Wechselspiel der Gedanken und Gefühle nicht getrübtes Unterscheidungsvermögen sind hier zu Hause – also nicht das erlernte und reflektierte, sondern ein tieferes, intuitives Wissen, zu dem auch gehört, was wir als unser Gewissen empfinden.

Diese vierte Hülle dient als Bindeglied zwischen den feinstofflichen Körpern und dem Kausal-körper *(Anandamaya Kosha)*, der fünften und letzten Umkleidung unseres Wesenskerns, und ist somit dem göttlichen Licht, das unser ganzes Wesen durchstrahlt, schon sehr nahe. Wir werden auf den Kausalleib und seine Eigenschaften in dem Abschnitt „Abgrenzungen nach unten und oben" zurückkommen.

Die angeborene, unbestechliche und lichtnahe Intelligenz der vierten Hülle wird auch *Buddhi* genannt. Sie verkörpert den höchsten Aspekt

---

25 Georg Feuerstein: The Shambhala Encyclopedia of Yoga. Shambhala, Boston 1997.

der menschlichen Psyche, der der unentwegt fluktuierenden mentalen Aktivität entrückt ist und ungetrübte, reine Erkenntnis ermöglicht. In die herkömmliche westliche Psychologie hat diese übergeordnete Instanz, die wir tief in unserem Inneren spüren, keinen Eingang gefunden. Sie beschränkt sich zumeist, wie schon erwähnt, auf die mentalen Abläufe der dritten Hülle.

Wenn Kundalini die diamantharte Kappe von *Itara Linga* durchstoßen hat und bis zum Punkt *Makara* aufgestiegen ist, dann hat sie diese vorletzte Hülle und die höhere Intelligenz dieser lichtnahen Ebene erreicht. In der Regel beginnt dann der langwierige Reinigungs- und Restaurationsprozess, der sich von allem Vorangegangenen grundlegend unterscheidet und zu tiefgreifenden, qualitativen Veränderungen im Leben führt. Erst nachdem diese Generalüberholung vollzogen ist, kann Kundalini die letzten Stufen auf ihrem langen Weg nach oben erklimmen. Wir werden uns zuerst dem Reinigungsprozess zuwenden, der nach dem Erreichen *Makaras* einsetzt, und dann kurz die sehr viel seltener begangenen Wege durch die oberen Gefilde umreißen.

Aufarbeitungen

Während der radikalen inneren Säuberung, die sich gegen Ende des ersten Jahres in Rishikesh schon angekündigt hatte, drängte nun eine Vielfalt tief abgesunkener mentaler Impressionen aus lang zurückliegenden Geschehnissen an die Oberfläche. Dieses Wieder-Heraufholen geschah in Träumen, Wachträumen und bei klarem Bewusstsein, am Tag oder in langen Nächten.

Die nicht abreißende Flut innerer Bilder führte zu Reflexionen, die zusätzliche Details ans Licht brachten, und im Nachhinein ist schwer zu unterscheiden, in welcher dieser Kategorien sich dieser intensive Prozess vor allem vollzogen hat, umso weniger da die Zeit in diesem zweiten Jahr mit Swamijis Unterricht nicht ausreichte, um Tag für Tag detaillierte Aufzeichnungen zu machen. Auch lag die große Eindrücklichkeit dieses Prozesses mehr in seiner Ganzheit als in den Details.

Um eine Vorstellung von der Vielfalt der ins Bewusstsein gehobenen

Impressionen zu geben, die sich oft mit den gewohnten rein physischen Erfahrungen abwechselten, werde ich ein paar dieser Rückblenden in stark verkürzter Form aufzählen: Der 'innere Schweinehund' tauchte beim anfänglich so anstrengendem Hochhalten der Arme wieder auf – und mit ihm die Kriegsjahre. Ein Tiefflieger-Angriff in unmittelbarer Nähe unserer Kaserne lief vor mir ab, von dem ich bis heute nicht weiß, ob er tatsächlich stattfand oder ob ich von ihm nur geträumt hatte. Diese Frage klärte auch die Rückblende nicht.

Die Klitoris beschäftigte mich in einer Nacht, mehr theoretisch als praktisch. Mein erotisch engagierter Vater hatte mich schon frühzeitig über dieses kleine, aber wichtige Gegenstück des Penis aufgeklärt. In einer anderen Nacht war ich plötzlich wieder in der Straße mit ihren Bäumen, in der ich zu Beginn des Korea-Krieges Angst bekam vor einem neuem Weltkrieg, so kurz nach dem gerade beendeten. Ich musste mir auch ansehen, wie ich als Sechs- oder Siebenjähriger bei der Einweihung der neuen, sehr kalten Katholischen Kirche unserer Gemeinde in die Hose gemacht hatte, weil ich mich nicht traute, während der Heiligen Messe aufzustehen und zur Toilette zu gehen.

Auch eine abendliche Busfahrt von Agra nach Delhi, gegen Ende meiner ersten Reise nach Indien, vor einem guten Jahrzehnt, lief wieder vor mir ab. Vor mir saßen drei indische Kinder, die bei jedem Pfau ausriefen – und es gab unendlich viele auf den vorbeiziehenden Feldern – *„a peacock, a peacock"*, ein stundenlanges Spiel, das durch seine unendliche Wiederholung noch an Charme gewann. In einer anderen Nacht durchlebte ich noch einmal den in monatlichen Wellen wiederkehrenden Verlust des Tast- und Geschmackssinns während des Studiums in München, der von leichten Sehstörungen begleitet war. Erst als ich gemerkt hatte, dass mein veränderter Zustand niemandem auffiel, lernte ich mit diesen besorgniserregenden Phänomenen umzugehen.

Doch der rote Faden dieses – wenn man die letzten Nachzügler miteinbezieht – sich über gute drei Jahre erstreckenden Reinigungsprozesses war zweifellos die Auseinandersetzung mit meinen *Vajra*-Verhaftungen, und sie gab auch die tiefsten Einsichten über die Art und Weise, in der sie funktioniert.

Aber bevor wir zur Aufarbeitung dieser Probleme kommen, möchte ich eine Anekdote wiedergeben, die besser als alle wortreichen Erklärungen das Ausmaß aufzeigt, das die Konditionierungen aus einem *Vajra*-Prozess erreichen können. Diese Anekdote hat Swamiji sieben Jahre nach dem Beginn des großen Reinigungsprozesses auf einer Pilgerfahrt durch Tamil Nadu vor einem kleinen Bild erzählt, das in einem Seitentrakt des großen Tempels von Tiruvanamalai hängt, in dem Ramana Maharshi so viele Jahre in tiefer Versenkung saß. Es zeigt den Poeten Arunagiri, der vor *Lord Muruga* kniet, der wie *Ganesha* ein Sohn *Shivas* ist, im Norden Indiens *Karttikeya* genannt und der in Tamil Nadu seinem allmächtigen Vater so gut wie gleichgestellt wird.

Arunagiri hat das Geld, das er von Königen und Reichen für seine schönen Gedichte bekam, in Bordells verjubelt und sich dabei die Lepra geholt. Als selbst Huren von dem verzweifelten Poeten nichts mehr wissen wollten, bot ihm seine Schwester an, seine sexuelle Not zu lindern. Arunagiri war so tief getroffen, dass er vom Turm des Tempels in die Tiefe sprang. Doch mitten im Sturz fing *Lord Muruga* den verzweifelten Poeten auf, der, wie das kleine Bild im Tempel zeigt, zu einem enthaltsamen Anhänger seines göttlichen Retters wurde.

Es war wahrscheinlich gut, dass ich diese Parabel über die tiefsitzenden Konditionierungen von Kundalini-Prozessen in *Vajra-Nadi* erst Jahre nach dem Angehen meiner eigenen, um vieles geringeren gehört habe. Aber diese kleine Geschichte kann helfen, so scheint mir, den sehr realen Kern aufzuzeigen, der hinter den Vorgängen liegt, zu denen wir nun kommen.

Nach dem Auftakt vom Vorjahr, mit den schwarzen, von seiner Trägerin abgelösten Brüsten drängten sich nun, schon bald nachdem ich mit der anstrengenden neuen Praxis begonnen hatte, weitere Episoden aus meiner *Vajra*-Vergangenheit ins Bewusstsein, und hin und wieder auch Vorfälle aus anderen Bereichen.

Zuerst liefen mehrere, anscheinend zusammenhangslose erotische Begebenheiten vor meinem inneren Auge ab. Dann ordneten sich diese meist nächtlichen Rückblenden nach naheliegenden örtlichen oder zeitlichen Kriterien, wie den aufeinanderfolgenden Aufenthalten auf mehreren Karibischen Inseln für die Dreharbeiten zu einer Serie von Dokumentarfilmen.

Bald danach begann die leitende innere Instanz dieses Reinigungsprozesses sowohl zeitlich als auch örtlich weit auscinanderliegende Vorkommnisse, die ich vorher nie miteinander in Verbindung gebracht hatte, in Bündeln zusammenzufassen; und schließlich führte diese Aufreihung weit zurückliegender mentaler Niederschläge zu mehreren, nicht ausgelebten Episoden stark erotischer Natur, die ich zum Teil völlig vergessen oder auch über lange Zeit mit mir herumgetragen hatte.

In einem dieser Bündel sah ich unmittelbar hintereinander drei dieser nicht wahrgenommenen Gelegenheiten. Zuerst spielte sich eine Situation aus den fünfziger Jahren des vergangenen Jahrhunderts vor mir ab. Ich bereitete in einem Berliner Schneideraum in nächtlichen Überstunden einen Spielfilm für die Tonmischung vor, während sich in den Regalen Tag für Tag die schon gedrehten Szenen des nächsten Spielfilmes häuften.

Um diesen erhöhten Arbeitsanfall zu bewältigen, hatte ich eine zusätzliche Assistentin angefordert. Sie brachte mir mit ihrem stolz vor sich hergetragenen Busen, dem Moschusgeruch eines damals gängigen Parfüms und unübersehbaren Schlafzimmeraugen die vorgeordneten Tonrollen zum Schneidetisch, der zur Abschirmung von störendem Licht hinter einem schwarzen Vorhang stand. Übermüdet wie ich war, hätte mir ein kurzes, entspannendes Abenteuer nach der Arbeit gut getan. Doch es gehörte zu meinen Prinzipien, nicht mit Untergebenen anzubändeln. Es war mir zu simpel und ich wollte auch die häufig aus solchen kleinen Abenteuern resultierenden Konflikte vermeiden.

Gleich nachdem diese Episode, die sich völlig verflüchtigt hatte, vor mir abgelaufen war, drängte sich eine weitere nach oben. Als ich das erste Mal, fünfzehn Jahre vor der spontanen Überleitung Kundalinis aus *Vajra* in *Sushumna Nadi*, in San Francisco war, um einen Dokumentarfilm über die asiatischen Einwanderer vorzubereiten, hatte ich eine Journalistin chinesischer Abstammung kontaktiert, um ein wenig mehr über Chinatown zu erfahren, aus der sie in einem Lokalblatt berichtete.

Sie hatte vorgeschlagen, ich solle am Sonntagmorgen in ihre Wohnung kommen. Dort hätten wir Zeit und Ruhe für ein Gespräch. Als ich, wie verabredet, um elf Uhr kam, öffnete sie die Tür im Negligé, und es war mehr als offensichtlich, dass eine bewundernde Bemerkung über ihre asiatische Schönheit genügt hätte, um den Weg in das Bett zu finden, das sie gerade verlassen hatte.

Ich wohnte in diesen Tagen bei einer jungen Frau, mit der ich in Washington, D.C., bevor sie nach San Francisco umgezogen war, eine lange, innige Beziehung unterhalten hatte, und die alte Attraktion war, wie wir sehr schnell bemerkten, noch nicht verblasst. Während ich die verführerischen Attribute der noch bettwarmen chinesischen Journalistin bewunderte, erschien es mir plötzlich zu schäbig, aus dem einem Bett ins andere und dann am Abend wieder zurück ins erste zu steigen. Ich wartete also, bis sie sich angezogen hatte, um dann, während ich nachzugrübeln begann, warum ich diese Gelegenheit nicht wahrgenommen habe, lustlos ein paar Fragen zu beantworten.

Diese schöne Chinesin verfolgte mich dann über Jahre. Es war so, als ob sie sich tief in mir eingenistet habe. Jedesmal, wenn ich von meinem Motel im Stadtteil Marina mit dem Bus durch Chinatown ins Zentrum von San Francisco fuhr – und das war sehr oft in den Jahren, in denen ich in Kalifornien Fernsehberichte und die Ausbildung im „Holotropen Atmen" machte – kam mir die schöne Chinesin in ihrem Negligé in den Sinn und ich fragte mich, warum ich die einzige Gelegenheit meines Lebens, mit einer Asiatin zu schlafen, versäumt hatte. Mein *Vajra*-Kopf liebte solche theoretischen Spekulationen. So war ihm auch eingefallen, und es freute ihn ganz besonders, dass die sexuell aktivsten Jahre meines Lebens in die denkbar beste aller Zeiten gefallen waren: In die wenigen Jahre nach der Einführung der Pille und vor dem Ausbruch von Aids.

Doch damit war das gebündelte Heraufholen von tiefsitzenden *Vasanas* dieser Nacht noch nicht beendet. Eine weitere Episode, die mir seit Jahren nicht mehr durch den Kopf gegangen war, aber an die ich mich sehr genau erinnerte, erschien vor meinem inneren Auge. Sie hatte sich unauslöschlich tief in mir eingegraben und immer, wenn sie hochkam oder wenn ich sie zurückrief, einen erotischen Impuls ausgelöst, der weit stärker war als der Anreiz, der in späteren Jahren von greifbaren weiblichen Rundungen ausging.

Als ich irgendwann zwischen elf und dreizehn Jahren an einem heißen Sommertag zum Baden in einem nahen Fluss ging, kam ich an einer jungen Frau vorbei, die sich halbversteckt im Gebüsch mit unbedecktem Oberkörper sonnte. Damals lag niemand nackt in den Parkanlagen von Großstädten, und es gab auch keine Bikinis, geschweige denn Tangas, die mehr preisgeben, als sie verhüllen. Ich warf im Vorbeigehen einen kurzen Blick auf diese bis jetzt in natura nie gesehenen Teile eines weiblichen Körpers. Die junge Frau, so schien es mir, hatte gar nicht gemerkt, dass da jemand vorbeigegegangen war. Nach ein paar Schritten packte mich dann eine unbändige Lust, leise zurückzuschleichen und noch einmal länger und genauer hinzuschauen. Aber ich war viel zu scheu, diesem starken Impuls zu folgen.

Es waren nicht ihre bloßen Brüste, von denen mir keine Erinnerung geblieben ist, die mich hier in Rishikesh nach Jahrzenten einholten, sondern die Phantasien, die ich in der Pubertät um diesen Vorfall gesponnen hatte: Dass ich leise zurückging, stehen blieb, lange hinschaute und mich schließlich sogar bemerkbar machte, also all das, wozu ich keinen Mut hatte, mir jedoch immer wieder vorgestellt hatte, lief nun wieder vor mir ab. Doch die starke erotisierende Wirkung, die stets mit dieser Erinnerung einhergegangen war, begann nun zu verblassen.

Es war so, als ob ich in diesem zweiten Jahr unentwegt in ein Kaleidoskop blickte, in dem sich die mentalen Niederschläge vieler Zwischenfälle meines Lebens widerspiegelten. Die feinstofflichen Rückstände der ausgelebten Episoden hatte ich wohl in den vielen Nächten mit ihren schmerzhaften physischen Symptomen, vor allem in den Füßen und Beinen, zum größten Teil schon ausgeschieden. Nun begann ich darüber nachzudenken, warum sich die mentalen Niederschläge nicht vollzogener Aktionen tiefer einnisten können als die der erlebten Abenteuer. Vor diesem nächtlichen Durchleben meiner bewegten Vergangenheit hatte ich angenommen, dass es genau umgekehrt sei.

Das bündelweise Zusammenfassen von Episoden mit ähnlichen Eigenschaften, die in keiner zeitlichen oder örtlichen Verbindung miteinander standen, machte deutlich, dass eine neue Phase des Prozesses begonnen hatte und eine übergeordnete Instanz am Werk war. Auch dass die mentalen Niederschläge von nicht in die Tat umgesetzten Impulsen tiefer sitzen können als die ausgelebten, schien anzuzeigen, dass meine *Vajra*-Anhaftungen, obwohl es an handfesten Abenteuern nicht gefehlt hatte, vor allem eine mentale Konditionierung darstellten.

Ihren deutlichsten Ausdruck hat diese Vorbelastung wohl in dem Konstrukt von den sexuell aktivsten Jahren in der besten aller Zeiten gefunden. Dann fiel mir in diesem Zusammenhang noch ein, dass ich jahrelang Frauen, die ihre körperlichen Reize auf den Straßen spazierenführten, und in Brasilien sind das unendlich viele, mit den Augen verschlungen hatte. Dieses Hin- und Nachschauen war so machtvoll, dass ich es selbst in Begleitung weiblicher Wesen, die das geärgert hat, nicht unterdrücken konnte. Damals hatte ich natürlich keine Ahnung davon, dass dieses zwanghafte Benehmen von einem fehlgeleiteten Kundalini-Aufstieg herrühren könne.

Doch die hochkommenden Bilder und Situationen, auch wenn sie unrühmliche oder schmerzliche Ereignisse betrafen, berührten mich nicht sonderlich. Ich schien sie aus sicherer Entfernung zu betrachten. Obwohl klar war, dass es sich um Episoden aus meinem Leben handelte, ähnelten diese Rückblicke dem Wiederanschauen eines alten Filmes. Ich identifizierte mich nicht mit ihnen. An die Stelle der ursprünglichen Dramatik war ein unbeteiligtes Betrachten getreten. Auch Vorfälle, die ich aus gutem Grund verdrängt hatte, waren mir nun fremd geworden und dadurch abgemildert.

Die Wiederbesichtigung von Gedanken und Handlungen aus der eigenen Vergangenheit ist, genauso wie die vorangegangene Entschlackung des feinstofflichen Körpers, ein zentraler Vorgang des Reinigungsprozesses, der nach dem Aufstieg der Kundalini zum Punkt *Makara* einsetzt. Da auf diesem Niveau die übergeordnete Instanz der vierten Hülle, der lichtnahen *Buddhi*, erreicht ist, verläuft das Abwerfen von Ballast sanfter als in den unteren Regionen eines Kundalini-

Aufstiegs, in denen die *Vasanas* und *Samskaras* schon zum Teil im Feuer von *Sushumna Nadi*, wie es heißt, verbrannt werden.

In diesem Stadium des Prozesses spürt also eine den alltäglichen mentalen Abläufen übergeordnete Intelligenz die tief im Inneren verborgenen Rückstände unserer Taten und Gedanken auf und ordnet sie nach Gesichtspunkten, die zu Einsichten führen, die einzelne, nicht in Zusammenhang gebrachte Vorkommnisse nicht hervorbringen können. Wohlwollend wie sie ist, gewährt *Kundalini Shakti* dann bei diesem schwierigen Prozess eine weitgehende Desidentifizierung von den gespeicherten mentalen Ablagerungen, die eine schmerzlose Wiederbesichtigung und in der Folge dann ihre dauerhafte Tilgung ermöglichen.

Reinigungsprozess und Psychotherapien

Der Reinigungs- und Erneuerungsprozess stellt, wie uns Swamiji erklärt hat, nur eine von fünf Varianten dar, in denen der weitere Aufstieg Kundalinis nach dem Erreichen von *Makara* stattfinden kann. Wie schon an früherer Stelle aufgezeigt, endet *Sushumna Nadi* im oberen Teil *Ajnas*. Daher muss Kundalini, um ihren Weg fortzusetzen, in einen anderen feinstofflichen Kanal übergehen. Wenn viel zu reinigen ist, wie bei den meisten Schülern Swamijis und auch bei mir, fällt die Wahl Kundalinis auf die *Obere Vajra Nadi*, die sich von der unteren grundlegend unterscheidet.

Da ich von einer *Oberen Vajra Nadi* noch nie gehört hatte, fragte ich Swamiji, ob sie auch an anderer Stelle erwähnt wird. Er bejahte und sagte, *Kundalini Vidya*, die Wissenschaft von Kundalini, nähre sich aus vielen Quellen, man müsse versuchen, die verschiedenen Schilderungen zusammenzustellen und sie dann zu überprüfen. Die *Obere Vajra Nadi* sei in den *Upanishaden* aufgeführt, der Text sei aber nicht übersetzt und ohne eigene direkte Erfahrung könne man ihn nicht verstehen.

Diese *Obere Vajra Nadi* unterscheidet sich grundlegend von der *Vajra Nadi*, mit der wir es bisher zu tun hatten. Ihre anderen Eigenschaften und Funktionen, die im Beiwort 'Obere' Ausdruck finden, weisen noch einmal auf die große Bedeutung von *Ajna* und dem springenden Punkt *Makara* hin. Nur das Wurzel-*Chakra*, in dem Kundalini freigesetzt wird und ihren Aufstieg beginnt, nimmt eine vergleichbare Stellung ein. *Muladhara* und *Makara* sind also nicht nur die einzigen unumgänglichen Stationen auf dem Weg der Kundalini nach oben, sondern in beiden werden auch die Weichen für den weiteren Verlauf des Prozesses gestellt.

Daher sagt man, wie bereits erwähnt, dass ein wirklich spirituelles Leben erst nach dem Aufstieg der Kundalini zum Punkt *Makara* möglich wird. Das heißt natürlich nicht, dass sich die Absicht und der Wille, ein an spirituellen Werten ausgerichtetes Leben zu führen, nicht schon vorher manifestieren können; und nicht nur das, in den meisten Fällen sind sie auch eine Voraussetzung, um den langen Weg bis zum springenden Punkt *Makara* zurückzulegen.

Doch mit dem Aufstieg der Kundalini zu dieser höchsten Station in *Ajna* betritt man eine Ebene, die diese Lebensweise leichter und zugleich, wie wir noch sehen werden, schwieriger macht. So wird, wenn nicht schon früher, in diesem Stadium des Prozesses offensichtlich, dass auch der spirituelle Bereich unseres Daseins einer Dialektik unterworfen ist.

Sahasrara, der Kronen-Lotos, in dem Kundalini aktiv wird, wenn sie die *Obere Vajra Nadi* gewählt hat, steuert nicht nur physiologische Abläufe, sondern vor allem auch die Prozesse in unserem feinstofflichen Körper. Deswegen ist die Metapher von den tausend Blütenblättern des Kronen-Lotos mehr als eine blumige Beschreibung für die zahllosen Funktionen des menschlichen Gehirns.

Das hübsche Bild der tausend Blütenblätter *Sahasraras* basiert auf den fünfzig Lauten, genauer Phonemen, des Sanskrit-Alphabets, die auch in den fünfzig Blütenblättern der sechs *Chakras* von *Muladhara* bis *Ajna* aufgeführt sind[26,27]. Wenn man diese fünfzig Laute mit zwanzig multipliziert, kommt man auf die tausend Phoneme der Blütenblät-

---

26 Feuerstein, a.a.O.
27 Vishnu Tirtha: Devatma Shakti, Divine Power. Yogshri Peeth Trust, Rishikesh 1993.

ter des Kronen-Lotos, die mit denen der *Chakras* in enger Verbindung stehen; und in diesem außerordentlich differenzierten Bereich verrichtet *Kundalini Shakti* ihre Arbeit, wenn sie in die *Obere Vajra Nadi* vorgedrungen ist.

Phoneme sind nicht nur Laute, sondern auch Sinnträger. Swamiji hatte uns im abendlichen Unterricht den Sinngehalt der den fünfzig Blütenblättern der *Chakras* zugeordneten Phoneme erklärt. So bekamen wir eine erste vage Ahnung von der Komplexität dieses bis ins kleinste Detail ausgefeilten Systems. Als ihn eine Schülerin, deren Reinigungs- und Erneuerungsprozess sehr intensiv war, nach der Bedeutung starker, sich wiederholender innerer Vorgänge fragte, ging Swamiji in sein Zimmer und holte die Fotokopie einer vergilbten Zeichnung, auf der ein Kopf in Seitenansicht zu sehen war.

Auf dieser alten Zeichnung war der Schädel in verschiedene Segmente aufgeteilt, in denen die Namen der sechs *Chakras* und des Kronen-Lotos standen. Diese Zuordnung der *Chakras* zu bestimmten Regionen im Gehirn haben Yogis über Jahrhunderte in unmittelbarer Erfahrung zusammengetragen und *Kapala Vidya* genannt, die Wissenschaft vom Schädel oder Gehirn. Anhand dieser Zeichnung erklärte Swamiji der Schülerin dann, was die hochkommenden Sensationen anzeigten und in welchem Teil des Gehirns und folglich in welchem *Chakra* der Reinigungsprozess gerade ablief.

Bei seinen Arbeitsbesuchen in den USA hatte Swamiji viele der Bücher über die neuen Erkenntnisse der Gehirnforschung gelesen, die in den neunziger Jahren des vergangenen Jahrhunderts reihenweise auf den Markt kamen. High-Tech-Verfahren, wie die Positronen-Emissions-Tomografie, hatten es ermöglicht, die biochemischen Veränderungen im arbeitenden Gehirn lebender Menschen zu untersuchen. Swamiji eignete sich diese neuen Erkenntnisse mit großer Leichtigkeit an und sah, dass sie die grundlegenden Annahmen der von den *Yogis* erarbeiteten *Kapala Vidya* bestätigten. Oft erklärte er dann seinen Schülern die in einem Kundalini-Prozess auftretenden Vorgänge und Veränderungen im Gehirn in der Terminologie der modernen Neurowissenschaften.

Wenn Kundalini in der *Oberen Vajra Nadi* und im Kronen-Lotos tätig wird, reinigt und erneuert sie also den gesamten feinstofflichen

Körper. Wenn wir uns von der allzu simplen Vorstellung lösen mussten, dass Kundalini nach ihrer Freisetzung der Reihe nach *Chakra* für *Chakra* aufsteigt und sie dabei säubert und öffnet, so wird dieser Prozess jetzt nach dem Erreichen *Makaras* auf ganz andere Art nachgeholt. Diese Generalüberholung ist vor allem nach der Korrektur von fehlgeleiteten Prozessen oder der Auflösung hartnäckiger Blockaden nötig.

In diesem fortgeschrittenen Stadium nimmt sich Kundalini also, wenn keine außergewöhnlichen Umstände vorliegen, sequenzweise von unten nach oben ein feinstoffliches Zentrum nach dem anderen vor. Dabei reinigt und erneuert sie nicht nur die den *Chakras* zugeordneten Zellen im Gehirn, sondern besorgt von *Sahasrara* aus auch die Restauration der *Chakras* selbst. Man kann in dieser Generalüberholung einen Vorläufer und eine Vorbedingung für den oft als „zweite Geburt" bezeichneten Eintritt in ein erfülltes, im Spirituellen verankertes Leben erblicken.

Wenn *Kundalini Shakti*, wie wir gesehen haben, vor unserer ersten Geburt den fein- und grobstofflichen Körper von oben nach unten vorgegeben hat, dann bereitet sie nun den Schüler von unten nach oben auf die zweite, die spirituelle Geburt vor. Für den Weg zurück in die Einheit, für diese komplette Überholung des subtilen Körpers, bedient sie sich wie immer der *Vayus*, also des kosmischen *Pranas*, das der Ebene, auf der wir leben, angepasst ist und somit in uns wirksam werden kann. Daher kann man diese Vorgänge im Körper und oft auch im Gehirn, vor allem dort, wo viel zu säubern ist, deutlich spüren.

Während unbewusstes Material, das in Psychotherapien heraufgeholt, angeschaut und abgelegt wird, oft nach einiger Zeit wieder im Untergrund zu rumoren beginnt, eliminiert Kundalini die angesammelten *Vasanas* und *Samskaras* nachhaltiger. Nach dem Erreichen *Makaras,* und mithin der höheren, ungetrübten Intelligenz der vierten Hülle, wird der therapeutische Prozess durch die mildernde Distanz zum heraufgeholten Material, durch das gebündelte Zusammenfassen und durch die große Transparenz dieser Vorgänge vertieft und zugleich erleichtert.

Man sieht nicht nur, was sich da alles im Untergrund verbirgt und oft zur Unzeit hochkommt, sondern auch wie es abgelagert ist, wie es aufgespürt und heraufgeholt wird. Diese Transparenz, welche die größere Nähe zur lichtnahen vierten Hülle gewährt, gibt dem Prozess eine gewisse Leichtigkeit. Oft werden auch tiefsitzende Konditionierungen ohne großes Leiden entschärft. Man durchschaut sie endlich, distanziert und manchmal auch amüsiert, und erkennt, dass sie Vergangenheit, dass sie passé sind, nichts weiter, und dann legt man sie ab.

Damit stellt sich in diesem Stadium des Prozesses schon eine erste Ahnung der Substanzlosigkeit von Vergangenheit und Zukunft ein. Auch dadurch verliert unnützer, im mentalen Bereich abgelagerter Ballast seine Virulenz und Keimfähigkeit. Genau das bringt die oft gebrauchte Metapher von den verbrannten Samen, aus denen nichts mehr hervorgehen kann, zum Ausdruck.

Wenn ich zurückblicke, zeigt sich der Unterschied zwischen psychotherapeutischen Aufarbeitungsversuchen und dem Reinigunsprozess Post-*Makara* ganz deutlich. Mit achtundzwanzig Jahren hatte ich in Berlin mit einer klassischen Freudschen Analyse bei einem Psychotherapeuten begonnen, der später viele Bücher geschrieben hat und sehr bekannt geworden ist.

Nach Beendigung der Analyse war ich davon überzeugt, dass ich nun mein Leben in die richtigen Bahnen lenken könne. Ich wusste endlich, warum das Verhältnis mit meiner Mutter so kompliziert gewesen war. Auch die Rolle meines Vaters in dieser Dreiecksbeziehung, die so gut wie nichts von einer Familie an sich hatte, war aufgedeckt, und mir war völlig klar, was die Auswirkungen dieser Konstellation auf meinen gegenwärtigen Zustand sein mussten.

Doch das Hochgefühl, nun endlich Bescheid zu wissen, hielt nur für ein paar Wochen an. Ich merkte bald, dass sich in mir, in meinem gefühlsmäßigen Befinden, so gut wie nichts geändert hatte. Ich konnte mir alles erklären, aber das half mir nicht weiter, und bezeichnenderweise ist mir kein einziger der klugen Gedanken über die Konditionierungen durch mein Elternhaus in Erinnerung geblieben.

Die ersten Erfahrungen im „Holotropen Atmen", auf das ich durch meine journalistische Tätigkeit gestoßen war, gingen dann wesentlich tiefer. Vor allem begannen die seit langem ins Stocken geratenen Energien wieder zu fließen. Das öffnete mich für andere Formen unkonventioneller innerer Arbeit. Unter anderem nahm ich, wie schon erwähnt, zu seiner Blütezeit am Fischer-Hoffman Prozess teil. In einem Intensivkurs von einer Woche, mit etwa zwanzig Teilnehmern, sollten wir uns von den Konditionierungen durch unsere Eltern befreien. Dazu mussten wir in dem insgesamt recht gut aufgebauten Kurs auch mit Holzknüppeln auf Kissen eindreschen, die unsere Mütter und Väter repräsentierten.

Ich war spät, aber wohl genau im richtigen Moment in diesen Kurs geraten. Die Träume dieser sehr intensiven Woche sagten das deutlich aus. Im letzten und schönsten dieser Träume saß ich neben meiner Mutter auf einer der Loren, die man früher beim Straßenbau benutzte und mit denen wir Kinder trotz strengen Verbots gerne spielten. Jetzt fuhr diese Lore, zusammen mit vielen anderen, auf frei schwebenden silbernen Geleisen durch die Lüfte. Nach einiger Zeit gesellte sich auch mein Vater dazu. Er lief neben unserer Lore her, so als ob er sie anschöbe. Alle auf diesem Zug – außer mir – waren Mumien, auch meine Eltern, die schon vor Jahren gestorben waren.

Ein Gefühl von tiefem Frieden begleitete diesen Traum. Es war klar, dass die Arbeit dieser Woche über den intellektuellen Bereich hinausgegangen und ins Emotionale vorgedrungen war. Später habe ich freilich des öfteren von Leuten gehört und auch solche getroffen, die den symbolischen Totschlag der Eltern und die damit angestrebte Tilgung der Konditionierungen, die sie wissentlich oder unwissentlich verursacht hatten, nicht integrieren konnten und *ausgeflippt* sind.

In einer der aufwühlenden Wochen während der Ausbildung im „Holotropen Atmen" vertiefte sich das noch. Nicht während des intensiven Atmens selbst, das in einen erweiterten Bewusstseinszustand und dadurch in tiefere Schichten unserer Existenz führt, sondern im theoretischen Teil, beim Vorführen von Lichtbildern, wurde mir blitzartig der Zusammenhang zwischen einem tiefsitzenden Verhaltensmuster und meiner Geburt klar. Ich konnte, wie das jüngere Menschen heutzutage tun, diese intuitive Erkenntnis nicht mehr durch Befragung meiner Eltern überprüfen. Aber das hat die befreiende Wirkung dieser sehr überzeugenden Einsicht nicht geschmälert.

Doch trotz dieser Bemühungen gab es noch ein paar unaufgelöste

Knoten, die ich auch in den Rosskuren des Santo Daime nicht eliminieren konnte. Erst die Auflösung der Blockierung im Kehlkopf-*Chakra*, der Aufstieg der Kundalini zu *Ajna* und der Reinigungsprozess, der dann eingesetzt und gute drei Jahre gedauert hat, haben zur restlosen Annahme meines Daseins – genau so wie es ist – geführt. Ich hörte auf, mit mir und den Weggenossen meines Lebens wegen vergangener Geschehnisse zu hadern. Ich wusste tief im Inneren, dass ich, gerade auch wegen ihrer Absonderlichkeiten, genau in die richtige familiäre Konstellation hineingeboren worden war; und ich lernte mehr und mehr die Dinge des Alltags so hinzunehmen, wie sie sind.

Eigene Erfahrungen und die Schicksale anderer Menschen haben mir gezeigt, dass eine nachhaltige Befreiung von den schon mitgebrachten und den in diesem Leben angesammelten Konditionierungen erst mit dem Einbezug der spirituellen Dimension unserer Existenz möglich wird.

Dabei ist es von untergeordneter Bedeutung, welchen Rahmen man zur Aufarbeitung und zum Verständnis heranzieht, den der Wissenschaft von Kundalini oder den anderer spiritueller Disziplinen. Entscheidend ist die Ebene, auf der dieser Prozess absolviert wird; denn eine wirklich neue Sicht und Einordnung der gegebenen Lebensumstände kann nur von einer höheren, lichtnahen Warte aus erreicht werden. In der Transpersonalen Psychologie, die versucht, die spirituelle Dimension unseres Daseins einzubeziehen, wird diese Neuorientierung in einem größeren Bezugsrahmen sehr treffend „Rekontextualisierung" genannt.

Nur die Essenz zählt

Obwohl der Reinigungsprozess sich vor allem auf meine *Vajra*-Anhaftungen konzentriert hat, wurde ich zwischendurch auch mit anderen, längst vergessenen Dinge konfrontiert, unter anderem aus der Zeit meiner journalistischen Tätigkeit. Da in den siebziger Jahren des vergangenen Jahrhunderts aktuelle Filmberichte nicht per Satellit, sondern mit Luftfracht verschickt wurden, mussten wir unser Material, damit es am nächsten Abend gesendet werden konnte, je nach Land schon am frühen oder mittleren Nachmittag zum Flughafen bringen. Deswegen musste ich hin und wieder Kommentare im Auto auf dem Weg zum Flughafen schreiben und noch schnell irgendwo abseits der Straße auf Band sprechen.

Der Druck, unter dem ich damals stand und unter den ich mich selbst setzte, verleidete mir oft die ansonsten sehr geschätzte Arbeit. In einer Mischung aus Wach- und Albtraum wurde mir das nun wieder vorgeführt: Ich duschte mich in einem Wäldchen, nicht weit vom Flughafen, hinter einer hellen Plastikfolie und tat so, als ob das Schreiben und Aufnehmen des Kommentars in den verbleibenden Minuten vor dem Abflug kein Problem sei. Bald kamen viele dicke schwarze Bremsen, setzten sich auf die weiße Folie und auf ein übergroßes Glas, in dem man mir frisches Wasser gebracht hatte. Sie stachen nicht, sie hinderten mich nur, das kristallklare Wasser der Inspiration, wie mir natürlich sofort klar war, zu trinken. Mein intimes Leiden in einer meiner produktivsten Zeiten wurde unmissverständlich ins Bild gesetzt.

Damals litt ich auch an einer schweren chronischen Sinusitis. An den Vormittagen konnte ich nur durch den Mund atmen und spuckte unentwegt dicken gelblichen Schleim, der zweimal, als ein Arzt eine Membrane durchstieß, auslief und ein kleines Schüsselchen füllte. Doch das brachte nur vorübergehende Linderung. Nach kurzer Zeit waren die Stirnhöhlen wieder verstopft. Es floss eben nichts in jenen Jahren.

Sinusitis tritt häufig bei Blockierungen der Kundalini im Kehlkopf-*Chakra* auf, von dem sechzehn *Nadis* ausgehen, sechs davon nach oben in den Kopf. Swamij betonte immer wieder, dass derartige Probleme auf Dauer nur behoben werden können, wenn man ihre Ursachen im feinstofflichen Körper angeht. Genau das geschieht im Reinigungs- und Restaurationsprozess, wenn die Kundalini wie ein Scanner die Probleme im subtilen Bereich aufspürt und sie dann zu beheben versucht.

153

Aber es gab auch schöne Träume, in denen sich, wie mir schien, das Leichterwerden nach dem Abwerfen von Ballast widerspiegelte. In einem dieser Träume schwebte ich in einem Drahtseil, das einen Kreis bildete, durch die Lüfte. Ich hielt mich mit ausgestreckten Armen an zwei Schlaufen oben im Seil fest, doch mein Gewicht verformte den Kreis nicht. Das Drahtseil hing am langen Arm eines unendlich hohen Kranes, der überall hinreichte.

Für Momente hatte ich Angst, doch dann gefiel es mir, in die Tiefe zu schauen, und die Angst verflog. Ich schwebte zwischen Wolkenkratzern, tauchte in Straßenzüge hinab, begleitete eine Straßenbahn, die sich bald in ein drachenartiges Gebilde verwandelte. Ein Gefühl unendlicher Freiheit breitete sich in mir aus, und dann flog ich von hoch oben in einen in rot-blaues Licht getauchten Bühnenraum, in dem ein Stück ablief, dessen Handlung ich nicht verstand oder gleich vergessen hatte. Nach dem Aufwachen schwelgte ich noch lange in diesem schwerelosen Schweben und im bloßen Zuschauen, ohne eine Spur von Beteiligung am großen Drama des Lebens.

Erstaunlicherweise kam, außer dem Tieffliegerangriff, von dem ich nicht weiß, ob er stattgefunden hat oder nicht, kein einziges Ereignis aus den Jahren des Zweiten Weltkriegs zum Vorschein. Im Elternhaus von Kindesbeinen an mit Antikörpern gegen das Nazi-Regime imprägniert, isolierte ich mich in totaler innerer Ablehnung und richtete meine gesamte Energie einzig und allein darauf, diesen Krieg zu überleben.

Das mag der Grund dafür gewesen sein, dass diese harten Jahre keine Niederschläge hinterlassen haben. Auf die Idee, dass irgendeine Verbindung zwischen der verhassten Militärzeit und meinem Prozess bestehen könne, wäre ich nie gekommen. Doch als ich das vierte Mal aus Rishikesh zurückgekommen war, machte ich bei der Suche nach ein paar alten Dokumenten in einem Kalender von 1945 eine verblüffende Entdeckung.

Nach der Luftwaffenhelfer-Zeit hatte ich mich, um die Abstellung an die Front so lange wie irgend möglich hinauszuschieben, freiwillig zur Ausbildung als Reserveoffizier bei der Flak gemeldet. Da Anwärter, die den Anforderungen nicht genügten, ausgesiebt und zur Infanterie abgestellt wurden, warf ich nicht, wie bislang, Sandkörnchen ins Getriebe des Krieges, sondern strengte mich außerordentlich an.

Bei einem 3000 Meter-Lauf an einem eiskalten Wintertag setzte ich meine ganze Kraft ein, um in der Spitzengruppe zu bleiben und brach, nachdem wir das Ziel erreicht hatten, zusammen. In dem Kalender von 1945, mit lakonisch kurzen Eintragungen von meist nicht mehr als ein oder zwei Worten, fand ich am Tag, an dem ich in die Krankenstube eingeliefert wurde, einen Kringel, der an eine kleine eingerollte Schlange erinnert. Das ist nicht nur die einzige Zeichnung in diesem Kalender, sondern dieser schlangenartige Kringel hat auch große Ähnlichkeit mit einer Darstellung der Kundalini, wie sie im neunzehnten Jahrhundert in Rajasthan vorkam, die ich gute fünfzig Jahre später zur Einstimmung bei Vorträgen benutzt habe.

Wenn ich, als ich diese Zeichnung fand, noch Zweifel an Swamijis Feststellung gehabt hätte, dass ich schon mit einem Kundalini-Prozess in *Vajra Nadi* in dieses Leben gekommen bin, dann wären sie sicherlich sofort verflogen. Als ich diesen an eine eingerollte Schlange erinnernden Kringel in den Kalender kritzelte, hatte ich keine Ahnung von Yoga, geschweige denn von Kundalini, und auch nicht von indischer Kunst oder fernöstlichem Gedankengut.

Auch mit dem besten Willen kann ich für das Auftauchen dieser uralten Metapher für *Kundalini Shakti* keine äußeren Anhaltspunkte finden. Ich kann nur annehmen – und auch ein paar unerklärliche Symptome, die damals auftraten, deuten daraufhin – dass die physische Überforderung zu einer vorübergehenden Manifestation Kundalinis geführt hat, und dass sie, da die äußeren Umstände nicht geeignet waren, den schlummernden Prozess zu aktivieren, eine Vignette hinterließ, um ein halbes Jahrhundert nach dieser ersten Manifestation Zusammenhänge aufzuzeigen und das Verständnis von ihrem Wesen und Wirken zu vertiefen. Wenn ich an die vielen außergewöhnlichen Geschichten denke, die mir Leute erzählt haben, die durch Kundalini-Prozesse gegangen sind, dann erscheint mir auch diese nicht zu weit hergeholt.

Von den schwerwiegendsten Verwicklungen in meinem privaten

Bereich jedoch, die ich ein paar Jahre vor der spontanen Überleitung Kundalinis und der Auflösung der Blockade in *Vishuddha* verursacht habe, kam während des rigorosen Reinigungsprozesses nichts hoch. Die einzige Erklärung, die ich dafür gefunden habe, ist, dass diese, nicht nur für mich, sondern vor allem auch für meine beiden Kinder, folgenreichen Komplikationen gar nicht erst abgesunken sind, weil ich mit ihren Auswirkungen immer wieder konfrontiert wurde.

Neben der Wiederbesichtigung zurückliegender Ereignisse fand in diesem zweiten Jahr in Rishikesh in den Nächten oder auf langen Spaziergängen am Ganges ein ständiges gründliches und doch müheloses Aufarbeiten aller im Laufe des Prozesses aufgetauchten mentalen Ablagerungen statt. Es war kein gezieltes Nachdenken, es glich eher dem Hochsprudeln von Bläschen in einem gerade geöffneten Behälter. Dann setzten sich die hochgekommenen Teilchen ganz von selbst zusammen und zeigten bisher nicht wahrgenommene Zusammenhänge auf, die ein neues und tieferes Verständnis von Vorgängen und Begegnungen in meinem Leben ermöglichten.

Ich hatte mich oft gefragt, warum ich mich immer wieder auf zwei, sowohl zeitlich wie örtlich schwer vereinbare Situationen oder Aktivitäten eingelassen habe, ob es eine Erklärung für die Um- und Irrwege in meinem Leben gab. Nun wurde mir klar, dass ich viele der weit zurückliegenden Geschehnisse noch mit den Maßstäben aus der Zeit maß, in der sie sich ereignet hatten. Ich begann zu differenzieren und diese alten Vorgänge in dem Licht zu sehen, das nach dem Erreichen *Makaras* den mentalen Nebel durchdringt und aufhellt, und ich erkannte, dass die Um- und Irrwege oft dazu gedient hatten, wichtige Erfahrungen zu machen und die Bewegungsfreiheit für spätere Entwicklungen zu erhalten.

Auch zum zentralen Thema dieser intensiven Wochen, der Aufarbeitung der Niederschläge aus dem *Vajra*-Prozess, kamen neue Einsichten. Es war mir bewusst, dass eine tiefeingewurzelte Zwiespältigkeit, ein ewiges Hin- und Hergerissensein zwischen zwei Polen, meine *Vajra*-Aktivitäten in Grenzen gehalten hat. Nun begann ich mich daran zu erinnern, dass meine Mutter mir von klein auf gesagt hatte, dass Liebe zu den kostbarsten und schönsten Gütern des Lebens gehöre und dies mit dem Vorlesen entsprechender Stellen aus der klassischen und romantischen Literatur untermauert hatte. Menschen, die sie gut gekannt haben, sagten mitunter, sie sei wie eine Kerze gewesen, die an beiden Enden gebrannt habe. Irgendwann in diesen Tagen ging mir mit großer innerer Gewissheit auf, dass sie ganz allein, ohne Hilfe, einen schwierigen Kundalini-Prozess durchlebt hatte und starb, als ihre Kräfte aufgezehrt waren. Den Dank, den ich ihr schulde, begann ich erst Jahrzehnte nach ihrem Tod abzustatten.

Solange ich über *Nadis* und *Chakras*, *Prana* und *Vayus*, die Lehre von den fünf *Koshas* und über Kundalini nur in Büchern gelesen hatte, blieben sie schwerverständliche, graue Theorie. Doch in den Wochen in Rishikesh wurden die althergebrachten Vorstellungen feinstofflicher Vorgänge in der täglichen Praxis zu einer erfahrbaren Realität. Ich konnte die Theorie im eigenen Körper verifizieren und, wenn unerklärliche Phänomene auftauchten, Swamiji bitten, mir zu erklären, was vor sich ging. Das führte zu einem zyklischen Vorgang: Angelesenes Wissen wurde durch Erfahrungen zu innerem Wissen und half mir dann, die im Laufe des Prozesses hochkommenden Erfahrungen zu verstehen. Ich war genau am richtigen Ort und dankte erneut den Göttern, dass sie mich hierher geleitet hatten.

Nach diesem zweiten Jahr in Rishikesh ließ die Intensität des Reingungs- und Restaurationsprozesses langsam nach. Allmählich kamen nur noch wenige und weniger schwerwiegende Vorkommnisse aus der Vergangenheit hoch; und schließlich wurde ich auch in Situationen zurückversetzt, die keinen unmittelbaren Bezug zu meiner persönlichen Geschichte hatten.

Besonders eindrucksvoll war das Wiederauftauchen der starken, aufwühlenden Schwingungen, die während der kurzen Regierungszeit Salvador Allendes von den großen Demonstrationen des linksradikalen MIR, des Movimiento de Izquierda Revolucionaria, ausgingen. Sie fanden meist in einem großen Theater, dem Caupolican, in einem notorisch linken Viertel von Santiago de Chile statt.

Wir haben sie mehr als einmal gefilmt. Sie warfen besonders gute Bilder ab. Auf den Rängen des bis unters Dach gefüllten Theaters schwangen die jungen Revolutionäre unübersehbar bürgerlicher Herkunft ihre rotschwarzen Fahnen, sangen revolutionäre Lieder und hämmerten zwischendurch immer wieder die Parole „*Patria o Muerte, Venceremos*" – „Vaterland oder Tod, wir werden siegen" – in die eigenen Köpfe. Ich war nur Zuschauer dieser wilden Szenen, und doch reproduzierten sich nun nach drei Jahrzehnten die makaberen Vibrationen der Rufe und Farben von Sieg, Blut und Tod, mitten in der Meditation und völlig unerwartet, in allen Fasern meines Körpers.

Damals war mir nur für Momente der vage Verdacht gekommen, dass die fanatische Intensität dieser Söhne und Töchter aus gutem Hause nicht allein einem politischen Engagement, sondern letztlich einer tieferen Schicht ihres Daseins entspringen müsse. Nun, nachdem ich selbst ein bischen weitergekommen war und mir ein paar hundert Lebensgeschichten von Menschen angehört hatte, die zum „Holotropen Atmen" gekommen waren, und dann in den Workshops gesehen hatte, wie sie schwierige Geburten und lieblose Kindheiten noch einmal durchlitten, bin ich, bei allem Respekt vor dem Idealismus der damaligen jungen lateinamerikanischen Revolutionäre, davon überzeugt, dass ihre oft tragischen Schicksale auch sehr persönliche Hintergründe hatten. Nicht zuletzt das muss den Vibrationen des Caupolican die Intensität gegeben haben, die zu dieser späten Reproduktion geführt hat.

Die Dauer des Reinigungs- und Restaurationsprozesses ist von Fall zu Fall verschieden. Sie hängt von der Art des Prozesses ab, von den angesammelten toxischen und mentalen Ablagerungen, dem Zustand des physischen und feinstofflichen Körpers und nicht zuletzt von den Gehirnfunktionen.

Nach fehlgeleiteten Prozessen und langjährigen Blockierungen kann sich die Säuberung über mehrere Jahre erstrecken, wie in meinem Fall, in dem Kundalini schon in *Vajra Nadi* und nach der spontanen Überleitung zu *Sushumna* wieder für lange Zeit im Kehlkopf-*Chakra* blockiert war. Wenn ich jedoch an die außerordentlich schwierigen Prozesse anderer Schüler Swamijis denke, dann habe ich wohl, wie man sagt, ein mildes Karma. Natürlich gibt es auch Menschen, vor allem wenn sie keine kompetente Hilfe finden, die mehr als ein Leben benötigen, um sich aus ihren schlimmsten Verstrickungen zu lösen.

Diese Generalüberholung kann etwas von einem vorgezogenen,

diesseitigen Fegefeuer an sich haben. Dennoch ist sie ein Geschenk; denn die *Vasanas* und *Samskaras*, die in diesem Leben nicht getilgt werden, kommen, so heißt es, beim Sterben hoch, und dann nimmt man sie mit in ein nächstes Leben. Man entkommt ihnen nicht, man schiebt sie nur vor sich her; und irgendwann wird man dann mit den Niederschlägen seiner vergangenen Taten und Gedanken konfrontiert und muss sie, ob man will oder nicht, ausschwitzen.

Die intensiven Vibrationen des Caupolican und ein paar andere nicht unmittelbar mit mir verbundene Eindrücke aus der Vergangenheit reproduzierten sich erst, als ich das dritte Mal in Rishikesh war. Davor waren für lange Zeit keine persönlichen Erinnerungen mehr aufgetaucht und ich hatte schon gemeint, die *Vasanas* und *Samskaras* aus meiner Vergangenheit seien getilgt und der große Renovations- und Restaurationsprozess sei endlich beendet.

Doch dann, fast anderthalb Jahre später und nachdem Swamiji mir bei meinem vierten Aufenthalt in Rishikesh gesagt hatte, dass mein Prozess nun komplett sei, brach sich ein winziger, wohl in den tiefsten Furchen meiner Seele verborgener Zwischenfall der *Vajra*-Jahre den Weg an die Oberfläche: Ein paar Blicke, Gedanken und eine Zurechtweisung, nichts weiter, die ich völlig vergessen hatte.

Irgendwann in den siebziger Jahren plante ich, einen halbstündigen Dokumentarfilm in Argentinien zu drehen, zu dessen Realisierung in den bewegten Jahren Allendes, der Rückkehr Perons und des Militärputsches dann keine Zeit blieb. Man hatte mir eine Frau genannt, die sich mit dem fraglichen Thema eingehend befasst hatte, und mich vorbereitend darauf hingewiesen, dass sie hochgradig behindert sei.

Ich suchte sie an einem der drückend schwülen Sommerabende von Buenos Aires auf. Eine Freundin öffnete die Tür. Die Frau, deren Namen ich vergessen habe, saß mit ihren langen, fast surrealistisch verformten Gliedern auf dem Bett. Ihr schönes, von langen lockigen Haaren umrahmtes Gesicht und die ausdrucksvollen Augen bildeten einen außerordentlich starken Kontrast zu ihrem entstellten Körper.

Während wir sprachen, muss ich mich wohl in meinem alle weiblichen Geschöpfe taxierenden *Vajra*-Kopf gefragt haben, ob diese hochintelligente, verkrüppelte und zugleich so schöne Frau eine intime Beziehung mit einem Mann haben könne. Obwohl es nicht mehr als ein flüchtiger Gedanke war, las sie ihn sofort in meinen Augen und sagte sehr direkt und unvermittelt, sie habe in der Tat mehrere Jahre einen Freund und Geschlechtsverkehr gehabt und ob das alles sei, was ich in meinem Kopf habe. Ich erinnere mich nicht, was ich zur Entschuldigung gestammelt habe, aber sehr genau, dass ich bald danach äußerst beschämt in mein Hotel zurückgeschlichen bin.

Nachdem diese scheinbar so unbedeutende Episode hochgekommen war, fühlte ich mich um vieles betroffener als damals auf dem Weg zurück ins Hotel, und ich bat diese hochsensible Frau, in welchen Gefilden auch immer sie sich aufhalten mochte, um Verzeihung – und dann war ich bald sehr erleichtert. Es ist mir schwergefallen, diese Geschichte niederzuschreiben, und ich habe es nur getan, weil sie einen wichtigen zusätzlichen Aspekt von der Arbeitsweise der Kundalini nach dem Erreichen *Makaras* aufzeigt.

Obwohl es sich um die Vorbereitung eines großen Projektes gehandelt hatte, das mir mehr am Herzen lag als die aktuellen Berichte, habe ich keine Ahnung mehr, welche Dokumentation ich damals machen und was ich von der Frau in Buenos Aires wissen wollte. Nichts, außer der von allem Beiwerk entkleideten Essenz dieses Zwischenfalls, hat sich in mir niedergeschlagen.

In dem von Kundalini geleiteten Reinigungsprozess werden also alle unwesentlichen, lediglich im mentalen Bereich der dritten Hülle registrierten Begleitumstände, die den Blick auf die Essenz verstellen, abgestreift. Die wieder vor das innere Auge geholten Ereignisse werden transparent und nehmen eine schwer zu beschreibende Leichtigkeit an. Eine größere, grenzenlose Betroffenheit auf einer tieferen Ebene stellt sich ein. Sie entschärft und absorbiert die tief eingenisteten Ablagerungen vergangener Zeiten und öffnet somit den Weg zu einer inneren Transformation.

Dass diese radikale Reduktion auf das Wesentliche, auf die seelische Essenz durchlebter Situationen, auch in der Lebensrückschau tiefer Nah-Tod-Erfahrungen stattfindet, macht deutlich, welche Schichten unserer Existenz die große Generalüberholung nach dem Aufstieg der Kundalini zum Punkt *Makara* erreicht. Auch Nah-Tod-Erfahrungen führen oft, wie aus mehreren Untersuchungen hervorgeht[28], zu einer tiefen inneren Wandlung, die natürlich das Ziel des unerbittlichen und zugleich erlösenden Reinigungs- und Restaurationsprozesses ist.

Der Umstand, dass die Episode von Buenos Aires sich erst sechzehn Monate nach dem Hauptteil des Säuberungsprozesses den Weg nach oben gebahnt hat, bestätigt, dass Ereignisse, die schwer anzunehmen sind, besonders tief absinken und dann lange Zeit brauchen, um wieder hochzukommen. Es scheint also eine Proportionalität zwischen dem seelischen Gewicht des Ereignisses und der Tiefe des Absinkens zu bestehen.

Wahrscheinlich deutet dieses tiefe Absinken auch auf eine zusätzliche Dimension hin, die schon in der althergebrachten Lehre von Karma und Wiedergeburt dargelegt ist. Danach können besonders markante Verhaltensweisen aus einem Vorleben stammen und so tief eingegraben sein, dass sie sich unterschwellig immer wieder durchsetzen.

Kundalini Shakti bedient sich also, nachdem sie zu *Makara* aufgestiegen ist und die vierte, dem Licht schon sehr nahe Hülle unseres Wesenskerns erreicht hat, drei sehr spezifischer Verfahren: Sie macht die gespeicherten Niederschläge zurückliegender Taten und Gedanken transparent und entfremdet sie. Sie fasst sie, wenn nötig, zu Bündeln zusammen und stellt die von allem Beiwerk entkleidete seelische Essenz auch der kleinsten Ereignisse vor das innere Auge. Das führt zur schmerzlosen Wiederbesichtigung der gespeicherten Rückstände unserer Taten und Gedanken, zeigt tiefere, bislang nicht erkannte Zusammenhänge auf und schafft die grenzenlose Betroffenheit im tiefsten Inneren, die das Zurücklassen auch schwer zu akzeptierender Vorfälle ermöglicht.

Es ist ein wenig so, als ob man bei der Wiederbesichtigung seines Lebens in einem helleren Licht Abschied von sich selbst nimmt, von dem fragilen, selbstgeschaffenen Konstrukt, von dem man gemeint hat, das sei man selbst. Das heißt nicht, dass das vielbescholtene Ego im Reinigungs- und Restaurationsprozess ausgelöscht wird. Man erkennt nur, wenn sich die Nebel der Vergangenheit lichten, wie wenig Substanz es

28 Kenneth Ring: Den Tod erfahren – das Leben gewinnen. Scherz Verlag, Bern 1984.

hat; und ohne Nahrung aus der Vergangenheit nimmt auch seine Projektionsfähigkeit in die Zukunft, in vorgegaukelte Luftschlösser, ab, die es zu seiner Erhaltung immer wieder inszeniert. Dieser Vorgang hat nichts mit der oft geforderten Überwindung des Egos zu tun, die auf eine missverstandene Lektüre spiritueller Texte zurückgeht. Auch Meister haben ihr Ego, wie man bei genauerem Hinsehen sehr bald bemerkt. Sie wissen nur besser, wann und wozu sie es einsetzen.

Die Relativierung des Egos ist eng mit einem anderen, dahinterliegenden Vorgang verbunden. Auf den tieferen, noch weitgehend mit den Alltagsverrichtungen befassten Ebenen ist das mentale Geschehen fast ausschließlich mit Objekten beschäftigt, welche die Sinne wahrnehmen oder die es in Träumen selbst hervorbringt. Wenn das Niveau des sechsten *Chakras* erreicht ist, vermehren sich die kurzen, flüchtigen Einblicke in höhere Bereiche, die Kundalini zum Ansporn mitunter schon vorher gewährt. Sie bieten, wie Swamiji sagte, einen weit größeren Genuss als wahrgenommene oder geträumte Objekte und sind dem Einzugsbereich des Egos bereits entzogen.

Auf der obereren Ebene *Ajnas* beginnt also das mentale Geschehen in zwei Modalitäten zu funktionieren, in der sinnlichen und in der darüberliegenden ursächlichen, und aus den spirituellen Erfahrungen der höheren kausalen Ebene bezieht es, auch wenn sie noch kurz sind, eine um Vieles größere Befriedigung. Auch das macht deutlich, warum immer wieder gesagt wird, dass wahres spirituelles Leben erst nach dem Aufstieg der Kundalini zum Stirn-*Chakra* beginnt.

Mit dem Fortschreiten des Reinigungs- und Restaurationsprozesses wächst dann das Unterscheidungsvermögen und ein neues Daseinsgefühl stellt sich ein. Es hat nichts mit der kurzen euphorischen Phase zu tun, die oft nach der Entdeckung der spirituellen Dimension des Lebens aufkommt und dazu drängt, auch andere mit diesem neuen Wissen zu beglücken. Es löst auch nicht den romantischen Impuls aus, das raue Leben hinter sich zu lassen und in eine idyllische Oase zu entfliehen, von dem Neulinge auf dem spirituellen Weg so oft schwärmen. Es ist eher ein ruhiges Konstatieren der sich langsam abspielenden Veränderungen. Man beginnt, alte Gewohnheiten abzulegen und eine neue Lebensformen in seinem gewohnten Umkreis zu suchen.

Eine Art von Neuordnung aller Werte setzt ein, die sich auf alles, auch auf intime Beziehungen, auswirken kann.

In diesem Stadium wird die Dialektik des spirituellen Bereiches besonders deutlich, das leichter und zugleich schwieriger Werden des Lebens. Durch das Ausräumen der *Vasanas* und *Samskaras* und durch das geschärfte Urteilsvermögen der vierten lichtnahen Hülle reduziert sich die Tendenz, neues, unbewusstes Material an das alte zu hängen. Man durchschaut allmählich die Tricks, mit denen schwer Verdauliches ins Untergeschoss abgeschoben wird, und die unvermeidlichen Schwierigkeiten des Lebens treiben einen nicht mehr so leicht um.

Zugleich aber zeigt das geschärfte Unterscheidungsvermögen dieser höheren Ebene mit seismographischer Empfindlichkeit die kleinsten Abweichungen vom rechten Weg an. Fehlverhalten geschieht in zunehmendem Maße gegen besseres Wissen. *Kundalini Shakti* rückt den Prozess ohne die geringste Rücksichtnahme auf alte Gewohnheiten in den Vordergrund des Lebens. Er wird zu wichtig, um Kompromisse zu schließen; und so muss man nach dem Erreichen *Makaras* eine neue Balance in einem leichteren und zugleich schwierigeren Dasein finden.

Nicht von ungefähr bedeutet das Wort *Ajna* Befehl oder Kommando. Auf dieser Ebene handelt es sich nicht mehr, wie wir gesehen haben, um die Befehlsgewalt über andere, sondern um die weit schwierigere Beherrschung des eigenen Lebens. Wenn der Prozess in dieses Stadium vorgedrungen ist, hat man eine Schwelle überschritten und ist für sein Tun und Lassen in weitaus höherem Maße verantwortlich. Das geben die vieldeutigen und zugleich so außerordentlich exakten Metaphern des von Yogis in Jahrtausenden erarbeiteten Systems der feinstofflichen und seelischen Vorgänge auf unserem Entwicklungsweg sehr genau wieder.

Am eindeutigsten kommt der Wechsel aus einer Ebene in eine andere und der damit verbundene Qualitätssprung in der Metapher von der diamantharten Kappe auf *Itara Linga* zum Ausdruck, die Kundalini auf ihrem Weg nach oben durchstoßen muss. In *Itara Linga* steht dann noch *Shiva* in seiner Form als *Ardhanarishvara*, halb Mann halb Frau, um uns darauf hinzuweisen, dass die Dualität auf diesem

Niveau überwunden ist – die allem unterliegende Polarität von positiv und negativ jedoch noch nicht. Schließlich sind wir auch auf dieser oberen, jenseits der fünf Elemente liegenden Stufe noch dem ewigen Wechselspiel der drei *Gunas* unterworfen, die uns immer wieder spüren lassen, dass wir auf dieser hohen und doch schwankenden Ebene besonders achtsam sein müssen.

Auf dieser Stufe muss man den erlösenden und zugleich unerbittlichen Prozess ohne Einschränkungen annehmen oder die Konsequenzen einer Verweigerung ertragen. Es passt gut ins Bild, dass Saturn der herrschende Planet des sechsten *Chakras* ist. In diesem Stadium, so heißt es, soll man mit sich selbst wie mit einer schwangeren Frau umgehen. Grobe Fehler gegen besseres Wissen können auf diesem Niveau zu schwer korrigierbaren Störungen des Prozesses führen. Wenn er auf diese Zusammenhänge hinweist, sagt Swamiji mitunter nur noch: „Helfen könne er selbst nicht mehr, nur noch sagen: *„Enjoy it".*"

7

Umgang mit Geistern I

Auslieferung oder Austreibung

Als ich im ersten Jahr, zwei oder drei Wochen nach meiner Ankunft in Rishikesh, von einem Nachmittagsspaziergang am Ufer des Ganges zurückkam, hatten sich zwei Schülerinnen im unteren Raum des Hauses zu Swamiji gesetzt, der gerade ayurvedische Heilmittel zubereitete. Sie wollten wissen, auf welche Art Geister Einfluss über unser Leben gewinnen können. Immer gierig, so viel Information wie nur möglich aufzusaugen, setzte ich mich dazu.

Schon bei meinem ersten Besuch in Indien, lange bevor ich zu Swamiji kam, hatte mich ein Vorfall bei den Jains sehr erstaunt. Man hatte mir erzählt, dass eine junge Nonne im Hauptquartier der Jains in Ladnun von Geistern heimgesucht werde, die sie so sehr belästigten, dass sie sich entschlossen habe, ihr Leben zu beenden. Sie nähme schon seit fünfundvierzig Tagen keinerlei Nahrung zu sich, werde immer durchsichtiger, sei jedoch geistig ganz präsent, und seit sie sich für den Hungertod entschlossen habe, ließen die Plagegeister sie in Ruhe. Ihre Mitschwestern begleiteten, wie man mir sagte, diesen langsamen Abgang in tiefer Ehrfurcht.

In Brasilien hingegen hatte ich oft miterlebt, wie in spiritistischen Zentren die Geister Verstorbener mit Erfolg ausgetrieben werden. Sie können sich, wie wir später noch genauer sehen werden, an labile Menschen klammern und sie mit ihren mit dem Tod nicht erloschenen Wünschen und Trieben willfährig machen. Manchmal befriedigen Geister sogar ihre alten Süchte, die sie in die neue körperlose Existenz mitgenommen haben, durch Menschen, in die sie sich einnisten.

In den spiritistischen Zentren setzen sich, wie ich oft miterlebt habe, zur Austreibung solcher Eindringlinge mehrere Leute in einem halbdunklen Raum an einen großen Tisch, konzentrieren sich und bilden dann eine Kette oder einen schützenden Kreis aus psychischer Energie zur Unterstützung dieser Arbeit. Die besessene Person wird zum Tisch gerufen. Ein geschultes Medium nimmt das Geistwesen in sich auf, inkorporiert es, wie die Spiritisten sagen. Dadurch kann der Störgeist aus dem Medium sprechen, man kann ihn befragen und seine Beweggründe erforschen.

Dann belehrt der Vorsitzende solcher Austreibungszeremonien den Geist. Er macht ihm, oft gegen starken Widerstand, in einem langen Dialog klar, dass er von seinem Opfer ablassen muss. In manchen spiritistischen Zentren werden diese „Obsessoren", wie man sie nennt, diese Eindringlinge aus einer anderen Ebene, in ein angegliedertes ‚spirituelles Sanatorium' geschickt, wo sie sich läutern und dann oft zu wichtigen Helfern für die Arbeit des Zentrums entwicklen.

Als mir die Jains damals ihr Büro in New Delhi zeigten, wurde ich in einem unmöblierten Stockwerk ihres Hochhauses von einem Mönch und bekannten Autor dieser uralten religiösen Bewegung empfangen. Ich benutzte die Gelegenheit, um ihn zu fragen, wie es der jungen todgeweihten Nonne gehe und warum niemand versuche, die Geister auszutreiben, so wie das in Brasilien gang und gäbe sei. Der Mönch bestätigte die Geschichte von der jungen Nonne in Ladnun, sprach von der alten indische Tradition den Tod durch Nahrungsentzug zu suchen und sagte, der Umgang mit Geistern sei gefährlich, er könne meditierende Mönche von ihrem Weg abbringen.

Swamiji hingegen hielt – wie ich schon dem Vortrag von einem seiner beiden amerikanischen Schüler auf der Kundalini-Konferenz in Philadelphia entnommen hatte – die Einflussnahme von Geistwesen nicht nur für möglich, sondern konnte sie auch eliminieren; und das, wie ich im Laufe der Jahre sah, ganz allein, ohne die Unterstützung durch Medien und eine Kette von Helfern.

Das war einer der Gründe, warum ich zu ihm gehen wollte. Ich wollte sehen, wie er die divergierenden Auffassungen dieser beiden sehr unterschiedlichen Welten überbrückte. So verfolgte ich natürlich das Gespräch zwischen ihm und den beiden Schülerinnen mit großem Interesse. In diesen ersten Wochen drängte es mich ab und zu, meine Kenntnisse vom brasilianischen Spiritismus anzubringen, und so fuhr ich während dieses Gesprächs in einer der langen Pausen, die Swamiji oft zwischen den Sätzen macht, mit einer meiner brasilianischen Weisheiten dazwischen.

Das trug mir einen besonders kräftigen, der eher seltenen ‚Rüffel' Swamijis ein. Er wisse, sagte er mit leicht erhobener Stimme, dass ich glaube, viel zu wissen, doch ich wüsste gar nichts. Ihn könne ich nicht stören, ich störte nur die anderen und mich selbst. Wer hier Meister und wer Schüler war, hätte nicht klarer zum Ausdruck kommen können. Gegen Abend fiel mir dann ein, dass meine Eltern, wenn ich als kleiner Junge die hochgeistigen Tischgespräche unterbrach, mich oft ermahnt hatten, nicht so vorlaut zu sein.

Erste Anstöße

Geweckt wurde mein Interesse für die sehr unterschiedlichen Manifestationen von Geistwesen auf unserer alltäglichen Ebene zu Beginn der sechziger Jahre, während einer zweiten Reise nach Afrika. Ich hatte mehrere Jahre in der Filmindustrie gearbeitet und übernahm dann in der Anfangszeit des Fernsehens in Zusammenarbeit mit Journalisten, die das Filmhandwerk noch nicht beherrschten, die Regie größere Dokumentarfilme. Eine dieser Dokumentationen war afrikanischen Zauberern, so nannten wir sie recht naiv, gewidmet.

Irgendwo tief im Hinterland von Süd-Rhodesien, wie Zimbabwe damals noch hieß, hatten wir einen katholischen Missionar aufgesucht, der völlig unbefangen und sehr detailliert von schrecklichen übernatürlichen Vorgängen erzählte, die Medizinmänner in seiner näheren Umgebung bewirkten. Er war seit vielen Jahren in dieser Gegend, in der es nur wenige weiße Farmer gab, und hatte offensichtlich das uneingeschränkte Vertrauen der Schwarzen gewonnen.

Ich kann mich an Einzelheiten dieses Interviews nicht mehr erinnern, jedoch sehr genau daran, dass dieser alte Priester, mit seinen vielen Jahren Afrika auf dem Buckel, sehr glaubwürdig war. Keine Spur von missionarischem Eifer trübte seine Bereitschaft zu erkennen, dass seine schwarzen Gemeindemitglieder in einer sehr anderen, noch ganz im magischen Bereich verwurzelten Wirklichkeit lebten. An diesem Tag öffnete sich für mich durch und durch rationalen Mitteleuropäer schlagartig eine neue Welt, von deren Existenz ich keine Ahnung gehabt hatte und die mich sehr faszinierte.

Ein paar Tage nach dieser Begegnung fuhren wir nach Blantyre, in jener Zeit Hauptstadt von Nyasaland, und flogen dann mit einer kleinen Chartermaschine ins Hinterland zu einem großen Zauberer, von dem man uns gesagt hatte, er sei sehr mächtig, hieße Chikanga und vollzöge zeremonielle Austreibungen böser Geister.

Der Fahrer des einzigen Autos, das an der Landepiste stand, wusste natürlich, wo sich Chikanga aufhielt und brachte uns zum Fuß eines großen Hügels mit vielen kleinen, sehr primitiven Hütten. Einer der Umstehenden, die sich über den Besuch von drei Weißen mit ihren Apparaten wunderten, konnte ein bisschen Englisch und brachte uns zu Chikangas Hütte weiter oben auf dem Hügel. Wir mussten sehr, sehr lange warten, bis wir vorgelassen wurden, und begannen uns zu fragen, ob es, falls er uns erlauben würde zu filmen, noch hell genug sein werde, da es in dieser gottverlassenen Gegend kein elektrisches Licht gab.

In der Zwischenzeit hatten wir herausgefunden, dass die vielen notdürftig zusammengeschusterten Hütten Menschen als Unterkunft dienten, die von weit her, oft in mehreren Tagesreisen, gekommen waren, um sich von bösen Geistern befreien zu lassen. Wenn sie an der Reihe waren, wurden sie zu Chikanga gebracht – und wenn man von der Dauer ausgeht, die sie in seiner Hütte blieben, verrichtete er seine Arbeit sehr gründlich.

Schließlich wurden auch wir empfangen. Es war offensichtlich, dass ihn der Besuch von drei Weißen, die von weither gekommen waren, um über seine Zauberkünste zu berichten, nicht im Mindesten beeindruckte. Er war kurz angebunden, wollte nicht gefilmt werden, aber erlaubte, die Arbeit seiner Helfer aufzunehmen und wies einen Gehilfen an, uns zu der Stelle zu bringen, an der die Austreibungen praktiziert wurden.

Umgeben von ein paar Männern, die die Trommeln schlugen, und singenden Frauen, die einen Kreis um sie bildeten, standen zwei oder drei Helfer Chikangas bereit, um den Leuten, die zu ihnen geführt wurden, wie wir später sahen, Schnitte auf den Wangen und auf der Stirn anzubringen, die sie von größeren Übeln befreien sollten.

Es war schon später Nachmittag. Das Tageslicht wurde schwächer und schwächer. Schließlich wurden die ersten Besessenen in den Kreis geführt, und die blutige Arbeit begann. Zuerst kamen nur wenige in großen Abständen. Doch mit dem Hereinbrechen der Dunkelheit steigerten sich die Trommeln und der Gesang, und einer nach dem anderen, Männer und Frauen, erhielten ihre tiefen, mit Rasierklingen verabreichten Schnitte im Gesicht, meist zwei auf jeder Wange und einen großen auf der Stirn. Kein einziger schreckte zurück. Alle unterzogen sich bereitwillig dieser harten, von Chikanga verordneten Prozedur. Der Meister selbst tauchte kein einziges Mal auf.

Hochempfindliche Videokameras gab es damals noch nicht. Wir drehten auf Film und hatten nur eine Batterielampe dabei, die nicht lange vorhielt. Um unsere Arbeit fortzusetzen, mussten wir uns der drei oder vier im Kreis verteilten Karbidlampen bedienen, in deren spärlichem Licht die Austreibungen vor sich gingen. Ich brachte eine dieser Lampen in die unmittelbare Nähe der Beschneidungen. Doch das Licht reichte nicht aus, und da der Journalist sich anderweitig um zusätzliche Informationen bemühte, brachten der Kameramann und ich gestikulierend ein paar der umstehenden *Schwarzen* dazu, auch die anderen Lampen herzubringen. Dann filmten wir die grausamen Szenen so gut es ging. Chikangas Helfern schien die Aufmerksamkeit, die ihrer allnächtlichen Routine zuteil wurde, mehr und mehr zu gefallen. So bildete sich ungewollt eine gewisse Komplizität zwischen ihnen und uns.

Plötzlich hielten sie mitten in der Arbeit inne und gaben mit Gesten und in rudimentärem Englisch zu verstehen, dass sie nun uns ihre segensreichen Schnitte auf Wangen und Stirn verabreichen wollten. Ich kehrte mit dem Maximum an Bestimmtheit, das mir in dieser Situation zuwuchs, die Überlegenheit des weißen Mannes hervor, mit der damals noch eine gewisse Wirkung zu erzielen war, und sagte: Nein, wir nicht, es sei schon spät, wir müssten nun gehen. Dann packten wir, scheinbar gelassen, schnell und doch nicht zu hastig unsere Filmausrüstung zusammen und verzogen uns.

Ob die Beschneidungen unmittelbar mit dem Entweichen der Geister zu tun hatten oder ob sie schon während des langen Vorgesprächs mit Chikanga ausgetrieben wurden und die bleibenden Narben im Gesicht nur ein Nachweis für die Behandlung, eine Art von Markenzeichen des Meisters, waren, konnten wir nicht ausfindig machen. Wir registrierten nur die sichtbaren Phänomene und ordneten sie in unser beschränktes Weltbild ein. Über die Kräfte, die hinter ihnen wirksam waren, von Schamanen und ihren Aufgaben in traditionellen Gesellschaften, wussten wir so gut wie nichts. So konnten wir nur aus dem großen Zustrom Besessener schließen, dass Chikangas blutige Rosskur erfolgreich war.

Viele Jahre nach diesem ersten indirekten Umgang mit Geistern ging mir auf, dass die damals situationsgerechte, teils gespielte, teils empfundene Überlegenheit des weißen Mannes etwas mit meiner für lange Zeit tief eingewurzelten und sehr falschen Überzeugung zu tun gehabt haben könnte, dass ich, ein rationaler, aufgeklärter Mitteleuropäer, nicht durch magische Machenschaften manipuliert werden könne. Jahre später in Brasilien, wo sie gang und gäbe sind, hat mir dieser sehr naive Glaube große Probleme eingebracht.

Gegen Ende dieser zweiten Afrika-Reise fuhren wir an einem späten Nachmittag auf einer unendlich langen, kerzengeraden Straße nach Tanganjika. Vor und weit unter uns eine unendlich große Ebene mit hohen, alleinstehenden Bäumen, die im schräg einfallenden Sonnenlicht lange Schatten warfen, und rechts der riesige Kilimandscharo mit seiner damals noch schneebedeckten Kuppe.

Plötzlich schienen mir die Blätter der Büsche und Bäume auf beiden Seiten der Straße in ein überhelles silbriges Licht getaucht. Ich saß am Steuer, aber es war so, als ob der Wagen ganz von selbst ein paar Zentimeter über der Straße und den vielen Schlaglöchern dahinschwebte. Während dieses kurzen Höhenfluges kam mir nicht in den

Kopf, dass ich dieses überirdische Licht schon einmal als Kind in dem großen Wald nicht weit von unserem Haus gesehen hatte. Ich wollte es festhalten, wollte so lange wie irgend möglich in ihm bleiben, aber es blieb nicht, es blieb nur in mir als unauslöschliche Erinnerung.

Aus der erweiterten Sicht, die sich nach dem Aufstieg der Kundalini zum Punkt *Makara* ergeben hat, nimmt sich dieser zweite Aufenthalt in Afrika wie das Aufstoßen eines Fensters aus. Auch in Swamijis Bewertung der drei Geschichten, die ich ganz zu Anfang eingereicht hatte, findet sich dafür ein kurzer Hinweis. Doch damals sah ich in diesen Monaten in Afrika nur eine besonders abenteuerreiche Zeit meines bewegten Lebens, nichts weiter.

Ärzte aus dem Jenseits

Als ich dann gegen Ende des darauffolgenden Jahres nach Brasilien kam, begann ich bald afro-brasilianische Kulte aufzusuchen, viel über diese sehr einflussreiche Subkultur zu lesen und immer, wenn sich eine Möglichkeit bot, Berichte aus diesem bildträchtigen Bereich zu machen. Nach einiger Zeit stellte ich fest, dass es neben den afro-brasilianischen Kulten eine große spiritistische Bewegung gab, deren Wurzeln in Europa lagen und die detaillierte theoretische Vorstellungen über den Umgang mit Geistern hatte.

In der zweiten Hälfte des 19. Jahrhunderts war der kulturelle Einfluss Frankreichs in Brasilien besonders ausgeprägt. Übersetzungen der beiden wichtigsten Bücher des Franzosen Allan Kardec, der die Verbindungswege zwischen Geistern und Menschen genau erforscht und systematisiert hatte, erschienen in Brasilien schon bald nach den franzözischen Ausgaben von 1857 und 1864. Sie fielen auf besonders fruchtbaren Boden. Nirgendwo sonst auf der Welt gibt es so viele Spiritisten – und einem Neuling sagen die Gläubigen gern, man könne die Brasilianer in zwei Hälften teilen, in die, die schon Spiritisten seien, und in die, die es noch werden würden.

Kardec hat die sehr unterschiedlichen Manifestationen der Geister

Verstorbener und ihre Wiedergabe durch Medien, wie man die Vermittler zwischen ihrer und unserer Ebene nennt, kodifiziert, wie die Spiritisten sagen, und ist durch den intensiven Umgang mit Geistern zur Überzeugung gelangt, dass wir auf dem Schulschiff Erde durch mehrere Leben gehen. Die Lehre von Reinkarnation und Karma gehört denn auch zu den Grundlagen des Kardecschen Spiritismus, in dem seine Anhänger eine Vervollkommnung des Christentums sehen.

In den zahllosen afro-brasilianischen Kultstätten und spiritistischen Zentren Brasiliens kann man die verschiedensten übernatürlichen Phänomene beobachten, von simplen Durchsagen verstorbener Angehöriger, dem barfüßigen Laufen auf zerschlagenen Bierflaschen, dem von Geistern inspirierten automatischen Schreiben oder Malen, der Austreibung hartnäckiger Plagegeister bis hin zur völligen Überlassung menschlicher Körper im ekstatischen Tanz an niederkommende Götter.

Viele dieser Phänomene sind echt, aber oft werden sie auch vorgetäuscht, um Geld zu machen oder Einfluss über andere Menschen zu gewinnen. Doch selbst wenn man davon ausgehen kann, dass keine unlauteren Motive vorliegen, ist es sehr schwierig, diese paranormalen Phänomene zu beurteilen, da die Grenzen zwischen dem, was aus dem astralen Bereich kommt und dem, was Medien aus ihrem eigenen Inneren dazugeben, fließend sind. Kontrollierende Instanzen gibt es nicht, und das Interesse an ernsthaften Untersuchungen ist gering. Sich in diesen surrealen Irrgärten zurechtzufinden, ist nicht leicht.

Die spektakulärsten und zugleich mit den eigenen fünf Sinnen noch am ehesten zu beurteilenden Phänomene sind die operativen Eingriffe von Ärzten aus dem Jenseits. Sie werden von Medien ausgeführt, die den Geist eines verstorbenen Arztes inkorporieren, wie die Spiritisten sagen, und dann, ohne selbst über die geringsten medizinischen Kenntnisse zu verfügen, die verschiedensten Operationen, mitunter auch große blutige Eingriffe, vollziehen.

In den sechziger und siebziger Jahren des vergangenen Jahrhunderts trugen vor allem zwei Medien, der Brasilianer Zé Arigó und der Philippine Tony Agpaoa, dazu bei, dass parachirurgische Eingriffe über spiritistische Zirkel hinaus einer breiteren Öffentlichkeit bekannt wurden. Auch daran zeigte sich, wie man immer wieder beobachten kann, dass Dinge sich in mehreren Orten oder Köpfen zugleich manifestieren, wenn die Zeit dafür gekommen ist, wenn sie in der Luft liegen, wie man sagt.

Wenn Zé Arigó in medialer Trance operierte, konnte man schon viele der übernatürlichen Phänomene beobachten, die sich später in einer nicht abreißenden Reihe von Medien zeigten. Am meisten Aufsehen erregte, dass er seine Operationen ohne die geringsten aseptischen Vorkehrungen, ohne Narkose oder auch nur Hypnose ausführte. Trotzdem wurde kein einziger Fall von Blutvergiftung bekannt, und seine Patienten zeigten während den Operationen keinerlei Anzeichen von Schmerz. Er diagnostizierte, verschrieb und operierte um vieles schneller als Ärzte das gemeinhin tun, war sehr selbstsicher in seiner Arbeit und zugleich oft völlig uninteressiert an dem, was er gerade tat. Bei Operationen unterhielt er sich gern mit den Umstehenden über Gott und die Welt, und manchmal drehte er den Patienten sogar den Rücken zu, während seine Hände weiteroperierten.

All das geschah bei normalen Lichtverhältnissen und ohne die Patienten oder die operativen Vorgänge hinter den Rücken von Helfern zu verbergen. Wenn ihn Ärzte besuchten, räumte er ihnen oft im stets vollen Haus Plätze in seiner unmittelbaren Nähe ein, damit sie seine Arbeit ungehindert beobachten konnten; und bei den Augenoperationen mit Küchenmessern, die ihn vor allem berühmt gemacht haben, bat er sie machmal, den Kopf des Patienten zu halten. In der medialen Trance benutzte er nicht nur medizinische Ausdrücke, die weit über seinem niedrigen Bildungsniveau lagen, sondern sprach auch mit unverkennbar deutschem Akzent[29].

Über den jenseitigen Arzt, der durch das Medium Zé Arigó seine Arbeit verrichtete, weiß man nur wenig. Er nannte sich Dr. Adolf Fritz und gab an, dass er in München geboren worden und im ersten Weltkrieg ums Leben gekommen sei. Verlässliche Spuren von seiner Existenz wurden nicht gefunden. Nach dem Tod Zé Arigós, der 1971 bei einem Autounfall umkam, dessen Verlauf unklar geblieben ist, inkorporierten mehrere brasilianische Medien einen Dr. Fritz, führten

29 Guy Plaifair: The Flying Cow. Souvenir Press, London 1975.

paranormale Operationen aus und sprachen in Trance mit deutschem Akzent. Ob es sich auch in diesen Fällen um denselben, längst verstorbenen Dr. Fritz handelte, lässt sich nicht mehr mit Sicherheit feststellen.

Da die paramedizinische Tätigkeit Zé Arigós gegen die Gesetze verstieß, wurde er zweimal zu Gefängnisstrafen verurteilt. Das erste Mal begnadigte ihn der brasilianische Präsident Juscelino Kubitschek, der Erbauer Brasilias, dessen Tochter Zé Arigó durch eine Diagnose den richtigen Weg gewiesen hatte. Das zweite Mal saß er sieben der sechzehn Monate ab, zu denen er auf Betreiben der zuständigen Ärztekammer verurteilt worden war. Seither finden paramedizinische Eingriffe meist hinter verschlossenen Türen statt, und wenn man ein Medium bei der Arbeit beobachten will, muss man von einem einflussreichen Spiritisten oder Mitglied des inneren Kreises, der sich häufig um Medien bildet, eingeführt werden.

Glaubwürdig wird das Phänomen chirurgischer Eingriffe durch Geisterhand ohne Narkose und Asepsis erst, wenn man solche Operationen gesehen hat und genau weiß, dass man nicht geträumt hat oder unter Hypnose stand, sondern sehr genau darauf geachtet hat, was unmittelbar vor einem und in der näheren Umgebung vor sich ging. Wenn das, was man gesehen hat, hinterher auch noch auf dem Film ist, den man dabei gedreht hat, dann wird es schwer, paranormale Operationen als Humbug abzutun, und man beginnt unter dem tiefen Eindruck, den sie hinterlassen, noch Erklärungen für diese übernatürlichen Vorgänge zu suchen.

Als ich den ersten langen Dokumentarfilm über den Umgang mit Geistern machte, konnte ich eine paranormale Operation unter Bedingungen beobachten, die sechs Jahre nach Zé Arigós Tod nicht leicht zu finden waren. Man hatte mir empfohlen, ein Medium im brasilianischen Hinterland aufzusuchen, das im Ruf stand, große Eingriffe auszuführen. Doch man konnte mir keine Adresse, keine Telefonnummer und keine Kontaktpersonen nennen, nur den Namen des Mediums, Cícera Maria da Silva, und den Ort, in dem sie lebte.

Wir flogen also auf gut Glück nach Bahia in Salvador und fuhren von dort in das gottverlassene Nest Umbaúba im brasilianischen Bundesstaat Sergipe, das auf den meisten Landkarten nicht verzeichnet ist. Es war einfach, Cícera Maria zu finden. Alle Leute kannten sie. Sie empfing uns in dem kleinen Haus, in dem sie ihre Arbeit verrichtete, und sagte, ohne irgendwelche Einschränkungen zu machen, wir könnten filmen, auch wenn sie operiere. Aber dann riet sie uns, ein andermal wiederzukommen, da sie sich gerade von einer Grippe erhole und in den nächsten Tagen keine Eingriffe vornehmen könne.

Ein paar Monate später, in einer damals seltenen politischen Windstille, machten wir einen zweiten Versuch. Diesmal begann Cícera Maria, gleich nachdem wir angekommen waren, zu operieren. Eine Frau hatte eine Thrombose erlitten. Cícera Maria hatte einen ersten Schnitt über dem Herz gemacht, um der Patientin Erleichterung zu verschaffen, wie sie uns später erklärte, und öffnete nun die Brust, um die Vene zu erreichen und das Blutgerinsel zu entfernen.

Außer Cícera Maria, ihrer Assistentin Carmelita, der Patientin und uns waren noch zwei oder drei Personen im Raum. Wir konnten uns ohne Einschränkungen bewegen und sehen und filmen, was vor sich ging. Cícera Maria operierte mit bloßen Händen, und die wenigen Instrumente, die sie dabei benutzte, lagen ungeschützt hinter ihr in einem einfachen Holzregal. Sie nahm, was sie brauchte, oder bat Carmelita, ihr das eine oder andere zu reichen. Trotz des tiefen Einschnitts musste so gut wie kein Blut abgetupft werden. Die Patientin Marcemina lag in vollem Bewusstsein mit offenen Augen auf der Pritsche. Ich fragte sie, als Cícera Maria schon tief eingedrungen war und man das Klopfen ihres Herzens sehen konnte, ob sie Schmerzen habe. „Gar keine", sagte sie mit einem Anflug von Lächeln.

Marcemina lag schon zum zweiten Mal auf dieser Pritsche. Vor drei Jahren hatte Cícera Maria sie mit Erfolg an der Blase operiert. Die restlichen Personen waren, wie wir später erfuhren, Patienten, die in den hinteren Räumen des kleinen Hauses untergebracht waren und auf ihre Operation warteten. Das Zusehen, sagten sie, helfe ihnen, die Angst vor dem Eingriff zu überwinden.

Gegen Ende der Operation fiel der Strom aus, wie häufig im brasilianischen Hinterland. Einer der zukünftigen Patienten öffnete die Fensterläden. Ein paar Neugierige kamen und schauten von draußen zu, wie Cícera Maria uns das Blutgerinsel zeigte, das sie entfernt hatte. Dann schob sie, während sie tonlos vor sich hin betete, das Fleisch und die Haut wieder über die Operationswunde, drückte sie mit den Fingern zusammen und schloss so, naht- und klammerlos, das große Loch über Marceminas Herzen. Ihre Patienten stehen vierundzwanzig Stunden nach der Operation auf, und nach ein oder zwei weiteren Tage gehen sie nach Hause.

Cícera Maria war damals neunundzwanzig. Ihre erste Operation hat sie, wie sie mir in einem Gespräch am Nachmittag sagte, mit sechs Jahren an einem achtjährigen paralytischen Jungen ausgeführt. Bevor sie nach Umbaúba kam, hatte man sie als Hexe verschrien und mit Steinen beworfen. In ihrer Arbeit sah sie einen Auftrag, den sie erfüllen müsse, ob sie wolle oder nicht.

Sie habe schon versucht aufzuhören, aber es gelänge ihr nicht. Dieses Leben sei ein Gefängnis, sagte sie, und fügte hinzu, so als ob sie von etwas ganz Alltäglichem spräche, dass sie das dritte und letzte Mal auf dieser Erde sei. Ein paar Jahre nach unserem Besuch ist sie gestorben. Cícera Maria war praktizierende Katholikin und ermahnte ihre Patienten, wenigstens an den Sonntagen in die Messe zu gehen. Sie verabscheute afro-brasilianische Kulte und stand nicht unter dem Einfluss spiritistischer Doktrinen. Sie war ganz einfach was sie war oder sein musste.

Auf den ersten Blick war Cícera Maria während der Operation, die wir gefilmt haben, voll bewusst. Doch als ich sie etwas fragte, war es, als ob sie, um zu antworten, von einem weit entfernten Ort zurückkommen musste. Sie nahm, wenn sie inkorporiert war, keinen fremdländischen Akzent an, wie Zé Arigó, und auch keine veränderte Körperhaltung, wie das bei anderen Medien oft geschieht. Es gab auch keine Versuche, wie meistens bei paramedizischen Eingriffen, durch Musik, betende Gläubige oder das Vorlesen spiritistischer Texte ein stützendes Umfeld für die mediale Arbeit zu schaffen. Cícera Maria schien allein auf sich gestellt.

Sie sagte mir, dass sie beim Operieren von einer Stimme geleitet und ihre Hand manchmal von einem unsichtbaren Wesen geführt würde. Es sei immer dieselbe Stimme und dasselbe Wesen. Auf meine

Frage, ob schon Patienten bei der Operation gestorben seien, sagte sie „nein, noch nie" und erklärte, dass die Stimme, die sie führe, ihr sage, ob sie einen Kranken operieren könne oder ob er schon zu schwach für einen chirurgischen Eingriff sei. Aber wer oder was hinter dieser Stimme und diesem unsichtbaren Wesen stand, wollte sie, die alle anderen Fragen bereitwillig beantwortet hatte, nicht sagen. Mir schien, dass die Preisgabe dieses einzigen Geheimnises für sie ein Sakrileg gewesen wäre.

Die Bedingungen, unter denen ich die Arbeit Cícera Marias beobachten konnte und das, was ich hinterher auf dem Film sah, der direkte Kontakt mit ihr ohne die Intervention abschirmender Mittelsmänner, ihr offenes, völlig unverbildetes Wesen und die stets leichte Entrücktheit, so als ob sie nicht ganz von dieser Welt sei, ließen mir keinen Raum für Zweifel. Ich war mir ganz sicher, dass Cícera Maria bei ihrer Arbeit von einer Kraft geleitet wurde, die nicht die ihre war; dass sich durch sie etwas vollzog, was nicht nach den Gesetzen ablief, die unsere Alltagswelt zu beherrschen scheinen.

Dieses Erlebnis hat nicht nur mein Interesse an übernatürlichen Vorgängen und den verschiedenen Versuchen, Erklärungen für sie zu finden, vertieft, es hat vor allem etwas in mir angerührt, mich für etwas geöffnet, das völlig verschüttet war. Es war ein wenig so, als ob mich in der unmittelbaren Nähe von Cícera Maria etwas aus der Dimension berührt hätte, mit der sie in so inniger Verbindung stand. Durch den Kundalini-Prozess in *Vajra Nadi*, von dem ich damals nichts wusste, war sicherlich eine Prädisposition für diesen Anstoß gegeben. Swamiji hat oft erwähnt, dass fehlgeleitete Prozesse eine Faszination für das Okkulte mit sich bringen können. Doch dass dieses Interesse nur eine Vorstufe auf dem spirituellen Weg ist, habe ich erst sehr viel später dazugelernt.

Im Laufe der Jahre haben dann Erklärungen Swamijis, die auf seinen eigenen und den Erfahrungen vieler Generationen von Yogis fußen, mein Verständnis dieser so exotisch anmutenden Phänomene vertieft. Vor allem die traditionelle, sehr präzise Lehre vom feinstofflichen Körper und seinen Eigenschaften liefert gute Erklärungen für viele paranormale Vorgänge, die ich in dieser Genauigkeit bei den brasilianischen Spiritisten nicht gefunden habe; und dass der feinstoffliche Körper kein Phantasiegebilde oder ein bloß theoretisches Konstrukt ist, sondern tatsächlich existiert, haben mir in den folgenden Jahren nicht nur die eigenen Erfahrungen in langen, harten Nächten, sondern auch ein paar Erlebnisse im Umkreis Swamijis sehr eindrücklich gezeigt.

Der feinstoffliche Körper

Wie wir bei der Darstellung der fünf Hüllen gesehen haben, bilden die zweite, dritte und vierte Hülle oder Umkleidung unseres Wesenskerns, wenn man sie zusammennimmt, den feinstofflichen Körper oder, wie er auch genannt wird, den Astralkörper. Er ist das Vehikel für die lebensspendende kosmische Energie und die mentalen Abläufe zur Steuerung des dichteren, grobstofflichen Körpers, der verendet, wenn der feinstoffliche, der den Tod überlebt, aus dem physischen Körper austritt.

Der Umstand, dass die meisten Menschen den feinstofflichen Körper nicht wahrnehmen oder gar nichts von seiner Existenz wissen, zeigt an, dass zwischen dem grob- und feinstofflichen Körper ein größerer qualitativer Abstand besteht als zwischen seinen drei schwer voneinander zu unterscheidenden Hüllen. Dasselbe lässt sich auch für den Übergang von der vierten zur fünften Hülle sagen, also vom feinstofflichen zum Kausalkörper, der schon jenseits der sinnlichen Wahrnehmbarkeit liegt.

Doch trotz dieser größeren Abstände fungieren die beiden äußeren der drei Hüllen des feinstofflichen Körpers auch als Bindeglieder zu den darunter und darüber liegenden Umkleidungen des Seelenkerns. Sie spielen also eine Doppelrolle in einem Kontinuum, das sich innerhalb eines größeren Kontinuums nach unten und nach oben stärker abgrenzt und doch ein Ganzes bleibt. Wenn man sich diese Eigenschaften des feinstofflichen Körpers vor Augen hält, wird es leichter, außerkörperliche oder Nah-Tod-Erfahrungen und die Vorgänge beim Sterben selbst, auf die wir noch kommen werden, zu verstehen.

Zugleich erklären diese klaren Abgrenzungen nach unten und oben und die Schwierigkeit, die drei Hüllen des feinstofflichen Körpers voneinander zu unterscheiden, warum er in vielen esoterischen Traditionen wie eine nicht näher definierte Einheit behandelt wird. Für eine Reihe esoterischer Praktiken mag das ausreichen. In Kundalini-Prozessen jedoch werden die drei verschiedenartigen Hüllen des feinstofflichen Körpers erfahrbar, und somit ist ihre Differenzierung für das Verständnis der Prozesse nötig.

Man hat den feinstofflichen Körper als ein Netzwerk aus fließender Energie bezeichnet, das über seine Grenzen hinweg ins Umfeld ausstrahlt, wie Licht, das von einer Glühbirne ausgeht, und zugleich festgestellt, dass die Form dieses Netzwerkes, obwohl es umfangreicher ist, in etwa dem physischen Körper entspricht[30]. Der Astralkörper befindet sich also sowohl inner- als auch außerhalb des grobstofflichen Körpers. Seine Umrisse sind nicht konstant, sondern vergrößern oder verringern sich mit der Aufnahme oder Abgabe von *Prana* und durch den Einfluss mentaler und im Umfeld ablaufender Vorgänge.

Wenn man von der Ausstrahlung eines Menschen spricht, zeigt die Sprache an, die vieles weiß, was wir vergessen haben, dass der feinstoffliche Körper, auch wenn er nicht die Konsistenz des physischen Körpers hat, vorhanden und eine Realität ist. Hellsichtige können den feinstofflichen Körper und seine Ausstrahlung, die zusammen die Aura bilden, sehen, und mit der Kirlian-Photographie kann man sie zum Teil auch abbilden. Daher sagt man, die Aura sei das Licht von *Prana*. Heiligenscheine sind die Darstellung der wahrnehmbaren feinstofflichen Emanation hochentwickelter Menschen.

Die Tatsache, dass es so viele verschiedene, sich oft auch widersprechende Aussagen über den subtilen Körper gibt, geht zum guten Teil darauf zurück, dass Medien sehr unterschiedliche Begabungen haben und folglich feinstoffliche Gegebenheiten auch sehr unterschiedlich auffassen und interpretieren[31]. Wenn dann, wie im Westen, kein verbindliches, über Jahrhunderte erarbeitetes und immer aufs Neue über-

---

30 Muktibodhananda Saraswati: Swara Yoga, Bihar School of Yoga. Munger, Bihar 1984.
31 David V. Tansley: Subtle Body, Essence and Shadow. Thames and Hudson, London 1994.

prüftes Konzept des Astralkörpers vorliegt, sind willkürlichen, oft auch von persönlichen Zielen geleiteten Interpretationen keine Grenzen gesetzt. Das trägt natürlich dazu bei, dass viele Menschen Hinweise auf feinstoffliche Vorgänge für Erfindung von Phantasten halten.

Nach den Lehren des Yoga besteht der feinstoffliche Körper aus siebzehn Komponenten[32], in denen *Prana* seine lebensstiftende Kraft entfaltet, von denen gemeinhin nur die *Nadis* und *Chakras* erwähnt werden. Es ist wichtig, sich darüber im Klaren zu sein, dass das feinstoffliche Netzwerk der *Nadis* nicht mit dem physischen Nervensystem identisch ist. Die übrigen, nur selten erwähnten Komponenten des subtilen Körpers sind feinstoffliche Organe und Funktionen, aus denen die grobstofflichen zum guten Teil schon während der Schwangerschaft hervorgehen.

Es wird deutlich, dass dieser nicht materielle und nicht fassbare Leib in uns tatsächlich vorhanden ist, wenn man der Herkunft unserer beiden Körper, des grob- und des feinstofflichen, nachgeht. Den physischen erben wir von unseren Eltern, wie sich oft durch unübersehbare Ähnlichkeiten des Körperbaus, Aussehens und Verhaltens zeigt. Der feinstoffliche hingegen kommt aus einer anderen Ebene und geht mit seinen schon vorhandenen, nicht von den Eltern geprägten Eigenschaften in den ererbten grobstofflichen Körper ein. Das wird manchmal, wenn ein Kind trotz großer äußerer Ähnlichkeit völlig anders als seine Eltern ist, besonders deutlich. Diese anderweitig schwer erklärbare Diskrepanz hat Ramakrishna, Indiens großer Heiliger des 19. Jahrhunderts, in einer von seiner ländlichen Herkunft geprägten Metapher besonders schön zum Ausdruck gebracht: „Wenn eine Erbse", so sagte er, „auf einen Misthaufen fällt, wird trotzdem ein Erbsenstrauch daraus."

Die Nähe und zugleich Ferne zwischen dem grob- und dem feinstofflichen Körper werden an Hand von *Prana* und den Elementen am leichtesten fasslich. Im grobstofflichen Körper haben sich die Elemente, die im feinstofflichen schon pozentiell vorhanden sind, materialisiert, und deswegen kann man ihn sehen und anfassen. *Prana* hingegen, der dichteste und der Materie am nächsten stehende Bestandteil des feinstofflichen Körpers, ist keine sicht- oder fassbare Substanz, aber noch

---

32 Sankaracharya: Tattva Bodha. Central Chinmaya Mission Trust, Bombay 1990.

konsistent genug, um den Fortbestand des Astralkörpers auch ohne seine grobstoffliche Hülle zu ermöglichen und so zum Beispiel als Vehikel für außerkörperliche Erfahrungen zu dienen. Ein Vorkommnis auf einer Reise mit Swamiji, auf das wir noch kommen werden, hat mir das besonders deutlich vorgeführt.

Diese nicht mehr an die Materie gebundene, feinstoffliche Konsistenz macht den Astralkörper, obwohl man ihn nicht berühren kann, in und um den physischen Körper herum erfahrbar. Oft werden die *Nadis* oder *Chakras* und auch *Prana* deutlich wahrnehmbar, besonders intensiv und mitunter schmerzhaft in einem Kundalini-Prozess. *Kriyas* vor allem, von denen schon die Rede war, sind so eine Manifestation von subtiler Energie im physischen Körper.

Da der feinstoffliche Leib, dieses janusköpfige Mittelding und Bindeglied zwischen den Welten, substanzlos ist und doch eine gewisse Konsistenz mit einer höheren Schwingungszahl als die Materie hat, können Geister oder Menschen auf Astralreisen ungehindert dicke Wände durchqueren und sich in menschlichen Körpern aus Fleisch und Knochen einnisten, was inzwischen auch in Spielfilmen durch Computer-Animation perfekt veranschaulicht wird.

Die Vorgänge vor und nach der Geburt, wenn sich der feinstoffliche Körper im physischen verankert, und beim Sterben, wenn er ihn wieder verlässt, geben zusätzlichen Aufschluss über seine Natur und seine Funktionen. Der Astralleib enthält den Plan, die Blaupause für die Entwicklung des physischen Körpers, und beginnt sich, gemäß der Wissenschaft von Kundalini, während der Fötus im Mutterleib wächst, nach und nach von oben nach unten zu fixieren. Insgesamt gibt es hundert Stellen, *Marma-Punkte* genannt, an denen sich der feinstoffliche Leib mit dem physischen verbindet[33]. Nach der Geburt setzt sich der Fixierungsprozess von unten, angefangen mit den Füßen, nach oben fort, und im Alter von fünf oder sechs Jahren ist der feinstoffliche Körper dann ganz im physischen verankert.

In alten Zeiten wurde in Indien, wie Swamiji erzählte, der Abschluss des Fixierungsprozesses und mithin die Schulreife durch ei-

---

33 Dr. Avinash Lele, Dr. Subash Ranade, Dr. David Frawley: Secrets of Marma, The Lost Secrets of Ayurveda. Chankhamba Sanskrit Pratishthan, Delhi 1999.

nen einfachen Test festgestellt: Wenn ein Kind den Arm auf der einen Seite über den Kopf legen und die Wange der anderen Seite berühren konnte, galt das als Zeichen dafür, dass die beiden Körper miteinander verbunden und die Schulreife erreicht waren. Auch der Umstand, dass Kinder so oft mit imaginären Freunden spielen, die Erwachsene nicht wahrnehmen, kann mit diesem graduellen Prozess der Verankerung im Körper und mithin in der materiellen Welt zu tun haben, der im langsamen Sich-Schließen der Fontanelle seine Entsprechung hat.

Wenn man stirbt, entweicht der feinstoffliche Körper mit seinen drei Hüllen aus dem physischen, lässt ihn, gemäß einer vielgebrauchten Metapher, zurück wie alte Kleider, die man abstreift. Klinische Untersuchungen haben gezeigt, dass im Moment des Todes, wenn der feinstoffliche aus dem grobstofflichen Körper austritt, eine messbare Verringerung des Gewichtes eintritt[34].

Erst nach diesem Vorgang tritt die Leichenstarre ein und macht den Körper schwer, was, wie Swamiji erklärte, auf einen der vielen *Neben-Vayus, Dhananjaya Vayu* genannt, zurückzuführen ist, dem die Zersetzung des toten Organismus obliegt. Er verweilt, nachdem alle anderen *Vayus* ausgetreten sind, als einziger noch für drei Tage im toten Körper. Beim Verbrennen der Leichen an den Ufern indischer Flüsse kann man, wenn die Schädeldecke aufbricht, sehen, wie er als blaue Flamme aus dem Kopf entweicht.

Der Astralleib kann den grobstofflichen Körper durch seine neun Öffnungen, Anus, Penis oder Vagina, Mund, Nasenlöcher, Augen oder Ohren, verlassen. An Sekretionen der unteren Körperöffnungen, der Blähung eines Nasenflügels, einem offenen Mund oder Auge kann ein erfahrener Beobachter, wie Swamiji sagte, feststellen, wo der feinstoffliche Körper ausgetreten ist. Der Abgang durch den Anus oder die Geschlechtsorgane zeigt einen niedrigen Entwicklungsstand und einen schwierigen Tod an. Voll verwirklichte Meister verlassen ihren physischen Körper an seiner höchsten Stelle, durch die Fontanelle, die sie dafür öffnen müssen.

Während der Austritt des feinstofflichen aus dem grobstofflichen Körper beim Sterben leicht zu verstehen ist, gibt es für seinen Eintritt

34 David V.Tansley, a.a.O.

in einen neuen Körper bei der Wiedergeburt keine einfachen Erklärungen. Wie ein Astralleib, der, wie wir gesehen haben, über eine gewisse Konsistenz verfügt, in einen winzigen Fötus eingeht, ist schwer vorstellbar. Daher werden auch sehr unterschiedliche Angaben über den Zeitpunkt seines Eintritts gemacht. Swamiji antwortete auf meine Frage nur, es handele sich um ein Geheimnis der Natur. Man könne auch nicht erklären, wie aus einem winzigen Samenkorn ein riesiger Baum entstehe. Es hat mir gefallen, dass er keine unbelegbaren Hypothesen vorgebracht hat.

Sieht man von den Modifikationen ab, die sich durch die Erfahrungen im Laufe eines Lebens ergeben, bleibt der feinstoffliche Körper auch in einer unendlich langen Reihe aufeinanderfolgender Inkarnationen immer derselbe. Er könne, so heißt es, tausend[35] oder sogar Millionen Jahre[36] überdauern. Swamiji gab auf die Frage nach der Fortdauer des Astralleibs eine differenziertere Antwort. Er überlebe, sagte er, bis das Karma eines Menschen abgetragen sei.

Wenn das geschehen und die höchste Entwicklungsstufe erreicht ist, löst sich auch der feinstoffliche Körper auf, und die fünfte und letzte Hülle unseres Wesenskerns, der Kausalleib, vereint sich, gemäß den traditionellen Lehren, wieder mit dem reinen, absoluten Bewusstsein, aus dem er hervorgegangen ist. Das in mehreren Leben erworbene Wissen, das an die mittlere der drei Hüllen des feinstofflichen Körpers gebunden ist, kann der Meister nicht mitnehmen in das lang ersehnte Nichts, das Alles in sich birgt. Deswegen flehte Ramakrishna, um noch einmal auf ihn zurückzukommen, laut auf dem Dach seines Hauses, dass ein Schüler auftauchen möge, an den er sein Wissen weitergeben könne.

Viele dieser Informationen fußen, wie ich im Lauf der Jahre aus Bemerkungen Swamijis entnahm, weniger auf ausgefallenen esoterischen Theorien als vielmehr auf unmittelbarer Erfahrung und der genauen Beobachtung natürlicher Vorgänge. Oft ging aus der einen oder anderen Geschichte hervor, dass er diese Dinge gesehen, miterlebt oder praktiziert hat, viele während der fünfundzwanzig Jahre, in denen er als Bettler durch Indien gewandert ist.

---

35 Vishnu Tirtha, a.a.O.: Devatma Shakti. Divine Power Yogshri Peeth Trust, 1993.
36 Rajarshi Muni: Yoga, The Ultimate Attainment. Jaico Publishing House, 1995.

Beobachtungen bei para-chirurgischen Eingriffen

In der brasilianischen Literatur zum Spiritismus findet man nicht viel über die grob- und feinstofflichen Vorgänge, die dem Verkehr zwischen Geistern und Medien zu Grunde liegen.[37] Man geht in Brasilien einfach davon aus, dass Geister sich durch Medien artikulieren oder anfällige Menschen besetzen, und dass man diese Vorgänge beeinflussen kann, wenn man die Kommunikationsgesetzmäßigkeiten zwischen Menschen und Geistwesen kennt und sie richtig anwendet. Diese tief in der brasilianischen Kultur verwurzelten Überzeugungen sind kein guter Nährboden für aufwändige wissenschaftliche Untersuchungen, doch sicherlich fördern sie das massenhafte Auftreten von Geistern.

Ein paar Jahre nach dem Bericht mit Cícera Marias Herzoperation machte ich einen weiteren langen Dokumentarfilm, der sich ausschließlich mit paramedizinischen Phänomenen befasste. Damals verkörperte sich das erste Mal, soweit man weiß, durch einen approbierten Arzt, Dr. Edson Queiroz aus Recife im Nordosten Brasiliens, ein jenseitiger Kollege und führte in Trance Operationen ohne Narkose und aseptische Vorkehrungen aus. Wie schon bei Zé Arigó und einigen anderen Medien nannte sich der Geisterarzt, der durch ihn operierte, Dr. Fritz. Er hatte eine Vorliebe für Augenoperationen und zeichnete sich durch einen starken deutschen Akzent aus. Genauere Angaben über seine Vergangenheit machte er auch diesmal nicht.

Einige der paramedizinischen Behandlungen, die Dr. Fritz durch das Medium Dr. Edson Queiroz ausführte, waren neu und höchst ungewöhnlich. Ein paar Patienten stieß er mehrere Male von unten bis ganz oben, vehement und mit voller Kraft, eine dicke, vier bis fünf Zentimeter lange Kanüle ins Rückgrat. Bei einer dieser Behandlungen stand ich neben der Patientin, die keinen einzigen Ton von sich gab. Ich ließ mir die Kanüle unmittelbar nach dem letzten Einstich aus den Fingern der Doktoren Fritz/Edson Queiroz geben und versuchte vergeblich, sie zu verbiegen oder zu zerbrechen. Es war keine Attrappe,

37 C. Torres Pastorino: Técnica da Mediunidade. Editora Sabedoria, Rio de Janeiro 1969.

sondern eine echte dicke Kanüle, und der einfühlsame Kameramann hatte den Vorgang minutiös von Anfang bis Ende in einem einzigen langen Schwenk dokumentiert.

Kurz danach stachen die vereinten Doktoren Fritz und Edson noch zwei oder drei Mal einer stehenden Frau, die keine Miene verzog, mit einer dieser großen Kanülen in die Höhlen unmittelbar über den Augen. Bei diesem für gläubige Spiritisten aus höheren Sphären inspirierten Vorgang war ich nur einen knappen Meter von der Patientin entfernt. Es lief mir ein eiskalter Schauer den Rücken herab.

Auf meine Frage, warum er mit dicken Kanülen das Rückgrat und die Augenhöhlen punktiere, sagte Dr. Fritz in seinem schwerfälligen Portugiesisch, er behandele nicht die Symptome der Krankheiten, sondern ihre Ursachen. Das eigentliche Ziel seiner Behandlungen war also, wie spätere Erklärungen bestätigten, nicht der grob-, sondern der feinstoffliche Körper. Er fügte vielsagend hinzu, es handele sich um eine ganz neue Form von Therapie, denn die jenseitige Medizin sei der unseren um tausend Jahre voraus.

Es war klar, dass Dr. Edson bei dieser gefährlichen Behandlung keine Taschenspielertricks angewandt hatte, und zugleich war völlig unvorstellbar, dass ein approbierter Arzt diese tiefen, ungestümen Punktierungen in der Wirbelsäule und in den Augenhöhlen vorgenommen hätte, wenn ihn nicht eine Kraft dazu angetrieben hätte, die ihn ganz und gar in Besitz nahm. Wie vollständig der Geist in sein Medium geschlüpft war, zeigte sich auch an Dr. Edsons stark veränderter Körperhaltung. Sein Rücken war über viele Stunden hin stark gekrümmt und der Kopf von der in seiner Nähe deutlich spürbaren Anspannung nach vorne geschoben. Er schauspielerte nicht, sondern diese Rolle war ihm aufgebürdet und die Verkrampfungen ein deutliches Indiz für das, was die Spiritisten als *Inkorporation* bezeichnen.

Dass sich in Medien Kräfte inkorporieren, die nicht die ihren sind, machten auch die beiläufigen Worte von einem der Helfer des inzwischen weit über Brasilien hinaus bekannt gewordenen Mediums João de Deus, den ich mehrere Tage bei der Arbeit beobachten konnte, ganz deutlich. João de Deus inkorporierte nicht nur, wie Cícera Maria oder Edson Queiroz, einen einzigen geistigen Helfer. Durch ihn führten mehrere jenseitige Ärzte, je nach Tag oder Disposition und oft kurz hintereinander, ihre Operationen aus.

Der Helfer, ein ganz einfacher Mann, der schon seit Jahren, um den großen Andrang zu bewältigen, die Hilfesuchenden im Vorhof in langen Schlangen aufstellte, erzählte mir, dass er am Tempo, mit dem sich die Schlangen bewegen, ablesen könne, welcher der jenseitigen Ärzte João de Deus gerade inkorporiert habe.

Damit lieferte er, ohne es zu wissen, einen interessanten Beitrag zu der alten Kontroverse zwischen Animisten und Spiritisten. Die Animisten schreiben die paramedizinischen Phänomene inhärenten Kräften der Medien zu, während die Spiritisten davon ausgehen, dass sich jenseitige Wesen, in unserem Fall verstorbene Ärzte, in Medien inkorporieren, um ihre Arbeit zu verrichten – in Brasilien zumindest ist das ein offensichtlicher Tatbestand.

Mediale Übermittlungen sind in der Regel umso reiner, je weniger von der Persönlichkeit des Mediums einfließt. Schon Kardec hat das automatische Schreiben, lange bevor *Channeln* Mode wurde, in vier Kategorien eingeteilt und das mechanische Schreiben, bei dem der Kopf nicht weiß, was die Hand tut, ganz oben angesiedelt. Auch bei parachirurgischen Eingriffen kann man, seit Zé Arigó weiteroperierte, während er sich Besuchern zuwandte, diesen automatischen Vollzug beobachten; und vor ein paar Jahren operierte ein Medium in São Paulo sogar mit fest geschlossenen Augen.[38]

Wenn man jenseitige Ärzte, während sie durch ein Medium operieren, befragt, wie Asepsis ohne sterilisierende Maßnahmen oder Schmerzlosigkeit ohne Narkose zustande kommen, geben sie meistens nur sehr allgemein gehaltene Antworten. Doch an Hinweisen über die entscheidende Rolle, die der feinstoffliche Bereich in der Parachirurgie spielt, fehlt es nicht.

Es gehört zum Alltag geschulter Medien, die Dimensionen hinter der materiellen Welt wahrzunehmen; und dass im Grobstofflichen ein feinstofflicher Körper existiert und auf vielfache Weise wirkt, ist fester Bestandteil der spiritistischen Doktrin. Die Anhänger Allan Kardecs nennen ihn *Perispirit* und beschreiben ihn als eine halb-materielle

---

38 Guy Plaifair, a.a.O.

Substanz, die Seele und Körper verbindet. Sieht man von der darüber hinausgehenden Differenzierung des feinstofflichen Körpers in drei verschiedenartige Bestandteile ab, entspricht das genau der Lehre von den fünf Hüllen, die der Wissenschaft von Kundalini zugrunde liegt.

Wenn man davon ausgeht, dass es einen feinstofflichen Körper gibt, der dem grobstofflichen vor- und übergeordnet ist, dann ist klar, dass auch Krankheiten in ihm entstehen und behandelt werden können, so wie man das von der Homöopathie her kennt. Verschiedene Beobachtungen, die ich bei sichtbaren und unsichtbaren paramedizischen Eingriffen gemacht habe, deuten darauf hin, dass die Eigenschaften des feinstofflichen Körpers parachirurgischen Eingriffen entgegenkommen, und sehr oft ist auch der Astralkörper selbst das eigentliche Ziel der Behandlung.

Das Medium João de Deus führte paramedizinische Behandlungen in beiden Sphären aus. Schon bei der Aufnahme der Krankengeschichte teilte er die Klienten in zwei Gruppen ein. Die Menschen, die sich in diesen Dingen auskannten und einen lediglich im feinstofflichen Körper ausgeführten Eingriff für wirksam hielten, wurden in einen Saal geschickt, wo er sie, nachdem er einen seiner jenseitigen Helfer inkorporiert und ein Gebet gemurmelt hatte, alle gemeinsam mit einer einzigen großen Geste zu kurieren versuchte. Nach der Arbeit haben ihn, wie ich damals feststellte, oft dankbare Menschen besucht, die er geheilt hat, obwohl die Ärzte sie schon aufgegeben hatten – viele von ihnen in kollektiven unblutigen Operationen.

Nach den Behandlungen, die nur den feinstofflichen Bereich zum Ziel hatten, führte João de Deus dann blutige Eingriffe ohne Asepsis und Narkose an Menschen aus, die diese Prozedur als Beweis einer Behandlung benötigten. Er tat das in einem Vorraum, wo viele wartende Patienten diese zum Teil tiefgehenden chirurgischen Eingriffe verfolgen konnten, die zumindest in der Paramedizin ein gleichzeitiges Einwirken auf den feinstofflichen Körper nicht ausschließen. Einigen seiner Bemerkungen konnte ich entnehmen, dass João de Deus diesem Teil seiner Arbeit weniger Gewicht beimaß, als den ausschließlich im feinstofflichen Körper ausgeführten Operationen. Ich hatte den Eindruck, dass die Zuweisung zu der einen oder anderen Gruppe zugleich eine unausgesprochene Bewertung des spirituellen Entwicklungsstandes der Patienten war.

Manche Medien operieren grundsätzlich nur im feinstofflichen Körper und machen dabei, wie ich des öfteren gesehen habe, symbolische Gesten, die die Vorgänge einer regelrechten Operation simulieren. Fernbehandlungen schließlich, bei denen selbst die körperliche Nähe von Medium und Patient nicht mehr gegeben ist, sind die reinste Form von ausschließlich feinstofflichen Behandlungen. Detaillierten Berichten von Patienten kann man entnehmen, dass sie diese gänzlich abstrakten, über Distanzen von hunderten von Kilometern durchgeführten Eingriffe deutlich gespürt haben und geheilt wurden.

Auch Dr. Edson Queiroz führte zweimal im Monat Fernbehandlungen für Hunderte von Menschen in ganz Brasilien durch, die die Stiftung Dr. Adolph Fritz in Recife angeschrieben und dann den genauen Zeitpunkt der Operation und Verhaltensregeln für die Tage vor und nach der Behandlung erhalten hatten. Die Sitzungen fanden in einem dunklen Raum mit fünf oder sechs der engsten Mitarbeiter Dr. Edsons statt. Er selbst legte sich auf ein Bett hinter einem Vorhang und ging in tiefe Trance. Während dieser Behandlungen auf Distanz, so sagten die Teilnehmer, träten vielerlei physikalische Effekte auf, leuchtende Kugeln flögen durch den Raum, Geflüster oder Musik erklänge und hin und wieder würden sich auch Geister ganz oder teilweise materialisieren.

Wir durften erst unmittelbar nach der Sitzung in diesen Raum, um das völlig erschöpfte Medium zu interviewen. Bei der Bearbeitung des Materials stellte sich dann heraus, dass Bild und Ton dieses Gespräches nicht synchron waren. Dr. Edsons Stimme kam lange nach den zugehörigen Mundbewegungen, und diese Verzögerung vergrößerte sich im Laufe des Interviews noch. Nie zuvor bei unendlich vielen, oft sehr strapaziösen Einsätzen dieser quarzgesteuerten Ausrüstung war das passiert. Von Störungen elektronischer Geräte im Umkreis von Medien und Geistern hatte ich schon gehört; doch dass sie auch verspätet, nach der eigentlichen Sitzung, noch auftreten können, war mir neu.

Die Beeinflussung von Energiefeldern, wie sie die Störung elektronischer Geräte anzuzeigen scheint, wird häufig zur Erklärung der erstaunlichen Phänomene bei parachirurgischen Operationen herangezogen, die alle Regeln der Schulmedizin auf den Kopf stellen. Vor allem die Asepsis ohne sterilisierende Vorkehrungen und das Ausbleiben größerer Blutungen wird auf eine subtile Manipulation energetischer Felder zurückgeführt. Vielleicht spielt sie auch bei der ohne anästhetische Maßnahmen erzielten Schmerzfreiheit eine Rolle, doch wahrscheinlicher ist, dass sie durch eine Loslösung des feinstofflichen vom grobstofflichen Körper zustande kommt, die auch den verschiedenen außerkörperlichen Erfahrungen zugrunde liegt.

Interessante Hinweise zu feinstofflichen Vorgängen finden sich in den zahllosen medialen Schriften, die in Brasilien einen beträchtlichen Teil des Buchmarktes ausmachen. Vor allem im Werk des bekanntesten brasilianischen Schreibmediums, Francisco Cândido Xavier, der über vierhundert Bücher mit Auflagen von knapp fünfundzwanzig Millionen Exemplaren verfasst hat, machen das Geistwesen Emmanuel und der verstorbene brasilianische Arzt André Luiz viele Angaben zum feinstofflichen Körper, die nicht dem Kopf des ihm ergebenen, völlig ungebildeten Mediums entspringen konnten.

Diese und die Informationen anderer Autoren über den feinstofflichen Körper sind in einer brasilianischen Enzyklopädie des Spiritismus in dem Band „Perispírito"[39] zusammengefasst. Im ersten Kapitel, das Begriff und Natur des *Perispirit* erklärt, zählt der Autor all die Namen auf, mit denen der feinstoffliche Körper in den verschiedenen esoterischen Traditionen bezeichnet wird. In der indischen, so sagt er, hieße er „mano-maya-kosha". Doch *Manomaya Kosha*, die mentale Hülle, ist im indisch-vedischen System nur einer, und zwar der mittlere der drei Bestandteile des feinstofflichen Körpers. Ohne die anderen beiden Hüllen ist es schwierig, seine Natur und Funktion zu begreifen. Zu einem kohärenten und praktikablen System wachsen also die Angaben der dies- und jenseitigen spiritistischen Autoren nicht zusammen.

---

39 Zalmino Zimmermann: Perispírito. CEAK – Centro Espírita Allan Kardec, Campinas, Sao Paulo 2000.

Auch wenn man die außerordentlichen Phänomene der Paramedizin für genuin hält, darf man die Arbeit der jenseitigen Ärzte und ihrer Medien nicht losgelöst von ihrem religiösen und moralischen Hintergrund betrachten. Der zeremonielle Rahmen mit Gebeten und frommen Ansprachen bildet, von wenigen Ausnahmen abgesehen, den unverzichtbaren Rahmen, das nährende Feld, in dem sich die übersinnlichen Kräfte entfalten und durch Medien und Geister wirken können.

Doch die religiöse Einbindung der Paramedizin bedeutet nicht, dass man, um geheilt zu werden, an Gott oder Geister glauben muss. Gläubigkeit fördert allerdings die Heilung, wie nicht nur jenseitige Ärzte immer wieder betonen. Natürlich dient auch das nicht immer eingehaltene Gebot der Spiritisten, dass man aus dem Geschenk der Medialität kein Geschäft machen soll, zur Reinhaltung des energetischen Feldes, das entscheidenden Einfluss darauf hat, ob sich Geister aus niedrigeren oder höheren Gefilden manifestieren.

Durch Erfahrungen in Indien und das Fortschreiten meines Prozesses ging mir nach und nach auf, dass die größten Fehleinschätzungen in diesem vielschichtigen Bereich nicht durch die Verquickung religiöser Elemente mit übernatürlichen Phänomenen und die oft daraus resultierende blinde Mystifizierung aller paranormalen Erscheinungen entstehen, sondern – wie ich durch ein folgenreiches Ereignis in meinem eigenen Leben entdecken musste, auf das wir am Ende des nächsten Kapitels kommen – durch die Verwechselung ontologischer Ebenen.

8

Umgang mit Geistern II

Abgrenzungen nach unten und oben

Informationen über jenseitige Welten und den Umgang mit ihnen hat Swamiji nicht, wie in dem einführenden Unterricht des zweiten Jahres, in Form einer abgerundeten, in sich geschlossenen Lehre dargeboten. Sie gehen auf viele Fragen, Bemerkungen und ein paar Erlebnisse in seinem Umkreis zurück.

Auf mein vor allem anfangs vorsichtiges Nachfragen hat Swamiji nie dieselben und doch sich nicht widersprechende Antworten gegeben. Erst viel später habe ich gemerkt, dass sich hinter den stets anders gearteten Antworten und der unsystematischen Wissensvermittlung eine bewusst gehandhabte Methode verbarg. Die hier zusammengefassten Informationen ähneln also einem Mosaik, in dem einige Steine fehlen und nicht allzu viele, wie ich hoffe, am verkehrten Platz sitzen.

Als Swamiji mir im zweiten Jahr die neuen Übungen mit den hochgestreckten Armen aus den vedischen, keltischen und christlichen Traditionen beigebracht hat, sagte er, sie dienten dazu, die Lücke zwischen dem eigenen mikrokosmischen und dem allumfassenden makrokosmischen Energiefeld zu überbrücken. Das individuelle Energiefeld umfasst den groben und die feinstofflichen Körper und verändert sich laufend, je nach deren Zustand. Der Ätherkörper geht in der Regel ein gutes Stück über das Körper-Ich hinaus, reduziert sich jedoch über dem Kopf, wie Swamiji sagte, auf eine Lücke von etwa zwei Handbreiten.

Dieser kleine Bereich bildet den Zugang zur Welt der Geistwesen der verschiedensten Art, die Swamiji kurz *Astrals* nannten. Nicht nur Menschen, die gestorben sind und ihre Bindungen an die materielle Welt nicht lösen können, auch Schutzengel, hilfreiche Vorfahren, dies- und jenseitige Anhänger von Geheimbünden, Naturgeister, außerirdische Wesen und Dämonen tummeln sich in der Astralwelt, wie aus unzähligen, zum Teil sehr genauen und fundierten Berichten hervorgeht.

Wie viele esoterische Traditionen, geht auch die Wissenschaft von der Kundalini davon aus, dass über dem grobstofflichen und den feinstofflichen Bereichen noch zwei weitere Ebenen liegen, die himmlische und die des absoluten Bewusstseins, aus dem die darunterliegenden Ebenen hervorgegangen sind und immer wieder hervorgehen.

Für diese vier Ebenen gibt es viele verschiedene Bezeichnungen, aber die Eigenschaften, die ihnen zugeordnet werden, sind im Grunde immer die gleichen. Einige Traditionen gehen sogar von sieben Ebenen aus, die sich in Redewendungen wie „der siebte Himmel" widerspiegeln. Aber da es schwierig ist, sie in direkter Erfahrung wahrzunehmen, begnügen sich die Disziplinen, bei denen die praktische spirituelle Arbeit im Vordergrund steht, meist mit vier makrokosmischen Ebenen und ihren mikrokosmischen Entsprechungen.

Wenn man die kleine Lücke hinter sich lässt, die uns mit der Sphäre der Geister verbindet, wird der darüberliegende himmlische Bereich zugänglich. Der Umstand, dass die Praktiken für Sphärenwanderer, die Swamiji mir zur Überbrückung dieser Lücke verordnet hat, aus drei verschiedenen spirituellen Meditationen stammten, zeigt an, wie universell das Wissen von diesen Zusammenhängen ist.

Der sicht- und greifbaren materiellen Welt wird der physische Körper, dem Zwischenbereich der Geistwesen der dreiteilige feinstoffliche Körper und der nächst höheren, himmlischen Ebene der Kausalkörper, also die letzte lichte Hülle unseres Wesenskerns zugeordnet. Für die vierte und höchste Ebene gibt es keine körperliche Entsprechung. Sie manifestiert sich nicht mehr, sondern ist der form- und eigenschaftslose Urgrund, aus dem die drei niedrigeren Ebenen entspringen.

Um eine Vorstellung von dem abstrakten Gebilde des Kausalkörpers zu gewinnen, der keine persönlichen, vom Ich-Bewusstsein durchdrungene Anteile mehr enthält und nicht so leicht erfahrbar ist wie der feinstoffliche Körper, kann man die Bewusstseinszustände heranziehen, die in der vedischen Tradition den vier Ebenen zugeordnet werden.

Das Wachbewusstsein charakterisiert in diesem hierarchisch gegliederten System den grobstofflichen, das Träumen den feinstofflichen und der traumlose Tiefschlaf den kausalen Körper. Zur höchsten Ebene, der letzten und absoluten Realität, die im Sanskrit schlicht *Turiya*, die Vierte, genannt wird, kommen wir später. Diese Zuordnungen darf man, wie wir das schon anhand der Elemente gesehen haben, nicht wörtlich nehmen. Wachsein, Traum und Tiefschlaf stellen nicht die Bewusstseinszustände an sich dar, sondern sind nur Beschreibungsversuche, leichtverständliche Synonyme, die diesen Bewusstseinszuständen ziemlich genau entsprechen.[40]

Im Wachzustand wird *Manas* (Der Mentalkörper), die mittlere der drei Hüllen des feinstofflichen Körpers, in der alle mentalen Vorgänge ablaufen, über die Sinne unentwegt mit neuen Eindrücken gefüttert und ist zugleich mit ihrer Verarbeitung beschäftigt. Da diese Vorgänge beim Schlafen wegfallen, verlustiert sich *Manas* (oder *mind*) – wenn wir von den sogenannten Großträumen absehen – in immer neuen Träumen mit seinem eigenen, im Gedächtnis gespeicherten Material. Im Tiefschlaf fallen dann auch die Träume weg, der Mentalkörper kommt zur Ruhe und somit kann man sich im Kausalkörper, der Quelle unserer Existenz, dem allumfassenden Bewusstsein schon ein wenig annähern.

Wie die Schlaf- und Traumforschung gezeigt hat, wechseln die meisten Menschen Nacht für Nacht mehrere Male zwischen Träumen und traumlosem Schlaf, in dem man sich für kurze Zeit mit der fünften und letzten Hülle, dem Kausalkörper, vereint. In diesen Momenten, wenn wir dem Urgrund unserer Existenz schon sehr nah sind, findet eine tiefgreifende Regeneration des gesamten Organismus statt. Wie man aus eigener Erfahrung weiß, ist nichts erholsamer und kraftspendender als ein langer, traumloser Tiefschlaf, der uns mit dem Kausal-

---

40 I. K. Taimni: Glimpses into the Psychology of Yoga. The Theosophical Publishing House, Adyar, Madras 1973.

körper verbindet. Deshalb verlieren Meister, welche die Kunst beherrschen, sich willentlich in die dritte, kausale Ebene zu begeben, ihre Zeit nur selten, wie mir Swamiji sagte, mit nutzlosen Träumen. Das hindert sie jedoch nicht, ein sehr offenes Ohr für die Träume ihrer Schüler zu haben.

Man hat versucht, mit leicht fasslichen Formeln eine Vorstellung vom Kausalkörper und der letzten, über ihm liegenden Ebene zu vermitteln. Eine dieser Erklärungen beschreibt die drei Stufen der steilen Treppe, die aus dem lediglich körperlich-materiellen Bereich zur vierten und höchsten Ebene hinaufführt, mit Dualität, dem Wechsel zwischen Dualität und Nicht-Dualität und uneingeschränkter Nicht-Dualiät. Im Englischen heißt es kürzer und eingängiger: *dual, dual/nondual, nondual.*

In dieser Aufreihung entspricht die Dualität dem feinstofflichen, Dualität/Nicht-Dualität dem kausalen Bereich und die völlige Überwindung jeglicher Dualität der vierten und höchsten Ebene, dem restlosen Aufgehen im kosmischen Bewusstsein. Wenn man vor die dem feinstofflichen Bereich zugeordnete Dualiät den simplen vor-dualen Zustand einer völligen Identifikation mit Körper und Materie setzt, dann haben wir wieder die vier Bewusstseinszustände, die den ontologischen Ebenen zugeordnet werden und eine Ahnung von dem langen, schwierigen Weg nach oben vermitteln.

Der Zustand von Dualität/Nicht-Dualität, also das Schwanken zwischen diesen beiden Modalitäten, erklärt das komplizierte Konzept des Kausalkörpers recht genau. Wenn sich die Dualität nach und nach verringert, hört er auf, ein nur abstraktes Gebilde zu sein. Er wird erfahrbar. Die flüchtigen Blicke in das Eine, das alles enthält, mehren sich – und nach einiger Zeit sind sie nicht mehr so flüchtig. Dadurch wird der Kausalkörper zu einer Art Übungsplatz für den schwierigen Aufstieg zur vierten und letzten Ebene.

Im mikrokosmischen Zusammenhang wird diese höchste Ebene *Atman*, das Selbst, genannt; und da man im Kausalkörper dieser innersten Essenz schon sehr nahe kommen kann, wird er oft als „der Kenner des Selbst"[41] bezeichnet. Auf dieser Stufe tauchen also schon Erfah-

41 Rajarshi Muni, a.a.O.

rungen der letzten, absoluten Realität auf, aber man hat sie noch nicht ganz erreicht, geht nicht völlig in ihr auf.

Dem Kausalkörper, dem nichts Leibliches mehr entspricht, wird die dritte, himmlische Ebene zugeordnet. Sie ist das Reich der Götter, die Form und Namen haben, die man anbeten und denen man Opfer darbringen kann. Auch Heilige, Meister und Weise, die sich zu Lebzeiten der himmlischen Sphäre angenähert haben, sind hier zu Hause. In bestimmten Situationen erhalten Menschen aus diesem himmlischen Bereich Hilfe oder Weisungen, und aus ihm entfalten sich auch die Archetypen der darunterliegenden feinstofflichen Sphäre.

Da die vier Ebenen dieser hierarchisch geordneten Abfolge, obwohl sie Teile eines Kontinuums sind, ihren eigenen Gesetzmäßigkeiten unterliegen, können die Geister und Dämonen aus dem zweiten, dem astralen Bereich nicht in den himmlischen vordringen. Das heißt freilich nicht, dass es in der dritten Ebene keine dunklen Kräfte gibt oder die Polarität von positiv und negativ schon aufgehoben ist. Auf diesen Zustand, in dem die Dualität überwunden, aber die Polarität noch wirksam ist, hat uns *Shiva* schon in seiner Form als *Ardhanarishvara* aufmerksam gemacht.

Die vierte und höchste Ebene, *Turiya*, ist reines, grenzenloses Bewusstseins und liegt jenseits jeglicher Polarität. Da sie keinerlei Eigenschaften hat, kann sie nicht oder nur in Metaphern beschrieben werden, die eine Ahnung dieser letzten, absoluten Realität, die jenseits aller Namen und Formen, jenseits aller Manifestation liegt, vermitteln sollen. Im mikrokosmischen Zusammenhang wird sie, wie schon erwähnt, *Atman*, im makrokosmischen *Brahman* genannt.

Um eine erste Ahnung von dieser vierten und höchsten Ebene zu vermitteln, lässt man mitunter den drei Komponenten des *Mantras OM*, dem *A*, *U* und *M*, einen Moment vollkommener Stille folgen, der in dieser hierarchischen Gliederung, in der das *A* der körperlichen, das *U* der feinstofflichen und das *M* der kausalen Ebene entsprechen, die letzte, absolute Realität, das Eine, zum Ausdruck bringen soll.

Schon das große nächtliche *OM* gegen Ende des ersten Jahres hatte mir gezeigt, dass ich im Umkreis Swamijis meine Vorstellungen vom Reich der körperlosen Wesen, die sich im spiritistischen Milieu Brasiliens gebildet hatten, erweitern musste. Nun wurde mir nach und nach klar, dass ich in eine ganz andere Welt geraten war. Ich will versuchen, anhand von Beobachtungen und Begebenheiten sowie aufgrund von Bemerkungen Swamijis zu beschreiben, was ich von ihr mitbekommen habe.

Erfahrungen in Indien

Vor etlichen Jahren, bei einem Besuch in Deutschland, haben Swamiji und seine amerikanische Schülerin in langen Gesprächen die Daten mehrerer Menschen mit schwierigen inneren Prozessen aufgenommen. Da einige kein oder nur sehr wenig Englisch sprachen, war ich bei diesen gleichsam Anamnesen dabei.

Als ein stark verstörter, etwa dreißigjähriger Mann ganz zu Anfang des Gesprächs von einer schwierigen, nie vollzogenen Beziehung zu einer Frau sprach, sagte Swamiji plötzlich, sie sei eine Art Hexe gewesen. Der junge Mann war völlig konsterniert und brachte schließlich ein paar recht überzeugende Argumente gegen diese Annahme vor, und ich wunderte mich, warum Swamiji, der bei den anderen Gesprächen nur wenig gesagt hatte, so schnell zu einer so eindeutigen Feststellung gekommen war.

Gegen Ende dieses Gespräches, fast eine Stunde später, kam der Mann dann stockend auf einen von einer Erektion begleiteten Traum zu sprechen, und es war offensichtlich, dass es ihm sehr schwer fiel, diesen Punkt zu berühren. Es handelte sich um einen Wiederholungstraum, in dem er festgebunden und völlig entblößt auf einer Pritsche lag und von mehreren Personen, darunter auch einer Frau, einer Art Operation, wie er sagte, unterzogen wurde. Alles deutete daraufhin, dass es sich um eine schwache, sehr ferne Erinnerung an einen rituellen Missbrauch in einem früheren Leben handelte. Es war nicht das erste Mal, dass ich das Gefühl hatte, dass Swamiji Dinge erfasste, lange bevor sie sich auf die eine oder andere Weise manifestierten.

Mehrere Tage danach, auf einer Spanien-Reise zu den Geburts-, Wirkungs- und Todesstätten der Heiligen Theresa von Avila und Johannes vom Kreuz, fragte ich Swamiji, warum er sich bei jenem Fall eine Stunde lag zum guten Teil belanglose Geschichten angehört hatte, obwohl er offensichtlich schon wusste, wo die Wurzeln des Problems zu finden waren. Es sei wichtig, den Menschen die Möglichkeit zu geben, selbst auf tieferliegende Zusammenhänge zu kommen, und er wolle auch nicht, sagte er dann noch, dass die Leute denken, er sei ein *psychic*, jemand mit medialen Fähigkeiten.

Wenn Swamiji das, was er tut, benennen muss, dann sagt er, er sei ein *spiritual director*. Wie umfassend die Tätigkeit eines spirituellen Lehrers ist, ging mir nach und nach auf und auch, dass seine Art, Probleme zu erkennen und mit ihnen umzugehen, nicht den eingefleischten, analytischen und linearen Denkgewohnheiten von *Westlern* entspricht, wie er uns immer wieder nannte.

Bei einem meiner Aufenthalte in Rishikesh hatte ich die für eine erste Bestandsaufnahme erforderlichen Unterlagen von drei Leuten aus Brasilien mitgebracht, die durch zum Teil schwierige Kundalini-Prozesse gingen. Schon dem Foto einer knapp dreißigjährigen Frau, auf dem mir nur die sehr unterschiedliche Ausprägung ihrer linken und rechten Körperseite aufgefallen war, entnahm er, dass sie einen fehlgeleiteten Prozess in *Saraswati Nadi* hatte. Auch wenn ein neuer Schüler in Rishikesh auftauchte, sah er oft auf Anhieb an kleinen Anzeichen, welche die meisten Menschen nicht wahrnehmen oder nicht wahrnehmen können, in welcher *Nadi* Kundalini aufgestiegen oder wo sie auf eine Blockade gestoßen ist.

Obwohl die biographischen, medizinischen und spirituellen Angaben der Brasilianerin den schnellen Schluss nahelegten, dass sich hinter einem immer wiederkehrenden Alptraum, aus dem sie nur mit großer Mühe erwachen konnte, und ihrer panischen Todesangst nicht nur der Verlust ihrer Mutter im Alter von einem Jahr, sondern auch ein tieferliegendes Trauma aus einem früheren Leben verbargen, tastete sich Swamiji mehr in einer Art von intuitivem Umkreisen an den Fall heran.

Dabei stieß er auf verschiedene körperliche Symptome und sah, dass auch die immer wiederkehrenden Überflutungen durch unkontrollierbare Emotionen auf feinstoffliche Rückstände aus einem gewaltsamen Tod in einer früheren Existenz deuteten und den Hintergrund für die Alpträume und die panische Todesangst bildeten. Nach diesem durch und durch phänomenologischen Erfassen der angelieferten Daten stellte er fest, dass eine Überleitung Kundalinis zu *Sushumna Nadi*, in der sie ungehindert aufsteigen könne, in ihrem Fall nicht schwierig sei. Dann blickte er noch einmal auf die Handlinien und das Geburtsdatum und sagte ein paar Worte über die großen Begabungen dieser Frau. Nach der Korrektur des Prozesses könne sie ihre Ängste überwinden und ein produktives Leben führen.

Wenn immer wieder von schwierigen Vorleben die Rede ist, muss man in Rechnung stellen, dass es sich bei den Schülern Swamijis nicht um einen repräsentativen Durchschnitt handelt. Nach den Hochrechnungen sehr persönlicher Eindrücke soll Kundalini, wie ich vor etlichen Jahren auf einer Konferenz hörte, maximal in einem Prozent der Weltbevölkerung aktiv sein. Auch wenn der Anteil in unserer Zeit radikaler Umbrüche weiter angestiegen sein sollte, haben wir es immer noch mit einer kaum wahrnehmbaren Größe zu tun, wenn man in Betracht zieht, dass von diesen wenigen Menschen nur ein minimaler Teil, oft auf die unglaublichste Weise, den Weg zu Swamiji findet.

Tatsächlich litten unter Swamijis Schülern weit mehr, als ich vermutet hatte, unter Traumata aus früheren Leben. In einigen Fällen wurden sie noch durch Astralwesen intensiviert, die in früheren Inkarnationen in einer besonders engen Beziehung zu diesen Schülern gestanden, sie dann in ihrem gegenwärtigen Leben wieder aufgespürt und sich an sie geheftet hatten. Mitunter gehörten diese jenseitigen Begleiter auch einer ganzen Gruppe hierarchisch gegliederter Astralwesen an.

Aber es gab auch ein paar Schüler, die allem Anschein nach keine schweren Lasten aus der Vergangenheit mit sich herumschleppten. Ich selbst bin dafür ein Beispiel. Zu mir hat Swamiji nie ein Wort über ein vorangegangenes Leben gesagt, und da ich wusste, dass ich keine Antwort bekommen würde, habe ich ihn auch nicht danach gefragt. Wenn sich keine schwer verdaulichen Erinnerungen hochdrängen und auch die Träume keine Anhaltspunkte liefern, so sagte Swamiji einmal, ist es sehr wahrscheinlich, dass die dem gegenwärtigen Leben vorangegangene Existenz relativ gut verlaufen ist. Traumatische Vorkommnisse in einem Vorleben glichen einer zusammengedrückten Sprungfeder, die hochschnellt, wenn sich die Druckverhältnisse ändern.

An einer kleinen, recht komischen Geschichte zeigte sich, dass ein winziger Anlass genügen kann, um tief vergrabene Vorkommnisse aus einem schwierigen Vorleben zu aktivieren. Als ich das zweite Mal nach Rishikesh kam, war eine intelligente, etwa vierzigjährigen Frau unter den Schülern, die sich ihre okkulten Fähigkeiten nicht erklären konnte. Swamiji hatte festgestellt, wie sie mir erzählte, dass sie in einem Vorleben als Hexe verbrannt worden sei und nun einen Kundalini-Prozess in *Saraswati Nadi* habe.

Sie konnte sich nur schwer auf ihre Übungen konzentrieren und döste, da sie kaum Englisch sprach, auch während des abendlichen Unterrichts oft vor sich hin. Doch eines Abends, als das Wort *witch* fiel, fuhr sie wie elektrisiert auf. Wir kicherten verhalten vor uns hin, und danach fiel es mir leichter, die exotischen Geschichten von Hexen, rituellem Missbrauch und gewaltsamen Toden aus früheren Leben hinzunehmen, die so viele Schüler Swamijis belasteten.

In den folgenden Jahren habe ich immer wieder von schwierigen Vorleben und ihren Auswirkungen auf das gegenwärtige Dasein gehört und auch unmittelbaren Kontakt mit Betroffenen gehabt. Wenn ein Mann, der mit zehn oder zwölf Jahren Angst bekommt, dass Gas aus der Dusche strömt, und den Viehtransporter immer wieder tief beeindrucken, mit Sechzig unter periodisch wiederkehrenden, mit unerträglichem Horror verbundenen Depressionen leidet, dann werden die Zusammenhänge überdeutlich und die Lehre von Wiedergeburt und Karma zur plausibelsten und mithin unverzichtbaren Erklärung für viele Wechselfälle der menschlichen Existenz, die sich in Kundalini-Prozessen nach oben drängen und die Möglichkeit der Heilung in sich bergen.

Als ich das erste Mal in Rishikesh war, hatte Swamiji an einem Abend, der mir gut in Erinnerung geblieben ist, von seinem Leben vor dem gegenwärtigen gesprochen. In seiner Darstellung war nichts von phantasievollen Spekulationen zu spüren. Sie war eher eine trockene

Aufzählung von Begebenheiten, die ein sehr schwieriges Karma hinterlassen haben, das er nun mit großem Einsatz und unendlicher Geduld abträgt. Vieles, was er tut, wird nur verständlich, wenn man diese Geschichte kennt. Damals fiel es mir schwer zu glauben, dass er diese so detaillierten Erinnerungen an ein früheres Leben haben kann und sie das gegenwärtige auf so entscheidende Weise prägen können.

Bei einem späteren Aufenthalt fragte ich Swamiji, wie er von seinem Vorleben Kenntnis erhalten habe. Zuerst durch seinen Meister, sagte er, doch nachdem er das Ziel, wie er das Einswerden mit dem absoluten Bewusstsein gern umschreibt, erreicht hatte, habe er selbst Zugang zu diesem Vorleben erhalten. Bei einer anderen Gelegenheit erkundigte ich mich, ob er auch Erinnerungen an weiter zurückliegende Leben habe. Kaum, sagte er, das sei viel schwieriger. In der Regel würden die Erinnerungen mit jeder Wiedergeburt schwächer. Nur die Niederschläge außerordentlich schwerwiegender Ereignisse blieben über mehrere Inkarnationen erhalten, in einem Fall über sieben Leben hinweg.

Auch einige wissenschaftliche Erkenntnisse der letzten Jahrzehnte sprechen mehr für als gegen die Möglichkeit, dass sich Erinnerungen an Vorleben einstellen.

Doch das bloße Erkennen vergangener Leben reicht nicht aus. Oft wollen Astralwesen, die in einer früheren Existenz mit einem Menschen zusammengelebt haben, den sie nun belästigen, ihr Opfer nicht freigeben. Sie können nicht einsehen, dass sie die Macht, die sie mitunter vor hunderten von Jahren über einen Menschen hatten, nicht mehr ausüben dürfen, dass er ihrer Gruppe oder ihrem Kult nicht mehr angehört.

Ein spiritueller Meister muss mit solch hartnäckigen Geistwesen umgehen können. Manchmal reicht es aus, mit diplomatischem Geschick vorzugehen, in anderen Fällen muss er regelrechte Kämpfe mit unnachgiebigen Eindringlingen bestehen. Dazu muss er nicht nur über das einschlägige esoterische Wissen, sondern auch über eine unanfechtbare innere Autorität verfügen, die ihm aus der, dem Bereich der *Astrals* übergeordneten kausalen Ebene zuwächst.

Schon bei meinem ersten Aufenthalt in Rishikesh hatte Swamiji gesagt, dass ihm seine Meister bestimmte Aufgaben stellen und von Zeit

200

zu Zeit seine Arbeit bewerten. Zuerst meinte ich, dass sich diese Kontakte auf die lange Reihe von Kundalini-Meistern beschränkte, die ihm vorangegangen waren und ihr Wissen, bevor sie ihren physischen Körper verließen, auf ihre Schüler übertragen hatten.

Doch dann bemerkte ich, dass er auch mit einer Art geistiger Ahnen in Verbindung stand, mit Groß-Meistern aus weit zurückliegenden Zeiten, die den einen oder anderen Yogi nach gründlicher Prüfung in die kraftspendende Kette ihrer spirituellen Tradition aufnehmen können. Wie intensiv solche Verbindungen sind, wurde mir klar, als Swamiji erwähnte, dass er nach einer Zeit besonders harter Arbeit in den Süden Indiens, nach Tamil Nadu, gereist sei, um in einer Höhle zu sitzen – *sitzen* heißt bei ihm meditieren – in der einer seiner Groß-Meister gelebt hatte, und dass er sich dort in kurzer Zeit regeneriert habe.

Den ersten Anstoß, um über solche Kontakte mit anderen Ebenen nachzudenken, hatte schon das große *OM* gegen Ende meines ersten Aufenthalts gegeben. Wie ich sehr viel später herausgefunden habe, handelte es sich damals um den Besuch eines Meisters aus einer alten spirituellen Tradition des Mittelmeers, der sich mit diesem volltönenden *OM* eingeführt hatte. Im folgenden Jahr habe ich dann, als ich ein aryuvedisches Mittel in Swamijis Zimmer holte, ein kleines gerahmtes Bild einer Statue auf seinem Tisch gesehen. Auf meine Frage, wer das sei, hatte Swamiji gesagt, das sei der allerhöchste Meister seiner spirituellen Tradition. Er habe acht Jahre gebraucht, um sich dieser strahlenden Lichtgestalt zu nähern.

Dieser Zugang zu höheren geistigen Ebenen ist, wie mir allmählich klar wurde, eine Voraussetzung für die Arbeit eines spirituellen Meisters. Er bewahrt ihn davor, jene feinstoffliche Ebene, in der sich die Astralwesen tummeln, mit dem darüberliegenden himmlischen Bereich zu verwechseln, zu dem die Geister keinen Zugang haben. Er wird daher auch nicht hochentwickelte *Astrals*, die mitunter tiefe Einsichten haben können, für Lichtwesen aus der himmlischen Sphäre halten, wie das beim *Channeln* häufig der Fall ist. Solche Verwechslungen könnten bei der Arbeit mit Menschen in schwierigen Kundalini-Prozessen fatale Folgen haben.

Im Lauf der Zeit bestätigten mir dann eine Reihe weiterer Erlebnisse, dass Swamiji häufig mit jenseitigen Bereichen in Verbindung steht. Auf einer Reise nach Himachal Pradesh, zu dem Ort, in dem vor fünfhundert Jahren die ununterbrochene Reihe der ihm vorangegangenen, in physischen Körpern inkarnierter Meister ihren Ausgang genommen hatte, schlief ich, da ich der einzige männliche Schüler war, im selben Zimmer wie Swamiji. In den beiden Nächten, die wir in der Nähe seines *Gurukula*, der Wirkungsstätte seiner Meister, verbrachten, wurde ich von einer leichten Erschütterung des riesigen Betts des traditionellen indischen Hotels aufgeweckt.

Zwei oder drei Tage später fragte ich Swamiji, was in diesen Nächten passiert sei. Er sei, sagte er, von einem Treffen mit seinen Meistern zurückgekehrt. Da sie nicht mehr in ihren physischen Körpern weilen, musste er also von einer außerkörperlichen Reise zurückgekommen sein. Auf die weitere Frage, ob der Wiedereintritt in den Körper solche Erschütterungen auslöse, erwiderte er, nein, der müsse ganz weich vonstatten gehen. Die Erschütterungen geschähen, wenn der feinstoffliche Körper auf einer materiellen Unterlage aufsetzt. In den anderen Nächten dieser mehrtägigen Reise habe ich nichts dergleichen wahrgenommen.

Vorkommnisse wie diese haben mir gezeigt, dass Swamiji nicht nur Zugang zu der Sphäre der Astralwesen, sondern auch zu der darüberliegenden kausalen Ebene hat, und dass der Umgang mit den hochgestellten Wesen dieses höheren Bereichs ein essenzieller und, aus seiner Sicht, ganz normaler Teil seiner Arbeit und seines Daseins ist. Ich verstand, dass die stete Verbindung mit den ihm vorangegangenen Linienhaltern und seinen Groß-Meistern eine Art von Kontrolle seiner Arbeit darstellt, Kraft und Ansporn spendet und nicht zuletzt ein wesentlicher Bestandteil seiner eigenen spirituellen Entwicklung ist, die auch bei einem Meister nie endet.

Astralwesen

Nach dem Aufstieg der Kundalini zum Punkt *Makara* hatte sich mein Interesse für die Vorgänge in jenen Ebenen, die den Gesetzen der materiellen Welt nicht mehr unterliegen, sehr verstärkt, nicht zuletzt weil ich meinte, der Einflussnahme von Geistern in meinem eigenen Leben auf die Spur gekommen zu sein. Ich wollte also den Dingen auf den Grund gehen und fragte Swamji, wann immer sich eine Gelegenheit bot, nach den Mechanismen unterschwelliger Beeinflussungen durch jenseitige Wesen.

In erster Linie, so hob Swamiji hervor, müsse man zwischen zwei grundverschiedenen Formen der Übertragung von Wünschen und Absichten auf einen anderen Menschen unterscheiden. Das sei für die praktische Arbeit mit Personen, die unter fremden Einfluss stehen, sehr wichtig. Nicht alle unterschwelligen Beinflussungen, sagte er, gingen von Astralwesen aus.

Auch Verkörperte, welche die einschlägigen Techniken beherrschen, fügte er hinzu, könnten andere Menschen willfährig machen. Dazu schwächen sie zuerst mit der konzentrierten Kraft ihrer Gedanken den Willen der Person, die sie beinflussen wollen, um dann ihren eigenen auf sie zu übertragen. Manchmal zapfen sie auch, um ihre Opfer zu lähmen, das Lebenselixier *Prana* an oder lösen sogar, um ihr Ziel zu erreichen, einen fehlgeleiteten Kundalini-Prozess aus. Solche Willensübertragungen können, wie er hervorhob, eine langwierige und arbeitsreiche Prozedur sein, die nicht immer erfolgreich ist.

Gemäß einer hübschen Anekdote, die man mir in Indien erzählte, hat eine dieser heimlichen Willensübertragungen den entscheidenden Anstoß für das Bekanntwerden Kundalinis im Westen gegeben. Als Sir John Woodroffe im Obersten Britischen Gerichtshof in Kalkutta tätig war, fiel einem indischen Mitarbeiter auf, dass er sehr niedergeschlagen war. Auf die Frage nach dem Grund sagte Sir John, dass ihn seine Geliebte verlassen habe. Der Inder erwiderte, dem könne abgeholfen werden, und nach einigen Tagen konzentrierter gedanklicher Arbeit kehrte die Geliebte zurück. Dieser Vorfall, so heißt es, habe Woodroffes Interesse für esoterische Dinge geweckt und schließlich zu seinem grundlegenden Werk über Kundalini („Die Schlangenkraft") geführt, das er 1918 unter dem Pseudonym Arthur Avalon publizierte.

Weniger mühsam ist es, Astralwesen für solche Beinflussungen einzuspannen. Bestimmte Kulte, esoterische Logen und Geheimbünde haben in der Regel ihre schwarz-magischen Ableger, die sich auf solche Geschäfte verstehen und sie für einen angemessenen Lohn ausführen. Die in Dienst genommenen Geister nähern sich den Menschen an und bedienen sich einer Art von Einflüsterung, die von den Betroffenen für eigene Gedanken oder für Eingebungen gehalten werden, denen sie dann folgen. Diese Einflussnahmen können, wie Swamiji erklärte, so vor sich gehen, dass die anvisierten Personen sich jener nicht gewahr werden.

Für ihre Arbeit müssen die Astralwesen natürlich entlohnt werden. In Brasilien, wo solche Machenschaften sehr verbreitet sind, werden ihnen – wie man selbst in den modernen Millionenstädten immer wieder sehen kann – Opfergaben an Straßenkreuzungen dargebracht, deren feinstoffliche Energien sie dann zu sich nehmen. Es wäre jedoch ein großer Irrtum anzunehmen, dass solche Praktiken in hochentwickelten Ländern nicht angewandt würden und man, wie ich lange glaubte, als rationaler Mitteleuropäer vor ihnen gefeit sei.

Auch sind diese Praktiken, wie Swamiji sagte, nicht ohne Risiko. Manchmal wird man die gerufenen Geister, wie uns schon Goethe beizubringen versuchte, nicht mehr los, und schlimmstenfalls richten sie sich gegen ihre Auftraggeber. Natürlich gibt es auch gute Geister, die ihren Schützlingen den Weg weisen und ihnen in schwierigen Situationen helfen. Oft sind das verstorbene Familienmitglieder, Vorfahren oder auch Seelenverwandte. Nicht von ungefähr gilt es als schlechtes Omen, wenn man, wie es heißt, *von allen guten Geistern verlassen ist.*

Weit häufiger als man gemeinhin annimmt, geschehen Einflüsterungen durch Geistwesen auch ohne Mandanten und die Vermittlung von Hexenmeistern. Viele verstorbene Menschen, die sich von ihren Verhaftungen und Süchten vorangegangener Leben nicht lösen können, bewegen sich in ihren feinstofflichen Körpern in unserer alltäglichen Welt und versuchen, ihre alten Begierden in anfälligen Menschen zu befriedigen. Über solche Interferenzen gibt es zahlreiche gut dokumentierte Berichte von Ärzten und Therapeuten, die nicht von Haus aus an Geister glaubten, sondern durch ungewöhnliche und schwer erklärbare Symptome ihrer Patienten auf diese Zusammenhänge gestoßen wurden.

In leichteren Fällen solcher unterschwelligen Beeinflussungen hängen oder lehnen sich, wie man sagt, die Astralwesen nur an anfällige Menschen an, in schweren Fällen hingegen schlüpfen sie regelrecht in ihre Opfer hinein und übernehmen, wann immer es ihnen beliebt, das uneingeschränkte Kommando.

Solche Obsessionen laufen, wie Swamiji erklärte, auf ganz bestimmten Wegen ab. Am häufigsten dringen die Astralwesen durch die Milz in ihre Opfer ein, die mit der Sonnenenergie in enger Verbindung steht und nicht von ungefähr in einigen feinstofflichen Systemen zu den Haupt-*Chakras* gezählt wird. Wenn ihnen das gelungen ist, modifizieren sie *Samana Vayu*, also die energetischen Abläufe der Magen- und Bauchregion. Dadurch können sie *Manipura*, das Nabel-*Chakra*, manchmal auch zweites Gehirn genannt, beherrschen und dann über ein kleineres feinstoffliches Zentrum, *Manas-Chakra* genannt, das in direkter Verbindung mit einem Punkt in *Ajna* steht, die mentalen Vorgänge ihrer Opfer manipulieren.

Dieses Hineinschlüpfen in anfällige Menschen ist möglich, weil im feinstofflichen Körper *Prana*, also der energetische Bestandteil, sehr stark ist, die Elemente jedoch, die unseren physischen Körper bilden, nicht manifestiert sind, also keine grobstoffliche Substanz vorhanden ist. Daher hat der feinstoffliche Körper eine wesentlich höhere Frequenz als der physische und kann ungehindert durch geschlossene Türen gehen, von einem Ort zum anderen fliegen oder sich in Menschen aus Fleisch und Blut einnisten.

Die leichten Erschütterungen, die mich in den Nächten in der Nähe von Swamijis *Gurukula* aufgeweckt haben, waren eine Bestätigung dieses Sachverhalts. Sie zeigten an, dass der feinstoffliche Körper genügend Konsistenz hat, um einen kleinen Impuls auszulösen, aber keine materielle Substanz, die ihn daran hindern würde, in den grobstofflichen Körper zurückzuschlüpfen. Genau das macht diesen subtilen Zwitter zu einem Bindeglied zwischen dem Dies- und dem Jenseits.

Wenn die Plagegeister bis ins Gehirn vorgedrungen sind, halten sie die Denkvorgänge der besetzten Menschen an und setzen ihre eigenen an ihre Stelle. Das ist einer der Gründe dafür, dass sich ihre Opfer in der Regel nicht an das erinnern können, was sie im Zustand der Besessenheit getan haben; und da, wie Swamiji hinzufügte, die Eindringlinge auf ihrem Weg ins Gehirn Amygdala berühren, die von der modernen Gehirnforschung als ein Auslöser von Angst identifiziert wurde, pflegen solche Obsessionen panische Ängste in ihren Opfern hervorzurufen.

Meistens steigern sich diese Ängste von Besessenheit zu Besessenheit, da Gehirnfunktionen durch häufige Nutzung intensiviert werden. Auch die katholische Kirche hat seit langem erkannt, dass die Geister in schweren Fällen ganz und gar in einen Menschen schlüpfen, wie die religiöse Praxis des Exorzismus anzeigt, die schwierige Austreibung dieser tief eingenisteten Geister, auf die sich nur wenige Geistliche verstehen.

Wenn Swamiji solche Vorgänge erklärt, merkt man, dass er nicht nur über theoretische Kenntnisse des feinstofflichen Körpers verfügt, sondern auch über eigene, unmittelbare Erfahrungen seiner beiden Lebenswelten, also der an den physischen Körper gebundenen und der von ihm losgelösten. Dieses umfassende Wissen ist, wie mir nach und nach klar wurde, eine unabdingbare Voraussetzung für die praktische Arbeit eines Meisters oder, wie Swamiji es vorzieht, eines spirituellen Lehrers, der auf die Korrektur schwieriger Kundalini-Prozesse spezialisiert ist.

Der Meister und die Geister

Im ersten Jahr, als ich die Blockade im Kehlkopf-*Chakra* durchbrochen hatte, gewann ich den Eindruck, dass Swamijis Arbeit in erster Linie auf den über den physischen Körper erreichbaren feinstofflichen Leib gerichtet war. Doch nach und nach mehrten sich die Fälle von störenden Einwirkungen durch Astralwesen und zeigten mir, dass er sich sehr häufig mit Wesen auseinandersetzen musste, die ihre grobstoffliche Hülle zum Teil schon vor langer Zeit verlassen hatten und sich im feinstofflichen Körper in unserer alltäglichen Welt herumtrieben.

Wenn ich nun versuche, eine Vorstellung von den Interventionen der Störgeister und der Arbeit Swamijis zu geben, dann stütze ich mich auf Vorkommnisse, von denen mir die Betroffenen selbst erzählt haben oder die Swamiji zur Erläuterung von Fragen angeführt hat. Ich selbst wurde, als ich zu Swamiji kam, nicht von Geistwesen geplagt und war überdies davon überzeugt, dass sie mir nichts anhaben könnten. Wie töricht diese Annahme war, wurde mir sehr viel später klar.

Es gibt viel mehr Astralwesen und unbekannte Verfahren, mit denen sie Macht über andere Menschen gewinnen, als man gemeinhin animmt. Um die außerordentliche Vielfalt feinstofflicher Machenschaften aufzuzeigen, wies Swamiji darauf hin, dass selbst diesseitige Anhänger okkulter Gruppen, welche die Techniken zum Austritt aus dem Körper beherrschen, Menschen beeinflussen können. Manchmal, wenn Kundalini in ihren Opfern freigesetzt ist, stören Geistwesen den Prozess oder halten ihn sogar an. Schon früher hatte er einmal erwähnt, dass sein eigener Prozess in dem Leben, das dem gegenwärtigen vorangegangen war, von einem Astralwesen blockiert worden war.

Besonders oft werden Menschen in den Anfangsstadien eines Kundalini-Prozesses, wenn sie noch sehr aufgewühlt und offen sind, vor allem in langen schlaflosen Nächten, durch die spürbare Gegenwart von Geistern, von ihren Einflüsterungen oder durch makabre Visionen belästigt.

Da ich hin und wieder gefragt werde, was man dagegen tun könne, bat ich Swamiji um Rat. Er sagte, dass intensives Beten in der Regel helfe, weil Geister Gebete nicht mögen und bald das Weite suchen. Besonders wirksam sei das inbrünstige Singen des Mantras *OM*, das durch jahrtausendelangen Gebrauch außerordentliche Kräfte angesammelt habe und eine Art von schützendem Wall um die Betroffenen errichte. In mehreren Fällen haben, wie mir von Betroffenen gesagt wurde, diese einfachen Abwehrmaßnahmen geholfen.

Das erste offensichtliche Auftreten eines Eindringlings aus dem feinstofflichen Bereich habe ich bei einer zierlichen, etwa dreißigjährigen Frau in unmittelbarer Nähe miterlebt. Sie hatte sich nach jahrelangem Zögern aufgerafft zum „Holotropen Atmen" zu kommen. Am zweiten Tag hatte sie sich den größten und kräftigsten Mann der Gruppe, der schon oft daran teilgenommen hatte und Hilfe bei seiner inneren Arbeit eher abwies als beanspruchte, zum Partner gewählt.

Kurz nachdem er sich auf seine Matte gelegt und begonnen hatte, kräftig zu atmen, fing diese kleine Frau plötzlich an, mit großer Kraft seinen Oberkörper zu bearbeiten. Als ich mich näherte, schob sie mich gebieterisch zur Seite und stieß mit tiefer, energischer Männerstimme ein paar Anweisungen hervor, die nicht aus ihrem schmächtigen Körper zu stammen schienen. Alle, die ihre machtvollen Interventionen mitbekommen hatten, gewannen den Eindruck, dass ein Geistwesen, wie das in Brasilien immer wieder geschieht, in diese winzige Frau gefahren war.

Dieser Vorfall war ein Wendepunkt in ihrem Leben. Bald war offensichtlich, dass sie durch einen Kundalini-Prozess ging. Vor allem nachts wurde sie von diesem aufdringlichen jenseitigen Wesen immer wieder heimgesucht. An zwei weiteren Wochenenden beim „Holotropen Atmen" wand sie sich stundenlang in starken *Kriyas*. Zugleich aber war klar, dass dieser radikale Umbruch in ihrem Leben nicht das Produkt eines Wochenend-Workshops war, sondern dass eine latente, tief in ihr verborgene Prädisposition aufgebrochen war. Ihr reifes Karma hatte sich in ihrer gegenwärtigen Existenz manifestiert.

Gute drei Jahre später ging diese Frau zu Swamiji nach Indien, der dieses Geistwesen als ein ehemaliges Mitglied eines angesehenen religiösen Ordens identifizierte und die tragischen Ereignisse aufzeigte, welche die beiden in einem Vorleben miteinander verknüpft hatten. Gleichzeitig brachte er ihr Praktiken bei, die zur Auflösung einer Blockade im unteren Bereich des Stirn-*Chakras* und zum Aufstieg der Kundalini zu *Makara* führten. Solche Blockaden verursachen die Geister oft in ihren Opfern, um ihre innere Entwicklung zu hemmen und sie im Griff zu behalten.

In Indien und auch danach hat sich dieses Astralwesen aus längst vergangenen Zeiten noch des öfteren aufgedrängt. Doch in solchen Fällen können Schüler, wenn sie regelmäßig ihre Übungen machen und ihr geistiger Prozess voranschreitet, die Bürden aus einem Vorleben aus eigener Kraft abstreifen. Wenn man solche Geschichten miterlebt, wird ganz deutlich, dass *Kundalini Shakti*, auch wenn die Menschen durch sehr harte Prozesse gehen, oft der Lohn eines schwierigen Schicksal ist. Die Kundalini hilft dabei, sich aus alten Bindungen zu lösen, wenn man ihren Weisungen folgt.

Doch nicht alle Astralwesen führen Schlechtes im Sinn. Einige Schüler haben, wenn sie zu Swamiji kommen, schon hilfreiche spirituelle Führer, die gerne möchten, dass er auf ihre Art mit ihren Schützlingen arbeitet. In solchen Fällen hört sich Swamiji erst geduldig an, was sie wollen. Dann schlägt er einen ersten behutsamen Schritt vor, dem er, wenn er ihnen gefallen hat, einen zweiten folgen lässt. So tastet er sich langsam vor, bis er sein Ziel erreicht hat.

Unwilligen Störgeistern hingegen rät er oft, sich so bald wie möglich wieder in einem menschlichen Körper zu inkarnieren, um sich weiterzuentwickeln und die alten, tiefsitzenden Konditionierungen zu überwinden. Bei solchen Verhandlungen kommt ihm sein umfassendes Wissen von den spirituellen Traditionen der verschiedenen Epochen und Kulturen sehr zu statten. Einen guten Teil dieser Kenntnisse, auch die speziellen Techniken im Umgang mit Geistern, hat er, wie er einmal erwähnte, nicht aus Büchern oder während seiner Wanderjahre von anderen Yogis gelernt, sondern im direkten, wortlosen Kontakt mit hochgestellten Wesen der dritten kausalen Ebene erworben.

Er arbeitet, wie er hervorhob, mit Astralwesen aller spirituellen Traditionen zusammen und ist sich sehr bewusst, dass das ein zentraler

Punkt seiner Tätigkeit ist. Auch das zeigt, wie die Aufnahme von Schülern der verschiedensten religiösen und spirituellen Richtungen, dass Swamiji, der selbst unverrückbar in seiner althergebrachten Tradition verankert ist, nie aus dem Auge verliert, dass Spiritualität und das Wirken der *Kundalini Shakti* nicht an Institutionen, Kulte oder Konfessionen gebunden sind.

Auch mit einer Art Gegenstück der Einwirkungen außerkörperlicher Wesen hat Swamiji gelegentlich zu tun. Einige seiner Schülerinnen haben schon sehr früh im Leben, um den großen Schmerzen sexuellen Missbrauchs zu entgehen, ihren Körpern so häufig verlassen, dass sich daraus eine Gewohnheit entwickelt hat. Diese häufigen Austritte können Schäden im Gehirn zur Folge haben, die den feinstofflichen und in letzter Instanz oft auch den physischen Körper in Mitleidenschaft ziehen. Es ist nicht einfach, solche tief sitzenden Schäden zu beheben. Doch wer sich auf diesen schwierigen Weg begibt, dem wird Kundalini, die, wie wir gesehen haben, oft gerade durch traumatische Ereignisse freigesetzt wird, hilfreich zur Seite stehen.

Wenn er mit sehr schwierigen und ungewöhnlichen Fällen zu tun hat, bittet Swamiji mitunter um Beistand aus höheren Ebenen. Als ich das vierte Mal in Rishikesh war, erschien eine Schülerin, deren Prozess sich vor allem im mentalen Bereich, in Träumen und Visionen vollzog. Sie hatte in jüngeren Jahren durch schlechte Ernährung, Alkohol und Zigaretten den energetischen Teil des feinstofflichen Körpers so sehr geschwächt, dass sie ihre Übungen kaum ausführen konnte und sich oft sehr verloren fühlte. Damals hat Swamiji Anandamayi Ma, deren Grabstätte in Hardwar wir des öfteren besuchten, um Beistand gebeten. Einmal erwähnte er auch, dass ihm seine Meister, als er sehr überarbeitet war, mehrere Helfer geschickt hatten.

Nicht alle Geister können auf friedlichem Wege dazu gebracht werden, von ihren Opfern zu lassen. Bei meinem zweiten Aufenthalt in Rishikesh war Swamiji mit einem besonders schwierigen Fall befasst. Unter den Schülern war ein junger Mann, der, ohne je ein Wort zu sagen, an den wenigen gemeinsamen Aktivitäten, dem Mittagessen, den gelegentlichen Ausflügen und dem abendlichen Unterricht in einem trance-ähnlichen Zustand teilnahm. Nach einigen Wochen tauchte er dann für kurze Zeit aus dieser dumpfen Entrückung auf und entpuppte sich als intelligenter mehrsprachiger Zeitgenosse, nur um bald wieder zurückzufallen in seine abgrundtiefe Depression.

An einem seiner lichten Tage hatte er gesagt, dass er keinen Beruf ausüben könne und sich mit schwerer körperlicher Arbeit, immer wenn er dazu fähig sei, über Wasser halten müsse. Viel mehr habe ich damals über ihn und seine Probleme nicht erfahren. Sieben Jahre später, auf einer Pilgerfahrt mit Swamiji durch Tamil Nadu, erzählte er mir dann von seiner Odyssee.

Mit vierundzwanzig Jahren, kurz nach einem glänzenden Examen, fiel er in eine abgrundtiefe Depression. Obwohl er nur ein einziges Mal in einem Buch auf einen kurzen und eher obskuren Hinweis auf Kundalini gestoßen war, wusste er sofort und instinktiv, dass sein desolater Zustand mit Kundalini zu tun hatte. Er begann Hilfe zu suchen in zahllosen Yoga-Schulen, reiste zweimal nach Indien und sprach in berühmten Ashrams vor. Doch niemand konnte ihm helfen. Schließlich, nach elf Jahren vergeblichen Suchens, hörte er von Swamiji und machte sich, nachdem er ihn auf verschiedenen Umwegen endlich erreicht hatte, mit einem Gefühl von „Jetzt oder Nie" auf den Weg nach Rishikesh.

In den folgenden Jahren, nachdem er einen guten Job in der Datenverarbeitung gefunden hatte und ein normales Leben führen konnte, bezog sich Swamiji manchmal, wenn er meine Fragen über Kundalini-Prozesse und Eingriffe aus der Astralwelt beantwortete, auf diesen besonders schwierigen Fall.

Zusammen mit einem Freund war dieser junge Mann vor sehr langer Zeit von einer esoterischen Gruppe gefangengehalten und in Kulthandlungen missbraucht worden. Nach einem gescheiterten Fluchtversuch wurde ihm mit voller Kraft in den Magen geschlagen und der Kopf gegen eine Wand geschleudert. Bald danach starb er. Zwei Mädchen, die von denselben Okkultisten festgehalten wurden, war die Flucht gelungen. In ihrem gegenwärtigen Leben stehen diese vier Personen, wie das in solchen Fällen oft geschieht, in einem engen Verhältnis zueinander.

Obwohl inzwischen Jahrhunderte vergangen waren, gaben die verstorbenen Mitglieder des alten Kultes, die in ihren feinstofflichen Körpern weiterexistierten, diesen Mann nicht frei. Sie missbrauchten ihn immer wieder, oft mehrmals in einer Nacht, um Energien für ihre Kulthandlungen abzuziehen. Da der junge Mann hellsichtig war, nahm er unter seinen Verfolgern auch eine schöne Frau wahr, die ihm besonders zu schaffen machte.

Mit Argumenten war diesem engelsgleichen und doch sehr dunklen Astralwesen nicht beizukommen. Swamiji musste den Leiter des Kultes herbeizitieren und seinen physischen Körper verlassen, um die widerspenstigen Geister direkt im feinstofflichen Bereich anzugehen. Das war eine sehr harte Arbeit und, wie er sagte, nicht ungefährlich. Er erwähnte auch, dass er sich nun, nachdem er etwas älter geworden sei, derartig hohen Beanspruchungen nicht mehr unterzog. Wenn ich jemals bei Swamiji eine Spur von Anhaftung bemerkt habe, dann nur an die schwierigsten Fälle, vor die ihn seine Tätigkeit gestellt hat. Das war einer dieser Fälle.

Doch es reicht nicht aus, hartnäckige Plagegeister unschädlich zu machen. Gleichzeitig muss der Mensch, der von ihnen heimgesucht wird, in die Lage versetzt werden, Übergriffen von Astralwesen zu widerstehen.

Der junge Mann hatte einen fehlgeleiteten Kundalini-Prozess in *Vajra Nadi* und war somit für die Machenschaften von Geistwesen besonders anfällig. Swamiji setzte nicht nur die hartnäckigen Störgeister außer Gefecht, sondern stärkte zugleich durch die Überleitung Kundalinis in *Sushumna Nadi* seine inneren Widerstandskräfte. Wenn Kundalini dann zum Punkt *Makara* aufgestiegen ist und der Reinigungs- und Erneuerungsprozess einsetzt, wird es für die Geistwesen immer schwieriger, sich an ihre Opfer zu klammern.

Man kann die Arbeitsweise Swamijis und die der spiritistischen Zentren Brasiliens, da sie verschiedenen Kategorien angehören, nicht miteinander vergleichen. Doch an zwei Punkten lässt sich aufzeigen, wie sehr sie sich unterscheiden. In spiritistischen Zentren wird, um die Geister zu belehren von ihren Opfern zu lassen, ein Vorsitzender, ein Medium und mehrere Helfer benötigt. Swamiji hingegen verrichtet diese Arbeit ganz allein und kann dabei, wenn nötig, mit dem Beistand aus höheren Bereichen rechnen.

Der wichtigste Unterschied jedoch ist, dass Swamiji diese Probleme an ihren beiden Enden angeht, indem er die Aktionsfähigkeit der Plagegeister einschränkt und zugleich durch die Korrektur der Prozesse die Abwehrkräfte der betroffenen Schüler stärkt; denn letztlich kann nur der Aufstieg in einen höheren Bewusstseinszustand dauerhaften Schutz vor den Übergriffen von Astralwesen bieten.

Im Laufe der Jahre ist mir aufgefallen, dass Swamiji mit der schnell wachsenden Zahl von Schülern immer öfter von Fällen rituellen Missbrauchs, Einkerkerungen und Morden sprach, die Anhänger von Geheimbünden, esoterischen Kulten und Kirchen verübt hatten. Er erklärte, dies seien die schlimmsten unter allen Verbrechern, weil sie Menschen, die sich vetrauensvoll an andere gewandt hatten, hintergingen und ihre spirituellen Aspirationen für ihre dunklen Machenschaften nutzten. Auch wenn man in Rechnung stellt, dass die Schüler Swamjis alles andere als einen repräsentativen Durchschnitt darstellen, war es erschreckend zu sehen, in welch hohem Maße Spiritualität und Kriminalität miteinander verwoben sind.

In diesem Zusammenhang erwähnte er auch, dass einige okkulte Gruppen *Kundalini Shakti* selbst missbrauchen. Mit streng geheimgehaltenen Techniken blockieren sie Kundalini in *Ajna*, dem Stirn-*Chakra*, und leiten sie dann in *Sankhini Nadi* über, die zu den sechsunddreißig wichtigsten feinstofflichen Kanälen gehört und weite Bereiche des Gehirns erschließt, aber nicht zum Gipfelpunkt und zur spirituellen Erfüllung führen kann.

Menschen, die sich für diese *Dritte Initiation*, wie diese Form des Missbrauchs genannt wird, hergeben, können besondere Fähigkeiten und eine außerordentliche charismatische Ausstrahlung entwickeln, mit denen sie die Pläne ihrer Hintermänner verwirklichen. Wer die wesentlichen Merkmale dieser abartigen Prozesse kennt, kann sehr erstaunliche Beispiele, viele von historischer Dimension, dieser finstersten aller Manipulationen im spirituellen Bereich durchschauen.

Folgenreiche Fehleinschätzungen

Im ersten Jahr in Rishikesh, als ich immer, wenn sich eine Gelegenheit bot, mein brasilianisches Wissen vom Umgang mit Geistern anzubringen versuchte, hatte Swamiji einmal angemerkt, dass sich dieser Umgang im Wesentlichen auf erdgebundene Geister beschränke und keinen hohen Rang einnähme. Ich erinnere mich, dass ich damals dachte, das kann er doch gar nicht wissen, er war ja nie in Brasilien. Inzwischen ist mir klar, was er gemeint hat, und auch dass er nicht in Brasilien gewesen sein musste, um diese Feststellung zu treffen.

Schon einige Zeit bevor ich das erste Mal zu Swamiji kam, hatte ich mich Schritt für Schritt vom spiritistischen Umfeld distanziert. Zuerst hörte ich auf, einmal in der Woche an den Arbeiten in einem renomierten Zentrum teilzunehmen. Irgendwie hatte ich gespürt, dass ich da nicht hingehörte. Dann zerschlug sich ein Filmprojekt. Man hatte mich gebeten, einen Bericht über ein bekanntes brasilianisches Medium zu drehen. Als ich nach dreiwöchigen Vorbereitungen mit den Dreharbeiten beginnen wollte, sagte dieses Medium plötzlich, er wolle nicht mehr, er habe ein besseres Angebot erhalten. Nach dem ersten Schock war ich sehr erleichtert. Seine Arbeit hatte mich nicht überzeugt, und ich merkte, dass sich ein Zyklus in meinem Leben ganz von selbst zu schließen begann.

Doch dass ich, abgesehen von meinem privaten Interesse und meiner beruflichen Tätigkeit, irgendetwas mit den Machenschaften von *Astrals* zu tun haben könnte, ist mir in all den Jahren nicht in den Kopf gekommen. Wie falsch das war, ging mir durch den Hinweis eines Freundes erst viele Monate nach meinem ersten Aufenthalt bei Swamiji auf.

Während ich den Bericht über die parachirurgische Tätigkeit des Arztes Dr. Edson Queiroz vorbereitete, war er nach Rio de Janeiro gekommen, um an einem Abend in einem Theater auf offener Bühne zu operieren. Mit solchen spektakulären Auftritten, über die das brasilianische Fernsehen und die Presse ausführlich berichteten, versuchte er gegen eine Aufhebung seiner ärztlichen Zulassung vorzugehen, welche die Ärztekammer von Pernambuco, des Staates im Nordosten Brasiliens, in dem er lebte, vor Gericht betrieben hatte. Unter den vielen Kandidaten, die sich vor aller Augen einer Operation unterzogen, war auch eine Ärztin eines großen staatlichen Hospitals für Krebskranke, die sich einen Brusttumor herausschneiden ließ.

Eine Ärztin, die sich auf einer Theaterbühne ohne Narkose und aseptische Vorkehrungen von einem Geisterarzt operieren ließ, der sich durch einen approbierten Arzt manifestierte, war natürlich für diesen Bericht ein gefundenes Fressen, wie man im Branchenjargon sagt. Nach der Operation bat ich sie um ihre Telefonnummer, um sie nach der Rückkehr von den Dreharbeiten im Zentrum von Dr. Edson über die Folgen des Eingriffs zu befragen. So interviewten wir sie drei Wochen später in Rio de Janeiro. Sie zeigte die kleine, gut verheilte Narbe und sagte, der Eingriff wäre erfolgreich gewesen, doch sie sei nach den Berichten über diese Operation in der brasilianischen Presse auf Betreiben ihrer Kollegen aus dem staatlichen Krebsinstitut entlassen worden. Kurz danach flog ich nach Deutschland zur Endfertigung des Berichtes.

Die vielen Meter Film aus dem Theater hatte ich mit einem angeheuerten brasilianischen Team gedreht, und oft waren uns die Journalisten und Kameramänner der anderen Medien in die Quere gekommen. Es war nicht einfach, das gefilmte Material zu einer brauchbaren Sequenz zusammenzufügen. Ich rollte auf dem Schneidetisch die Operation an dieser Ärztin unendliche Male vor mir ab, um die Reihenfolge der Szenen festzulegen. Dabei formte sich plötzlich die Idee in meinem Kopf, nach meiner Rückkehr nach Rio mit dieser couragierten Ärztin zusammenzuarbeiten. Ich war mir völlig sicher, dass dies sofort und reibungslos geschehen würde, so als ob es sich ganz von selbst verstehe. Und genau so war es dann auch.

Schon bevor ich das erste Mal nach Rishikesh ging, wusste ich wiederum, dass ich mich von dieser Frau trennen musste. Wenige Wochen nach meiner Rückkehr vollzog ich die Trennung. In den folgenden Monaten war ich mit dem Errichten einer neuen Lebensgrundlage beschäftigt und dachte, bis ein alter Freund nach Rio de Janeiro kam, nur selten an das Fiasko dieser Ehe, zu der die Beziehung sich entwickelt hatte.

Als er mich anrief, fragte ich ihn, wo er sei. „In der Barra", sagte er. Das war das Außenviertel von Rio, in dem ich mit meiner Frau gelebt hatte. Ich ergänzte: „In der Barra, wo ist das?" Nach ein paar weiteren Plänkeleien über die große Ferne, in der diese jüngste Vergangenheit zu liegen schien, sagte er plötzlich, vielleicht war ein Geistwesen im Spiel, das mir die Idee eingeflüstert habe, mit dieser Frau zusammenzugehen.

Obwohl mir die Idee, dass ich, ein vermeintlich so rationaler Mitteleuropäer, unter dem Einfluss von Geistern gestanden haben könnte, immer noch höchst unwahrscheinlich erschien, ging mir diese Bemerkung nicht mehr aus dem Kopf. In den folgenden Wochen fielen mir dann ganz von selbst, ohne dass ich darüber nachgrübelte, die Schuppen, eine nach der anderen, von den Augen.

Natürlich wusste ich von Anfang an, dass meine Ex-Frau überzeugte Spiritistin war. Wie sonst hätte diese Medizinerin sich von einem Geisterarzt auf offener Bühne einen Brusttumor herausschneiden lassen, und es war mir auch klar, dass genau das ein wesentlicher Teil der Attraktion war, die sie damals auf mich ausgeübt hatte.

Wahrscheinlich trug dieses von Anfang an akzeptierte Faktum dazu bei, dass ich viele Geschehnisse während unseres Zusammenlebens ganz einfach hinnahm, ohne sie zu hinterfragen. Was mir nach der Bemerkung meines Freundes schrittweise bewusst wurde, war weniger das Ergebnis einer Suche nach untrüglichen Indizien als eines intuitiven Prozesses, der mir die Jahre des Zusammenlebens und die Eigentümlichkeiten dieser Frau wieder vor Augen führte.

Vor allem stellte ich mir die Frage, warum diese Frau, die ansonsten nicht zur Regelmäßigkeit neigte, sich einmal in der Woche, immer am selben Tag und zur selben Zeit, in ihr Zimmer zurückzog und dort eine gute Stunde mit Kerzenlicht und Räucherstäbchen verbrachte. Anfangs hatte ich gelegentlich gefragt, was sie dort tat, aber nur ausweichende Antworten erhalten. Daraufhin ordnete ich dieses geheimnisvolle Ritual ihrer Privatsphäre zu und dachte nicht weiter darüber nach. Doch von Zeit zu Zeit hatte ich, wie ich mich nun wieder erinnerte, an diesen Tagen ein seltsames Gefühl.

Die folgende Begebenheit hat nicht unmittelbar mit meiner Ex-Frau zu tun, aber zeigt einen der vielen Mechanismen der Beeinflussung durch übersinnliche Kräfte auf, vor dem sie in einem späteren Zusammenhang große Angst haben sollte. Wenige Tage nachdem ihr Sohn aus erster Ehe wieder einmal eine Geliebte verlassen hatte, wurde er impotent. Schließlich fand er einen Slip des verschmähten Mädchens in seinem Kleiderschrank. Die Übertragung positiver oder negativer Energien durch Wäschestücke, die entsprechend präpariert werden, kommt in Brasilien häufig vor und muss dann durch einen stärkeren Gegenzauber entkräftet werden. Das gelang auch in diesem, wohl nicht zuletzt vom Umfeld bedingten Fall; denn wer sich solcher Machenschaften bedient, die auch zu sehr viel gefährlicheren Aktionen verwendet werden, wird besonders leicht zu ihrem Opfer.

Damals assistierte meine Ex-Frau beim „Holotropen Atmen", das außerhalb von Rio de Janeiro in einem Zentrum für alternative Therapien stattfand. Eines Tages überkam sie der Verdacht, dass die Besitzerin des Zentrums sie mit Hilfe ihrer in afro-brasilianischen Kulten bewanderten Angestellten eliminieren wolle. Ich hatte von Annäherungsversuchen dieser verheirateten Frau nichts bemerkt, aber konnte meiner Ex-Frau die fixe Idee nicht ausreden, dass sie sie umbringen wolle.

Zuerst schloss sie, entgegen den Gewohnheiten bei solchen Workshops, ihren Schrank und die Zimmertür ab, damit keines ihrer Kleidungsstücke entwendet und präpariert werden konnte, und kurz danach verlangte sie, die Treffen in ein anderes Zentrum zu verlegen. Da ich nicht darauf einging, endeten die Zusammenarbeiten an diesem Punkt.

Als ich Jahre später zu einem dieser Workshops fuhr, fiel mir der Fall und die Angst meiner Ex-Frau wieder ein. Die Besitzerin des Zentrums hatte, obwohl sie wusste, dass ich mich von meiner Frau getrennt hatte, nichts unternommen, und auch sonst schienen uns die Geister des Ortes wohlgesonnen. So drängte sich die naheliegende Einsicht auf, dass die panische Angst meiner Ex-Frau darauf zurückzuführen war, dass sie aus eigener Erfahrung wusste, wie effektiv solche astralen Machenschaften sein können.

Schließlich erinnerte ich mich noch, dass diese Ärztin, die sich der Homöopathie zugewandt hatte, Veränderungen in meinem Leben, die mit einer inneren Weiterentwicklung in Verbindung gebracht werden konnten, meist mit großer Reserve oder kaum verdeckter Ablehnung aufgenommen hatte. Am deutlichsten war das, als ich von der Kundalini-Konferenz in Philadelphia zurückgekommen war und ihr gesagt hatte, dass ich versuchen würde, zu Swamiji nach Indien zu gehen.

Das war etwa anderthalb Jahre vor meinem ersten Aufenthalt in Rishikesh und vor der Trennung, von der damals noch nicht die Rede war. Doch genau in diesem Moment, von einer Minute zur anderen, änderte meine meist recht umgängliche Partnerin ihre Haltung. Dieser abrupte Rückzug war so markant, dass ich nicht umhin kam, ihn zu bewundern. Ich hatte das deutliche Gefühl, dass sie ahnte, dass ich ihr durch diesen Schritt aus den Fingern gleiten könnte und fragte mich, ob das nur weiblicher Instinkt war oder ob aus einer anderen Ebene ein bisschen nachgeholfen worden war.

Diese Dinge lagen, als sie nun wieder vor mir auftauchten, viele Jahre zurück. Es handelte sich bei diesem Wiederaufrollen der Vergangenheit nicht um verspätete und nutzlose Schuldzuweisungen oder Entschuldigungen eigener Fehler, sondern um den Versuch, die Zusammenhänge zwischen meinem Prozess und diesen weit zurückliegenden Ereignissen zu verstehen.

Ich überlegte, warum ich nicht schon früher auf den Gedanken gekommen war, dass mein am Schneidetisch gefasster Entschluss durch die Einflüsterung eines geschickten Geistwesens zustande gekommen sein könnte, und warum ich geglaubt hatte, mich völlig ungeschoren zwischen Astralwesen und Hexenmeistern bewegen und sie filmen könne. Schließlich wusste ich schon seit langem, dass man sich selbst beim Tischerücken ein Geistwesen 'einfangen' kann.

Die tieferen Wurzeln dieses naiven Glaubens lagen wohl, wie mir langsam aufging, im völlig unreflektierten Fortbestehen einer modischen, vom Existenzialismus der Nachkriegsjahre beeinflussten Ablehnung aller religiösen und spirituellen Belange. Ich hatte sie beiseite geschoben, war in religiösen Dingen völlig ungebildet und davon überzeugt, dass ich als rationaler Mitteleuropäer, trotz meiner unermüdlichen Jagd nach übernatürlichen Phänomenen, von Haus aus vor Machenschaften im feinstofflichen Bereich gefeit sei.

Swamijis Hinweis, dass Menschen mit fehlgeleiteten Kundalini-Prozessen in *Saraswati* oder *Vajra Nadi* besonders anfällig für die Machenschaften von Geistwesen sind, hat mir dann geholfen, die naive Vorstellung, dass ich gegen sie gefeit sei, hinter mir zu lassen. Als ich nachzurechnen begann, sah ich, dass ich mich gute fünf Jahre vor dem spontanen Übergang der Kundalini aus *Vajra* in *Sushumna Nadi* mit dieser Frau zusammengetan hatte.

Es ist mir klar, dass es sich bei all dem um Annahmen handelt, die auf einer inneren Gewissheit beruhen, für die es aber keine unumstößlichen Beweise gibt. Die folgende und letzte Geschichte aus dieser weit zurückliegenden Zeit jedoch, die in einem Punkt mit meinen Einsichten in unmittelbarer Verbindung steht, hat mir meine Ex-Frau selbst erzählt.

In der Nacht nach der Entfernung des Brusttumors auf der Theaterbühne hatten so starke innere Blutungen eingesetzt, dass sie eine intime Freundin um Hilfe bitten musste. Diese viel ältere Vertraute, die mir stets wie die graue Eminenz im spiritistischen Umfeld meiner Ex-Frau erschienen war, fand nach einer Reihe von Anrufen bei prominenten Spiritisten heraus, wo in der Millionenstadt Rio de Janeiro das Medium Edson Queiroz nach den Operationen auf offener Bühne untergekommen war, und brachte sie, schon sehr geschwächt, in einem Taxi zu ihm. Queiroz stillte die Blutungen dann in der Küche einer vornehmen Villa.

Diese Geschichte hat mir meine Ex-Frau erst Jahre nachdem der Bericht über die parachirurgischen Eingriffe der Doktoren Fritz/Edson Queiroz in Deutschland gelaufen war erzählt. Da das Medium Edson Queiroz bereits vor vielen Jahren ermordet wurde und auch meiner seit langem aus dem staatlichen Krebskrankenhaus entlassenen Ex-Frau keine Konsequenzen mehr erwachsen können, kann ich diese Geschichte getrost weitergeben, die indirekt auch mit mir zu tun hat.

Sicher hätte sich, wenn sie in das nächstliegende Krankenhaus gegangen wäre, die zur Verteidigung seiner Existenz veranstaltete parachirurgische Darbietung des Dr. Queiroz in ihr Gegenteil verkehrt.

Doch trotz dieser heroischen, bis kurz vor dem Verbluten erwiesenen Loyalität zu dem Medium und der Sache des Spiritismus, habe ich diese Geschichte als einen Makel auf unserer Beziehung empfunden.

Schließlich hatte ich diese vom Geisterarzt Dr. Fritz operierte Medizinerin, die uns freigiebig die gut verheilte Narbe auf ihrer Brust gezeigt hatte, einem großen Publikum als wichtigste Zeugin für die Effizienz parachirurgischer Eingriffe präsentiert. Sie hätte ja, anstatt eine Lüge in die Welt zu setzen, einfach sagen können, als ich sie nach der Rückkehr von den Dreharbeiten in Recife angerufen hatte, dass sie kein Interview geben und damit dieses parachirurgische Debakel auf sich beruhen lassen wolle. Doch genau das ist der neuralgische Punkt, an dem sich diese Geschichte, wie mir scheint, mit den anderen berührt, für die ich keinen Nachweis habe.

Es war mir sehr unangenehm, dass ich eine so falsche Information weitergegeben habe, doch dieses persönliche Missgeschick hat meine Einschätzung der Parachirurgie nicht geändert. Ich hatte zu oft einwandfreie paramedizinische Eingriffe gesehen und unbezweifelbare Berichte geheilter Patienten gehört, um aus dem Kunstfehler der Doktoren Fritz/Edson Queiroz zu schließen, dass die Parachirurgie auf einer Täuschung des gesunden Menschenverstandes beruht.

Die Paramedizin der jenseitigen Ärzte unterscheidet sich nur graduell, nicht prinzipiell von der wissenschaftlich untermauerten Schulmedizin. Ihre Vermittler, die Medien, sind Menschen, deren subtile Arbeit von einem Tag zum anderen und vor allem über den gesamten Zeitraum ihrer Tätigkeit großen Schwankungen unterworfen ist. Zudem sind auch Geister nicht, wie häufig angenommen wird, nur weil sie nicht aus Fleisch und Knochen sind, unfehlbar oder allwissend. Somit zeigt der parachirurgische Kunstfehler im Theater von Rio de Janeiro lediglich an, dass auch die Geistermedizin, wie alle Aktivitäten im menschlichen Bereich, Fehlleistungen unterworfen ist, und dass man versucht, was auch nichts Außergewöhnliches ist, sie zu vertuschen. Mehr lässt sich, wenn man keine Verwechselung von Ebenen begehen will, aus ihm nicht ableiten.

Doch in meinen eigenen Leben bin ich solch einer Verwechselung von Ebenen aufgesessen. Ich hatte mich mit meiner Ex-Frau zusammengetan, als ich den inneren Drang verspürte, mit meinem *Vajra*-Lotterleben Schluss zu machen. So habe ich im Kreuzen unserer Wege bei diesen Filmarbeiten, denen ich damals einen spirituellen Stellenwert beigemessen habe, einen Wink des Schicksals, eine Art von Zusammenführung, gesehen.

Als diese Dinge nach der Bemerkung meine Freundes in Richtung 'Beeinflussung' wieder hochkamen, wurde mir klar, dass die Begegnung mit meiner Ex-Frau bei den parachirurgischen Darbietungen des Dr. Queiroz nichts von den Qualitäten einer Zusammenführung an sich gehabt hatte. Vielmehr hatte ich in diese Beziehung nur mein aufkeimendes Verlangen nach etwas Höherem, für das ich noch nicht reif war, hineingeheimnist.

Schon bevor ich das erste Mal nach Rishikesh ging, hatte ich viel über die verschiedenen geistigen Ebenen und über die feinstofflichen Körper gelesen und dabei immer ein Verlangen verspürt, diese Dinge wirklich zu verstehen. Aber irgendwie blieben sie abstrakt.

Das begann sich in Rishikesh allmählich zu ändern. Swamiji rollte nie große Theorien auf. Er brachte uns, so wie er das auch bei der praktischen Arbeit mit Menschen in Kundalini-Prozessen tat, nur Dinge bei, die wir schon verstehen konnten, die unserem Reifegrad angemessen waren. Da das theoretische Gerüst, auf dem seine Arbeit fußt, auf den unmittelbaren Erfahrungen vieler Generationen von Yogis gründet und Swamiji diese Lehren in seinem eigenen Prozess verifiziert hat, konnte er die theoretischen Grundlagen immer wieder durch praktische Beispiele anschaulich machen.

Natürlich haben mir auch die eigenen direkten Erfahrungen während der täglichen Praxis geholfen, die Begriffe mit Inhalten zu füllen. Wenn man in etwa erfasst hat, aus was der feinstoffliche Körper, der in der Regel als erster nach dem grobstofflichen erfahrbar wird, besteht und welche Funktionen er erfüllt, dann nimmt auch die Ebene Umrisse an, in die er gehört. Nachdem man einen Bereich und seine Grenzen wahrgenommen hat, wird es leichter, sich eine Vorstellung von der nächst höheren Ebene und in der Folge von der hierarchischen Abfolge der verschiedenen Sphären zu machen.

Das führt dann ganz von selbst dazu, dass man erkennt, was man in einem früheren Stadium verkehrt gemacht hat und verkehrt machen musste, ganz einfach weil man Erfahrungen, von denen man gehört oder die man sich angelesen hatte, aus einer höheren Ebene auf die tieferliegende Ebene projiziert hatte, in der man sich noch befand. Winke des Schicksals oder Zusammenführungen geschehen eben nur, wenn man sie nicht mehr herbeisehnt und erstaunt zuschauen kann, wenn sie geschehen.

Das verspätete Erkennen meiner eigenen Fehleinschätzungen führte schließlich dazu, auch den Spiritismus aus einer neuen Perspektive zu sehen. Der brasilianische Spiritismus versteht sich, wie wir gesehen haben, als eine Vervollkommnung des Christentums. Alan Kardecs Buch „Das Evangelium nach dem Spiritismus" gehört zu seinen Grundlagen, und Gebete vor und nach den Sitzungen, in denen Heilungen vorgenommen oder Geister angerufen und ausgetrieben werden, sind ein fester Bestandteil der Arbeit spiritistischer Zentren. Diese Verquickung von Religion und paranormalen Phänomenen macht den Spiritismus zu einem eigenständigen, außerordentlich attraktiven Gebilde.

Auch bei den parachirurgischen Behandlungen im Theater von Rio de Janeiro hatte das religiöse Element nicht gefehlt. Nach den Operationen hatte Edson Queiroz, noch ganz in medialer Trance, im schwerfälligen Portugiesisch des Dr. Fritz, die Sitzung mit einem langen, inbrünstigen Gebet geschlossen; und auf den Handzetteln des Zentrums in Recife stand der Slogan: „Jesus ist der Arzt aller Ärzte, wir sind aus seinem Team, zählt auf uns."

Diese Mischung von überschäumendem religiösem Pathos mit sicht- oder hörbaren Manifestationen aus dem Jenseits ist für viele Menschen ein erster Anstoß, sich für Dinge zu öffnen, die über dem engen, ausschließlich materiellen Bereich liegen, in dem sich ihr Leben in der Regel bewegt. Diese faszinierende Mischung aus Religion und Geistern bringt Menschen nicht nur auf den Weg, sie motiviert sie auch immer wieder zur Mitarbeit an den vielen vorbildlichen karitativen Institutionen, welche die brasilianischen Spiritisten unterhalten.

Überdeutlich wurde die große Wirkung, die von der Verbindung dieser beiden Elemente ausgeht, als ein Journalist, während die Doktoren Fritz/Edson Queiroz auf offener Bühne operierten, tief bewegt hervorstieß: „Nachdem ich das gesehen habe, glaube ich an Gott." Es war nicht das erste Mal, dass ich bei parachirurgischen Eingriffen Aussprüche dieser Art gehört habe, und auch in mir hatte die tiefe Hingabe der Cícera Maria, die im Hinterland Brasiliens ohne hochtrabende Slogans und hörbare Gebete operierte, etwas angerührt.

Doch die große Wirkung, die von den in Gebete eingebetteten übernatürlichen Phänomenen ausgeht, birgt auch Gefahren in sich. In ihren Sitzungen holen die Spiritisten etwas Geistiges oder zumindest etwas Feinstoffliches in unsere alltägliche materielle Ebene herab, wo es sich dann mehr oder minder vollständig manifestiert. Was die Geister in spiritistischen Sitzungen sagen oder tun, ist also nur durch die Medien vermittelte Manifestation von Wesen, die in ihren feinstofflichen Körpern weiterleben, nicht mehr und nicht weniger.

Der feinstoffliche Körper steht aber lediglich mit einem kleinen Ausschnitt des spirituellen Bereiches in Verbindung. Nachdem mir das in den Jahren bei Swamiji klar geworden war, fiel mir auf, dass viele Spiritisten in dem, was sie für kurze Zeit aus dem feinstofflichen in den grobstofflichen Bereich herunterholen, weit mehr sehen, als es tatsächlich ist. Somit neigen sie dazu, in den übernatürlichen Phänomenen, welche die Medien vermitteln, eine Manifestation aus höheren spirituellen Sphären zu sehen.

Wenn man jedoch etwas, nur weil es nicht grobstofflich, nicht materiell ist, schon für spirituell hält, begeht man eine klassische Verwechselung von Ebenen, die dazu führen kann, dass man meint, man sei auf seinem Pfad schon angekommen, habe schon die höhere spirituelle Ebene erreicht, brauche nach nichts Weiterem mehr zu suchen. Dann kann der Weg, auf den einen die übernatürlichen Phänomene gebracht haben, zur Sackgasse werden.

9

Der lange Weg zum Siedepunkt

Das dritte Mal in Rishikesh

Zwischen meinem zweiten und dritten Aufenthalt bei Swamiji waren fast auf den Tag genau anderthalb Jahre vergangen. Alles in allem hatte ich mich in dieser Zwischenzeit recht gut gefühlt, und obwohl seit dem Eintreffen im Ashram schon zwei Jahre und neun Monate verflossen waren, stand ich nicht unter dem Eindruck, dass sich der Prozess sehr verlangsamt hatte oder gar zum Stillstand gekommen war.

Diesmal war ich nicht, wie in den beiden vorangegangenen Jahren, im Frühjahr gekommen, sondern im Oktober und war der einzige Schüler im großen Gästehaus. Die zwei ersten Tage ließ mir Swamiji zur Wiedereingewöhnung freien Lauf. Am dritten rief er mich, um die Fotos, die drei Geschichten und die Ablichtungen der Handlinien der brasilianischen Kandidaten zu sichten, die ich mitgebracht hatte.

Im Laufe dieses Gespräches erwähnte er, dass nun außer seiner designierten Nachfolgerin vier oder fünf weitere Schüler einen, wie er es nannte, kompletten Prozess hätten, die Kundalini also bis weit nach oben aufgestiegen sei und es ihnen sehr gut ginge. Mit dieser scheinbar beiläufigen Bemerkung hatte er gleich zu Anfang dieses dritten Aufenthaltes an einen sehr sensiblen Punkt gerührt.

Am nächsten Abend ging ich zum Ganges und setzte mich, um zu meditieren, auf eine der Betonstufen. Weiter unten, nahe am Wasser, saß ein alter, ganz in sich versunkener Inder, und ab und zu wehte von ferne eine klagende Musik über uns hinweg. Bald spürte ich stärker als seit langem das leichte Kribbeln ganz oben im Kopf, an der Unterseite der Schädeloberfläche, und dann drängte sich die Frage auf, ob ich diese Wochen ganz allein bei Swamiji dazu nutzen sollte, so viel wie nur irgend möglich von ihm zu lernen, oder es besser wäre, mich ganz dem Prozess zu überlassen. Es kam mir so vor, als ob *Kundalini Shakti* mir sagen wollte: „Wir können weitergehen, aber wenn du deine unerschöpfliche Neugier befriedigen willst, wird die Zeit und die Energie dafür nicht ausreichen." Ein alter Zwiespalt wurde am Ufer des Ganges auf den Punkt gebracht.

Als ich zurück ging, fiel mir ein, dass Swamiji im ersten Jahr nach dem Treffen mit der indischen Nonne und dem deutschen Gast in der Divine Life Society gesagt hatte, Sex, Geldgier und Wissensdurst treibe die Menschen am meisten um. Entgegen meinen, über viele Jahr in einem *Vajra*-Prozess geformten Erwartungen hatte er hinzugefügt, Geld- und Wissensanhäufung seien stärkere Triebe als die Sexualität. Geld könne man noch verdienen, wenn sich die sexuelle Potenz schon erschöpft habe. Es handele sich jedoch um eine sich ewig wiederholende Beschäftigung, und deswegen nehme der Anreiz irgendwann einmal ab. Der Wissensdurst jedoch wachse weiter, wenn man erkenne, wie unendlich viel es zu wissen gäbe und wie wenig man selbst wisse.

Bald danach fiel mir das Buch „Pure Yoga"[42] in die Hand, und als ich es aufschlug, wurde ich schon auf der ersten Seite des Vorworts mit einem Zitat aus der *Isavasya Upanishad* konfrontiert, das ich hier sinngemäß wiedergebe: „Diejenigen, die die wahre Natur des menschlichen Lebens nicht kennen und unentwegt weltlichen Genüssen nachjagen, bleiben in Dunkel- und Unwissenheit über die Realitäten des Lebens. In noch größerer Dunkelheit bleiben jene, die theoretische Kenntnisse von der Realität für die Realität selbst halten und meinen, sie könnten Kenntnis von ihr erlangen, ohne sich ernsthaft anzustrengen, sie in eigener, direkter Erfahrung zu vergegenwärtigen."

Am Nachmittag kam noch ein weiterer Anstoß hinzu: Ich hatte Swamiji gebeten, die Lektion über das *Kronen-Chakra* nachzuholen, zu der im Unterricht des zweiten Jahres keine Zeit mehr geblieben war.

---

42 Yogi Pranavananda: Pure Yoga. Motilal Banarsidass, Delhi 1997.

Nachdem er über die verschiedenen Wege gesprochen hatte, auf denen Kundalini nach der großen Generalüberholung weiter aufsteigen kann, sagte er, man nähere sich erst dann dem wahrhaft spirituellen Bereich, wenn dieser Vorgang einsetze. Wirkliche Spiritualität sei an Erfahrungen gebunden, ohne Erfahrung gäbe es keine Realisation und keine Befreiung.

Am folgenden Sonntag lehrte er mich dann in einem Shiva-Tempel am Ganges, wo mich von Zeit zu Zeit die laute Glocke aufschreckte, die Besucher beim Eintritt betätigen, eine neue vierteilige Übung. Er hatte schon festgestellt, dass immer noch Überbleibsel der jahrelangen Blockade im Kehlkopf-*Chakra* vorhanden waren, als er an einem der vorangegangenen Tage am frühen Morgen in mein Zimmer gekommen war, um der Übung aus dem Vorjahr beizuwohnen.

So musste ich also weiterhin *Vishuddha* säubern und zugleich *Udana Vayu*, den nach oben in den Kopf strebenden *Prana-Strom*, stärken. Die dritte und längste Übung diente dazu, mit aufrecht vor der Brust gehaltenen Händen sowie einer bestimmten Form des Ein- und Ausatmens mit wechselnder Konzentration, die Verbindung zwischen Herz und Kopf zu intensivieren. Abgeschlossen wurden die Übungen, die ich dann Tag für Tag viermal praktizierte, durch eine kurze meditative Versenkung.

Diesmal fiel es mir schwer, mich an die neue Praxis zu gewöhnen. Ich hing noch so sehr an den anstrengenden Übungen mit den hochgestreckten Armen, die ich über anderthalb Jahre fast täglich gemacht hatte, dass ich ihn nach ein paar Tagen fragte, ob ich sie zwischendurch von Zeit zu Zeit machen könne. „No, no, no, no", sagte er sehr entschieden und wies noch einmal auf die enge Verzahnung der *Vayus* hin, von der er schon im Unterricht gesprochen hatte.

Wenn einer der *Vayus* durch eine neue Übung modifiziert wird, müssen alle fünf eng miteinander verbundenen Haupt-*Vayus* eine neue Form des Zusammenwirkens finden, genau wie ein Team sich neu aufeinander einstellen muss, wenn ein Spieler der Mannschaft ausgetauscht wird. Daher kann bei einem Hin- und Herhüpfen von einer Übung zur anderen keine von beiden ihre Wirkung voll entfalten oder der Prozess sogar gestört werden.

Der Sachverhalt, dass ein effektives Zusammenspiel der *Vayus* erst durch das mehrfache Wiederholen der verschiedenen Übungen zustande kommt, erklärt auch, warum neue Praktiken ihre Wirkung in der Regel erst nach ein paar Tagen zeigen, warum es so wichtig ist, die Übungen regelmäßig zu machen und warum ein Wiederbeginn nach einer längeren Pause immer etwas von einem Neuanfang hat.

Nach ein paar Tagen wurde das Kribbeln unter der Schädeldecke stärker und begann sich mehr und mehr auf einen ganz bestimmten Punkt zu konzentrieren. Bald danach setzten Schmerzen auf der rechten Seite des Kopfes, etwas über dem Ohr, ein. Sie wurden immer stärker und waren so eindeutig lokalisierbar, dass der Hypochonder in mir meinte, es könne sich um einen Tumor handeln.

Doch diesmal fragte ich Swamiji nicht, was dieser stechende Schmerz zu bedeuten hatte. Er hatte schon im zweiten Jahr, als Kundalini nur in der linken Seite des Kopfes arbeitete, gesagt, dass die rechte Seite später an die Reihe käme. Als die Schmerzen dann nach einer knappen Woche schwächer wurden und sich auf die ganze Kopfseite ausdehnten, wusste ich, dass Kundalini an der Arbeit war. Bald danach verschwanden sie von einem Tag zum anderen.

Szenen aus der Vergangenheit kamen diesmal nur selten hoch und wenn doch, dann hatten sie nichts mit den Niederschlägen aus meinen *Vajra*-Jahren zu tun. Zwei oder dreimal und unmittelbar hintereinander sah ich wieder, wie ein Betrunkener vor vielen Jahren auf der großen Nord-Süd-Straße Brasiliens in mein altes Auto torkelte, vom Kotflügel erfasst wurde und auf den Asphalt fiel. Da ich sehr langsam einen steilen Berg hinauffuhr, waren wir beide mit dem Schrecken davongekommen, der offensichtlich noch in mir saß.

Nachdem ich begonnen hatte, um die Abendsuppe nicht mehr im Magen zu spüren, mich vor der letzten Übung auf den Boden zu legen und eine Stunde zu schlafen, versank ich tiefer denn je. Schon bei der zweiten Übung hob sich in mir etwas an, und bei der dritten Übung, mit den hochgestellten Händen vor der Brust, begann mein Oberkörper ganz von selbst vor- und zurückzuschaukeln. Eine leise indische Musik, die in diesen Nächten von einem fernen Fest herüberwehte, entzog dieses Hin- und Herschaukeln dem Zeitablauf. Es hatte, wie mir schien, keinen Anfang und kein Ende, und zugleich war mein Herzschlag beim simultanen Ein- und Ausatmen durch beide Nasenlöcher bis in die Stirn hinauf zu spüren. Tiefer Friede breitete sich in mir aus und nahm nach und nach auch das unentwegte Hupen der unendlich vielen Lastwagen auf der Ausfallstraße vor dem Gästehaus in sich auf.

Anmerkungen über Sex und Spiritualität

Da Swamiji in diesem Jahr keine anderen Schüler zu betreuen hatte, konnte ich oft, vor allem abends, wenn er in dem großen Raum im Erdgeschoss ayurvedische Stärkungsmittel zubereitete, mit ihm sprechen. Er war kurz vor meiner Ankunft aus den USA zurückgekommen, wo viele seiner Schüler Frauen waren, zum Teil mit schwierigen Problemen, und ich hatte viele Fragen zu den drei Geschichten eines Homosexuellen, die ich aus Brasilien mitgebracht hatte. Das mag dazu beigetragen haben, dass häufig von sexuellen Verhaltensweisen und ihren Auswirkungen auf Kundalini-Prozesse die Rede war.

Schon in den vorangegangenen Jahren in Rishikesh waren weibliche Schüler immer deutlich in der Überzahl und Sex und Spiritualität ein wichtiges Thema gewesen. Die verschiedenen Fragen zu sexuellen Problemen beantwortete Swamiji völlig unbefangen, zum Teil mit Geschichten aus dem eigenen Leben und seinen Wanderjahren. Er verhehlte nicht, dass auch er in jüngeren Jahren mit Probleme in diesem Bereich zu kämpfen hatte. Als er einmal umringt von Schülerinnen sagte, dass er früher oft sehr schmutzig herumgelaufen sei, um Frauen fernzuhalten, fragte ihn eine junge, besonders intelligente und anziehende Frau, die durch einen schwierigen Reinigungsprozess ging, ob er die Geschichte vom unsichtbaren Hündchen kenne, das alles, was man besonders weit von sich weist, flugs apportiere und einem vor die Füße lege. Wir lachten alle sehr – und Swamiji am meisten.

Für die detaillierten Ausführungen Swamijis über Sex und seine Konsequenzen gab es natürlich triftigere Gründe als die Überzahl von

Frauen im *Patanjali Kundalini Yoga Care* und meine persönlichen Fragen. Sex und Spiritualität sind, wie mir nach und nach klar wurde, weit enger miteinander verbunden, als man gemeinhin annimmt. Bevor ich zu Swamiji kam, hatte ich – wenn man von dem Gemeinplatz absieht, dass im Tantra Yoga auch ritualisierter Sex zur spirituellen Erweckung eingesetzt wird – von den vielfältigen und außerordentlich engen Zusammenhängen zwischen Sex und Spiritualität so gut wie nichts gewusst.

Doch bevor ich versuche wiederzugeben, was ich ausgerechnet von einem strengen Mönch des Shankaracharya Ordens über Sex und Frauen gelernt habe, möchte ich festhalten, dass ich nach allem, was ich über die Jahre in Swamijis Umkreis mitbekommen und von verschiedenen Frauen gehört habe, überzeugt bin und meine beiden Hände dafür ins Feuer lege, dass er sich in diesem sensiblen Bereich, sehr im Gegensatz zu vielen spirituellen Lehrern und auch ein paar indischen *Gurus*, nichts vorzuwerfen hat.

Wie schon erwähnt, gibt Swamiji in der Regel eher kurze Antworten, aber häufig hängt er noch eine Bemerkung an, die das Thema von einer anderen Seite beleuchtet oder in einen größeren Zusammenhang stellt. Um zusätzliche Aspekte der angeschnittenen Fragen aufzuzeigen, werde ich, wie an vielen Stellen dieses Buches, aus meinen Notizen auch Bemerkungen anführen, die er in früheren oder späteren Jahren in einem ähnlichen Zusammenhang gemacht hat.

An einem dieser Abende, nachdem er die vier häufigsten Varianten mit denen Frauen Männer anziehen und ihre entsprechenden Sanskrit-Bezeichnungen aufgezählt hatte, fragte ich ihn, wieso er so viel über feinstoffliche und hormonelle Vorgänge im weiblichen Körper und ihre Wirkung auf Männer wisse. Das habe ihm sein Meister beigebracht, sagte er, um ihn vor den Frauen zu schützen, und erzählte dann, dass sein Meister eine Zeit lang in der unmittelbaren Nähe eines Rotlicht-Distrikts tätig war und einer Prostituierten, die eine wunderschöne Stimme und einen Kundalini-Prozess aus einem Vorleben hatte, geholfen habe, dieses Geschäft hinter sich zu lassen.

Swamiji tischte keine weltfremden Vorstellungen von Sexualität auf. Er wusste sehr genau, was für eine außerordentlich wichtige Rolle sie im Leben spielt und wie überaus stark sie die Menschen anzieht. Sex, sagte er einmal, könne abhängiger machen als Alkohol oder Drogen, die man erst beschaffen und dann trinken oder einnehmen müsse. An Sex hingegen brauche man nur zu denken, und schon hatte er einen im Griff.

Worauf diese enorme Anziehungskraft von Sex zurückzuführen ist, erklärte Swamiji auf einfache und einleuchtende Weise. Der Geschlechtsverkehr sei die einzige menschliche Aktivität, an der bei ansteigender Körpertemperatur und beschleunigtem Herzschlag alle fünf Sinne gleichzeitig teilhaben und voll aktiviert auf einen einzigen Punkt gerichtet sind. Genau das, sagte er, mache Sex zum größten aller weltlichen Vergnügen. Dieses orgastische Lustgefühl werde, wie er des öfteren betonte, nicht so sehr in den Geschlechtsteilen als vielmehr im Gehirn erfahren, das auch den Zugang zur darüberliegenden spirituellen Sphäre ermögliche.

Die innige Verbindung von Sex und Spiritualität zeigte Swamiji anhand eines Vorgangs auf, der auch bei Menschen eintreten kann, deren Kundalini nicht freigesetzt ist. Unter besonders günstigen Bedingungen, sagte er, etwa bei einem lang andauernden Orgasmus, könne sowohl im Mann wie auch in der Frau ein kleiner Teil der erzeugten Hitze und Energie für kurze Augenblicke bis in den Kopf aufsteigen und dort die eine oder andere spirituelle Erfahrung auslösen. Nicht von ungefähr wird im Französischen der Orgasmus auch „la petite mort" (der kleine Tod) genannt.

Solche momentanen Aufstiege geschehen in *Vajra Nadi*, die in den Geschlechtsorganen ihren Ausgang nimmt, dann hinab zu *Muladhara* und von dort direkt bis ins Gehirn führt – und wie wir gesehen haben, ist *Vajra Nadi* immer offen. Energetische Impulse stoßen in ihr auf keinerlei Hindernisse. Manche Menschen halten dann diese kurzen, erhebenden Lichtblicke für ein Erwachen Kundalinis. Doch in den meisten Fällen habe, wie Swamiji betonte, dieses sporadische Hochschnellen mit seinen beiläufigen spirituellen Erfahrungen nichts mit Kundalini zu tun.

Von Schülern aus dem Westen verlangte Swamiji nicht, dass sie sich an die strikten Regeln hielten, nach denen er lebt. Er erhob keine Einwände gegen feste Beziehungen zwischen Männer und Frauen, egal ob sie verheiratet waren oder nicht. Aber er machte sehr klar, dass falsche sexuelle Praktiken große Schäden im fein- und in der Folge auch im grobstofflichen Körper anrichten und Kundalini-Prozesse nachhaltig stören können. Es verstand sich von selbst, dass in dem Haus, in dem wir lebten und unsere Übungen machten, kein Platz für intime Kontakte war. Das kleine Schild im Treppenhaus, das nicht-spirituelle Aktivitäten im *Patanjali Kundalini Yoga Care* untersagt, diente als Erinnerung.

Die durch sexuelles Fehlverhalten erzeugten toxischen Stoffe steigen, wie er erklärte, je nach Art der Prozesse über eine der kulminierenden *Nadis* oder eine der beiden Sackgassen ins Gehirn auf, stimulieren den Hypothalamus und in der Folge die Hypophyse, die dann ihrerseits über die Schilddrüse auf die Geschlechtsorgane zurückwirkt, dort Hitze und Sekretionen erzeugt und so verschiedene Schäden, zum Beispiel die Entstehung von Zysten, verursachen kann. Wenn man die Symptome, die auf diese Art entstanden sind, nur medizinisch oder operativ behandele, tauchten sie oft nach relativ kurzer Zeit wieder auf, da ihre Ursachen, wie er sagte, im Gehirn säßen und vor allem dort beseitigt werden müssten.

Er erwähnte in diesem Zusammenhang auch, dass Menschen mit einem kompletten Kundalini-Prozess mitunter meinten, sie könnten nun tun und lassen, wozu sie Lust und Laune hätten. Doch genau das Gegenteil treffe zu, sie seien in besonders hohem Maße gefährdet. Bei ihnen könnten die toxischen Stoffe, die durch Fehlverhalten erzeugt werden, sogar in der exklusiven *Brahma Nadi* ins Gehirn aufsteigen und über den beschriebenen Kreislauf schweres Unheil anrichten. Wer einen kompletten Prozess habe, betonte Swamiji des öfteren, müsse auf sich so gut aufpassen wie eine schwangere Frau.

Schon bevor ich zu Swamiji kam, hatte ich gehört, dass jeder geschlechtliche Kontakt Prägungen im feinstofflichen Körper hinterlässt und besonders sensible Menschen die Veränderungen in der Aura ihres Partners spüren können. Von mehreren einschlägigen Geschichten ist mir die eines guten Freundes in Erinnerung geblieben. Er erzählte mir mit einem vielsagenden Lächeln, dass seine Frau, als sie heim kam, obwohl er nach einer Eskapade zweimal ausgiebig heiß geduscht habe, zuerst im Motel und dann zu Hause, ihm auf den Kopf zugesagt habe, dass er fremd gegangen sei.

Nach Ansicht einiger Meister, wie er ergänzte, seien die Niederschläge sexueller Aktivitäten nicht nur nicht abwaschbar, sondern es dauere ganze sieben Jahre, bis ihre letzten Reste im feinstofflichen Körper getilgt seien. Als ich Swamiji fragte, ob das mit den sieben Jahren stimme, bejahte er das. Dann erklärte er mir noch, dass schon ein starkes sexuelles Verlangen, wie das der schönen Chinesin von San Francisco, die mir in diesem Zusammenhang wieder einfiel, ausreichend sein könne, um einen über lange Zeit fortwirkenden Niederschlag zu hinterlassen.

Swamiji warnte vor außergewöhnlichen sexuellen Praktiken nicht nur mit den üblichen, allgemein gehaltenen Hinweisen, sondern erklärte sehr genau, warum sie schädlich seien. So wies er, um die Auswirkungen von manuellem Sex aufzuzeigen, darauf hin, wie eng und vielseitig die Verbindungen zwischen den Händen und dem Gehirn seien. Die Hände, sagte er, seien ein unmittelbarer Ausdruck des tausendblättrigen Lotos, also der Gehirnzentren. Deswegen könne man in ihnen nicht nur das Schicksal eines Menschen ablesen, sondern forme mit den Händen auch symbolische Gesten, die *Mudras*, um Gebete und religiöse Riten zu begleiten.

Er erinnerte in diesem Zusammenhang auch daran, dass Stigmata, die ein Ausdruck höchster christlicher Hingabe seien, sich vor allem in den Neben-*Chakras* der Handflächen bildeten. Wer also die Hände, wie er dann ausführte, die über mehrere *Nadis* mit dem Kehlkopf-*Chakra* verbunden sind, zu sexuellen Manipulationen benütze, verlöre nicht nur die Fähigkeit, mit ihnen zu heilen, sondern erzeuge Hitze, die *Vishuddha* verunreinige, *Udana Vayu,* den in der Region des Kopfes wirksamen *Prana*-Strom, kurzfristig ausdehne und so die Gehirnfunktionen störe, was am Ende dieser Kette dann sogar zu einer Schwächung der Sexualorgane führen könne.

Solche Abläufe, durch die Schäden in den Gehirnzellen, dann im feinstofflichen und schließlich auch im grobstofflichen Körper entstehen, beschrieb Swamiji auch für orale und homosexuelle Praktiken.

Zugleich machte er klar, dass es sich dabei nicht um generelle Regeln handele, sondern um Beobachtungen, die er in mehreren Fällen gemacht habe. Jeder Fall, sagte er, sei ein Fall mit seinen eigenen Charakteristika, und das umso mehr wenn *Kundalini Shakti* freigesetzt sei, die auch nach Verfehlungen noch versuche, zu helfen und den richtigen Weg zu weisen.

Da ich, wie schon erwähnt, die Unterlagen eines Homosexuellen zur Bewertung mitgebracht hatte, erklärte Swamiji an einem dieser Abende mit vielen Details die feinstofflichen Abläufe und Auswirkungen homosexueller Praktiken, auf die wir hier nur kurz eingehen werden.

Bei Männern, sagte er, stiege die im homosexuellen Verkehr erzeugte Hitze in der weit verästelten *Sankhini Nadi* auf, die vom Anus über *Muladhara* bis zu *Sahasrara*, dem tausendblättrigen Lotos, reiche und wichtige sekundäre Funktionen in Kundalini-Prozessen erfülle. Bei homosexuellem Verkehr werde *Sankhini Nadi* durch die außergewöhnliche Stimulierung in starke Vibrationen versetzt, die dann auf die Gehirnzellen einwirken, eine gewisse intellektuelle Brillanz hervorrufen und süchtig machen können.

Im weiblichen Organismus hingegen könne sich eine Überreizung der Klitoris durch *Kuhu Nadi*, die *Muladhara* und *Svadhishthana* berühre, unmittelbar auf die Hypophyse und ihre Kontrollfunktionen auswirken und so zu hormonellen Störungen führen, die besonders schwer zu beheben seien. Da bei allen Formen homosexuellen Verkehrs, wie er hinzufügte, der normale Austausch männlicher und weiblicher Hormone ausbleibe, würden verschiedene Drüsen- und Gehirnfunktionen geschwächt, was nicht nur Probleme im grobstofflichen Bereich verursachen, sondern auch die spirituelle Weiterentwicklung beeinträchtigen könne.

Da die hormonellen Funktionskreise bei Männern und Frauen unterschiedlich sind, seien auch die Schäden und ihre Behebung von sehr unterschiedlicher Art. In der Regel seien die Folgen außergewöhnlicher sexueller Praktiken im weiblichen Organismus, wenn man von den erwähnten Störungen der Hypophyse absieht, einfacher zu beheben, da die monatliche Menstruation schon eine reinigende Wirkung habe.

In den meisten Fällen dauere es jedoch zwischen drei und fünf Jahren, bis die Niederschläge sexuellen Fehlverhaltens im feinstofflichen Körper und in den Gehirnzellen beseitigt seien. Wenn er das Schülern sage, wie er mit einem kleinen Lächeln hinzufügte, würden sie oft fragen, warum es so lange dauerte, anstatt sich zu erkundigen, wie groß die Schäden seien, die sie durch ihr oft jahrelanges Fehlverhalten angerichtet hatten.

All das, auch die Informationen über homosexuelle Praktiken, legte Swamiji ganz sachlich dar, ohne eine Spur von moralisierendem Unterton. Er breitete einfach die Fakten aus, die er aufgrund seines Wissens über die Wechselwirkungen zwischen dem physischen Körper, den feinstofflichen Körpern und den Gehirnfunktionen in einer Reihe von Fällen beobachten und beheben oder zumindest lindern konnte. Er schrieb niemandem vor, was er zu tun oder zu lassen habe, sondern wies nur auf die Ursachen und die Wirkungen hin, mit denen man, wenn man Fehler mache, zu rechnen habe. Wie meistens, wenn er Schülern die Konsequenzen bestimmter Verhaltensweisen dargelegt hatte, sagte er: „Die Verantwortung für das, was du tust, liegt einzig und allein bei dir."

Aber Swamiji klärte seine Schüler nicht nur über die Konsequenzen sexuellen Fehlverhaltens auf. Oft veranschaulichte er die komplizierten feinstofflichen Gegebenheiten, die den Beziehungen zwischen den Geschlechtern zugrunde liegen, mit Hinweisen auf die alten indischen Bräuche und ihre Hintergründe. So sagte er, um ein Beispiel unter vielen herauszugreifen, als er die kleinen Neben-*Chakras* in den Beinen beschrieb, welche die Bereitwilligkeit von Frauen signalisieren, und die zwei empfindlichen Punkte in den Schultern, die sie schwach machen, dass die alte Sitte, wonach indische Frauen Hosen und ein Tuch um die Schultern tragen, darauf zurückzuführen sei. Solche Bemerkungen zeigten immer wieder, dass seine Hinweise nicht die mehr oder minder willkürlichen Vorschriften eines Meisters waren, sondern ihre Wurzeln in der alten vedischen Tradition hatten.

Über die beiden empfindlichen Punkte in den Schultern machte Swamiji noch eine interessante Bemerkung. Der Paradeschritt, der eine große Anspannung der Schultern erfordere, sagte er, paralisiere diese beiden Punkte und töte jede Empfindlichkeit in den Menschen ab. Mir fiel natürlich sofort das Dritte Reich ein, mit den großartig gefilmten Paraden der Nürnberger Parteitage und den im Stechschritt vor dem Führer defilierenden Einheiten der Wehrmacht, und so hatte ich zu diesem Punkt keine Fragen mehr.

Auch was Swamiji über die vier traditionellen Rollen der Frau sagte, stand in krassem Gegensatz zum sexuellen Wirrwarr im Leben vieler Schüler, zu häufig wechselnden Partnern, der hohen Zahl von Hysterektomien, geschiedenen Ehen und den Problemen alleinerziehender Eltern und ihrer Kinder.

Von den im Laufe des Lebens wechselnden Rollen der Frau, die erst Tochter, dann Schwester, Ehefrau und schließlich Mutter ist, hob Swamiji die der Mutter besonders hervor. Während auf den drei unteren Stufen zuerst Erwartungen und dann ein Geben und Nehmen im Vordergrund ständen, lebe die Mutter mit vorbehaltsloser Hingabe für ihre Kinder, und das verleihe der Frau, sagte er, wenn sie zur Mutter geworden sei, eine göttliche Dimension. Besonders deutlich wird das, wie Swamiji in einem anderen Zusammenhang schon gesagt hatte, wenn Frauen schwanger sind, *Kundalini Shakti* den Fötus in der Gebärmutter entwickelt und sich ihr Abglanz in den Gesichtern der Frauen widerspiegelt.

Ihren höchsten Ausdruck fände die Verehrung der Mutter darin, wie Swamiji noch erwähnte, dass *Sannyasins*, die das Ziel der spirituellen Suche erreicht haben, oft auch ihren Müttern aus Dankbarkeit dafür, dass sie ihnen das Leben und mithin die Möglichkeit zur Selbstverwirklichung gegeben haben, dazu verhelfen, alle irdischen Fesseln hinter sich zu lassen.

Diese althergebrachte Überhöhung des Weiblichen, wenn es die Rolle der Mutter annimmt, bildet auch den Hintergrund einer kleinen Episode. Als eine Schülerin vor ein paar Jahren zu Swamiji sagte, in Amerika gingen Sex und Spiritualität zusammen und dann fragte, ob er nicht mit ihr schlafen wolle, habe er geantwortet, wie er amüsiert erzählte: „Für mich sind alle Frauen Mutter." Mit diesem klassischen Ausspruch, der auf Shankara zurückgeht, hatte sich schon Swami Vivekananda, als man ihn bei seiner großen Amerika-Reise in Versuchung führen und diskreditieren wollte, aus der Affäre gezogen.

Sehr ausführlich und wohl nicht ohne Absicht beschrieb Swamiji die traditionellen Ideale, nach denen in alten Zeiten Ehen geschlossen und vollzogen wurden. So ziemlich alles, was er über diese uralten Regeln sagte, war genau das Gegenteil moderner Gepflogenheiten und natürlich auch von Vielem, was ich in meinen *Vajra*-Jahren getrieben hatte. Es fiel mir nicht leicht, diese Kontraste zu verdauen.

Er erzählte, wie Eltern in den guten alten Zeiten schon sehr früh entschieden, wen ihre Kinder später einmal heiraten sollten und damals nicht wirtschaftliche Kriterien diese Wahl bestimmten, sondern die Eigenschaften der Kinder und die Affinität zwischen den Familien. Daher hätten sich schon in jungen Jahren alle Gedanken und erotischen Phantasien auf den zukünftigen Partner konzentriert und, wie er sagte, eine breite und solide Grundlage für das spätere Zusammenleben geschaffen. Schließlich bereiteten die Väter und Mütter Bräutigam und Braut in althergebrachter Weise auf die Ehe vor, die nicht in der Hochzeitsnacht vollzogen wurde, sondern erst Monate später, nachdem sich beide, auch auf der feinstofflichen Ebene, ganz und gar aufeinander eingestellt hatten.

So konnte die sexuelle Vereinigung, die dann bei bestimmten Stellungen von Mond und Planeten vollzogen wurde, in einem lang anhaltenden Orgasmus in beiden Partnern im selben Moment zur Freisetzung und zum Aufstieg der Kundalini führen und somit zu einer ersten Erfüllung des gemeinsamen spirituellen Auftrags, der dem ehelichen Zusammenleben von Mann und Frau seinen eigentlichen, tieferen Sinn schenkt.

Alles, was ich von Swamiji im Laufe der Jahre über die traditionellen Regeln für den großen und schwierigen Bereich der Sexualität gehört habe, ließ keinen Zweifel daran, dass es um weit mehr ging als um einen moralischen Verhaltenskodex, denn hinter diesen Regeln stand die klare Vorstellung einer höheren Ordnung.

Sämtliche Beispiele der alten Sitten und Bräuche, die Swamiji anführte, zeigten, dass das ganze Leben auf ein einziges großes Ziel ausgerichtet war, auf die Annäherung an das allumfassende, absolute Bewusstsein, um schließlich, wenn irgend möglich schon im gegenwärtigen Leben, in ihm aufzugehen. Die strikten alten Regeln dienten vor allem dazu, auch das große sexuelle Potenzial in den Dienst dieser Annäherung zu stellen oder wenigstens zu verhindern, dass es zu einem unüberwindlichen Hindernis auf dem Weg zum eigentlichen Ziel des Daseins wird.

Das große sexuelle Potenzial des Menschen könne man, sagte Swamiji, in eine spirituelle Energie umwandeln, die man *Ojas* nennt. Diese *Ojas* sind nach den Lehren des *Yoga* ein lebenswichtiger subtiler Grundstoff, der auf den ganzen Körper verteilt ist, ihn nährt und zusammenhält und auch für die Qualität des menschlichen Bewusstseins von ausschlaggebender Bedeutung ist. Die größte Konzentration von *Ojas* soll sich im Samen, im Sperma und in den Eizellen befinden, und deswegen empfehlen viele traditionelle Schulen, wenn nicht vollkommene, so doch große sexuelle Enthaltsamkeit zu üben.[43]

Einige esoterische Disziplinen haben spezielle Techniken für die Umwandlung von sexueller in spirituelle Energie entwickelt. So bedient sich eine von drei Schulen der tantrischen Tradition der geschlechtlichen Vereinigung, um in einem vorgegebenen Ritual mit der Zurückhaltung des Samens die Freisetzung und den Aufstieg der Kundalini zu erreichen, und nicht etwa, wie oft vermutet wird, um Lustgefühle zu steigern.

Eine sehr andere Form der Umwandlung sexueller Kraft liegt der klassischen zölibatären Lebensweise zu Grunde. Man könne Sperma oder Eizellen mit Hilfe von *Apana Vayu* im eigenen fein- und grobstofflichen Körper verbrennen, wie Swamiji diesen Vorgang umschrieb, und so sexuelle Energie in die Gehirnzentren leiten, wo sie dann, wie immer man es nennen mag, als *Amrita*, als *Soma*, *Ojas* oder Endorphine ihre Wirkung entfalten. Natürlich ist das Zölibat, wenn es nicht nur als auferlegtes Gebot, sondern aus eigenem freien Entschluss und mit Kenntnis dieser Praktiken geübt wird, sehr viel leichter einzuhalten.

Als Swamiji das erste Mal *Amrita* und Endorphine in einem Atemzug nannte, fiel mir ein, dass mich ein Bekannter während des Studiums für *Yoga* interessieren wollte und mir ein Buch in die Hand gedrückt hatte. Nachdem ich gelesen hatte, dass einige Yogis, um ein

---

43 Georg Feuerstein, a.a.O.

paar Tropfen des göttlichen Nektars *Amrita* zu erhaschen, ihre Zunge so lang machen, dass sie durch den Rachen bis in den Kopf reicht, kam ich zu dem Schluss, dass *Yoga* wohl nicht das Rechte für mich sei und gab das Buch zurück.

Wenn man sich jedoch über die sprachlichen Barrieren hinweggesetzt hat und vor Augen hält, dass die Hypophyse, das zentrale Organ der hormonellen Regelung, nicht nur Steuerungsimpulse an die anderen endokrinen Drüsen sendet, sondern von diesen auch Rückmeldungen erhält, dass sie zugleich der Ort der gegenseitigen Beeinflussung zwischen den hormonellen Vorgängen und denen des autonomen Nervensystems ist und obendrein über den Hypothalamus in enger Verbindung mit dem Gehirn steht, dann fällt es nicht mehr so schwer, für möglich zu halten, dass man diese Vorgänge auch willentlich beeinflussen kann.

Das scheint insbesondere für die Praktiken zur Verminderung des sexuellen Druckes im zölibatären Leben zuzutreffen; denn gerade zwischen den gonatropen, den Hormonen der Geschlechtsdrüsen und der Hypophyse bestehen Rückkopplungen, die über den Hypothalamus führen, den Swamiji im Zusammenhang mit solchen Praktiken oft erwähnt hat[44]. Wenn er dann ausführt, wie und in welchen *Nadis* diese Prozesse ablaufen, dann kommt einem das Umwandeln von sexueller in spirituelle Energie nicht mehr so exotisch vor.

Schließlich werden die so engen und vielseitigen Verknüpfungen zwischen Sex und Spiritualität auch missbraucht. Unter den zahlreichen pseudo-sakralen Praktiken okkulter Gruppen scheint die Nutzung des Samens junger Menschen, der zur Erlangung außerordentlicher geistiger Kräfte in Ritualen eingenommen wird, besonders häufig zu sein. Die gewaltsame Entnahme von Sperma und Eizellen sowie andere Formen sexuellen Missbrauchs kommen dann in einem späteren Leben oft in Träumen mit Erektionen, Blut- und Samenverlust wieder hoch, in denen die Opfer entkleidet auf Pritschen liegen und Operationen unterzogen werden.

Swamiji nannte, wie schon erwähnt, den Missbrauch spirituellen

---

44 Philip Whifield: The Human Body Explained. Henry Holt, 1995.
    Adolf Faller: Der Körper des Menschen. Georg Thieme Verlag, Stuttgart 1980.

Strebens für okkulte Zwecke das schlimmste aller Verbrechen. Die Tatsache, dass solche traumatischen Ereignisse sehr häufig schwierige Kundalini-Prozesse auslösen, zeigt einen weiteren Aspekt der intimen und ambivalenten Beziehung zwischen Sexualität und Spiritualität auf, die es so schwierig macht, den richtigen Weg zwischen den Verlockungen und Gefahren zu finden, vor die sie die Menschen immer wieder stellt.

Fast alles, was ich von Swamiji über Sex und seine komplizierte Rolle im menschlichen Leben gehört habe, war nicht nur neu für mich, sondern widersprach so gut wie allen Anschauungen, die sich in vielen Jahre gebildet und die ich für zeitgerecht und ganz normal gehalten hatte. Es hat für mich lange gedauert, diese so neuen und andersartigen Ansichten zu verarbeiten; und diese Neuorientierung ist nicht durch Swamijis Insistenz zustande gekommen. Er hat diese Dinge in einem gegebenen Zusammenhang angesprochen und sie dann sich selbst überlassen.

Als ich mir die Frage stellte, wie dieser Wechsel der Ansichten über Sex zustande gekommem war, wurde mir klar, dass er ein integraler Teil meines Prozesses war, dass vor allem *Kundalini Shakti* selbst diese radikale Umwertung meiner überkommenen Vorstellungen vollzogen hatte.

Begonnen hatte sie mit dem Entschluss, meinen alten Lebenswandel zu beenden, den ich zwölf Jahre vor meinem ersten Aufenthalt bei Swamiji gefasst und der dann zum spontanen Übergang Kundalinis aus der schwierigen *Vajra* in *Sushumna Nadi* geführt hatte. Auch nach diesem Vorgang, der mir damals nicht bewusst war, habe ich noch viele Jahre die gängigen liberalen Auffasungen von Sex vertreten, doch so gelebt, wie das *Kundalini Shakti* wohl gewollt hat, und das ohne dabei über diese Diskrepanz nachzudenken oder sie als störend zu empfinden.

Die Einsicht, dass der komplizierte Bereich der Sexualität nicht individuellem und modischem Gutdünken, sondern natürlichen und übergeordneten Gesetzmäßigkeiten unterliegt, hat sich also nach und nach ganz von selbst ergeben. Die Richtlinien für diesen langwierigen Umwertungsprozess verdanke ich weniger Swamijis Hinweisen auf die Auswirkungen sexuellen Fehlverhaltens, als vielmehr seinen Darstellungen einer idealen, auch in diesem Bereich von einer höheren Ordnung diktierten Lebensweise.

Natürlich bin ich mir darüber im Klaren, dass ich die allmähliche, so gut wie kampflose Annahme dieser unzeitgemäßen Ansichten auch meinem fortgeschrittenen Alter verdanke.

Es kocht oder es kocht nicht

In meinem dritten Rishikesh-Jahr war ich nur für einen knappen Monat gekommen. Doch abends, im großen Raum im Erdgeschoss, ergab sich immer wieder die Gelegenheit, Swamiji nach Dingen zu fragen, die mich noch beschäftigten. Im Laufe dieser Gespräche musste ich vieles, was ich mir aus einzelnen Bemerkungen zusammengereimt hatte, erweitern und manchmal auch revidieren.

Mit einer gewissen Zurückhaltung versuchte ich an einem dieser Abende mehr über seine Arbeitsweise zu erfahren. Es war mir schon seit langem klar, dass Swamiji Dinge nicht nur mit den üblichen fünf Sinnen wahrnahm, was natürlich vor allem für feinstoffliche Vorgänge galt, die man allein mit ihnen nicht erfassen kann. Wenn er sich, nachdem ich nach vielen Monaten wieder nach Rishikesh gekommen war, ein Bild von meinem Prozess machen wollte, kam er ganz früh am Morgen, setzte sich im stockdunklen Zimmer auf den Boden und wohnte, ohne irgendetwas zu fragen, meinen Übungen bei, um mir dann zu sagen, wie es um meinen Prozess bestellt sei.

Dieses intuitive Wahrnehmen, sagte er, müsse unabhängig von den anderen Wahrnehmungsformen, der denkenden, der analysierenden und auch der sensorischen praktiziert werden, mit denen man bloß Dinge auffassen könne, die sich bewegen, wie zum Beispiel die Zeit mittels der Uhrzeiger.

Langjähriges Meditieren helfe, das intuitive Erfassen zu entwickeln, das wie alles Wissen zu allen Zeiten und Orten für alle, die es sich verdienen, zugänglich sei. Das übergeordnete Bewusstsein enthält alles, und man kann aus ihm holen, was man benötigt. Dies habe ich von Swamiji im Laufe der Jahre in vielen Varianten gehört, etwa als er über seine Tätigkeit sagte, er wüsste nicht, was er alles wisse, aber wenn er es zur Arbeit benötige, sei es da.

Vieles fasst er durch genaues Beobachten der Art und Weise auf, in der sich Menschen verhalten. Da das Verhalten, wie er erklärte, von den Gehirnfunktionen bestimmt werde, könne man aus ihm auch ablesen, wie das Gehirn funktioniere. Wenn ich nach solchen Feststellungen allgemeine Fragen stellte, sagte er oft, Generalisierungen seien nicht hilfreich, sie stünden der Wahrnehmung einer Situation eher im Weg.

All dem lagen, wie ich schon im zweiten Jahr gemerkt hatte, als er mir Übungen beibrachte, die er auf Kirchenfenstern in Chartres und Notre Dame gesehen hatte, seine umfassenden Kenntnisse von Atmung, Gesten und Körperpositionen und ihren Auswirkungen auf den feinstofflichen Leib und die in ihm ablaufenden Vorgänge zugrunde. Auf Reisen zeigte er uns oft in Kirchen oder Tempeln, wie sich dieses althergebrachte Wissen in den Bildern und Figuren der verschiedenen religiösen Traditionen niedergeschlagen hat.

Ob Swamiji bei der Korrektur von Prozessen auch seine eigene Energie einsetzt oder nicht, war nicht so leicht herauszufinden. In meinem ersten Jahr in Rishikesh hatte er einmal erwähnt, wie viele Fälle er schon zu einem guten Ende gebracht habe und dass ihm seine Meister aufgetragen hätten, weiterzuarbeiten. Als Kundalini dann in einem jungen Mann, der eine wochenlange Reinigungsdiarrhöe hinter sich hatte, ausgerechnet in der letzten Nacht vor seiner Abreise zum Punkt *Makara* aufgestiegen war, fragte ich mich, ob Swamiji da nicht ein bisschen nachgeholfen hatte.

Während des Unterrichts im zweiten Jahr ergab sich dann eine Gelegenheit zu fragen, ob er beim Durchbrechen hartnäckiger Blockaden oder bei der Überleitung Kundalinis aus einer der beiden problematischen *Nadis* in eine kulminierende seine eigene Energie einsetzen würde. Nein, sagte er damals, er helfe nicht nach, die Korrektur von Prozessen würde allein durch die Übungen und die ayurvedischen Medikamente bewirkt.

Als ich nun auf diese Frage zurückkam, sagte er wieder, dass er nicht unmittelbar auf die Schüler einwirke, fügte jedoch hinzu, dass er bei solchen Arbeiten Kundalini in sich selbst auf das Niveau herabbringen müsse, das sie im Schüler erreicht habe, eine Anpassung, die vor allem in schwierigen Fällen sehr anstrengend sein könne, weil sie viel *Prana* verbrauche. Deswegen müsse für solche Arbeiten der feinstoffliche Körper in einem sehr gutem Zustand sein. Menschen, deren untere drei *Chakras* nicht in Ordnung seien, könnten diese Korrekturen nicht ausführen, sondern nur Ratschläge zur Lebensweise erhalten.

Einige Abende nach meinen Fragen zu seiner Arbeitsweise hatte Swamiji alles, womit er gerade beschäftigt war, beiseite gelegt und entgegen seiner Gewohnheit sehr ausführlich über das Ziel und den Nutzen eines spirituellen Lebens gesprochen. Was er in diesem langen Gespräch äußerte und der große Nachdruck, mit dem er es vorbrachte, hat einen tiefen Eindruck in mir hinterlassen.

Zuerst sprach er von der langen Reihe seiner Meister, die fast alle, wie er selbst, strenge Tamilen waren, und von den Aufgaben, die sie ihm immer wieder stellten. Doch trotz dieser Einbindung in eine viele Jahrhunderte zurückreichende Meister-Linie war er zugleich ganz er selbst. Das absolute Bewusstsein, sagte er, sei in allen Dingen der höchste und letzte Richter, und deswegen führe er Aufträge nur aus, wenn er sie für richtig halte.

Die Wahrheit sei permanent, sagte er, sie verändere sich nie, obwohl wir sie in der sich unentwegt verändernden Schöpfung wahrnehmen. Die Quelle, das absolute Bewusstsein, aus dem die Schöpfung hervorgegangen ist und immer wieder hervorgeht, in sich zu verwirklichen, in *Samadhi* zu gehen, zu sterben ohne zu sterben, sei das eigentliche Ziel des Lebens. *Kundalini Shakti*, die durch und durch Bewusstsein mit einem winzigen Quentchen Kraft sei, helfe uns, das absolute Bewusstsein zu realisieren, das von keinerlei Aktion getrübt sei, also keine Konsequenzen nach sich ziehe und somit auch kein *Karma* mehr bilde.

Dann sprach er viel ausführlicher als im ersten Jahr von seinem Leben, das dem gegenwärtigen unmittelbar vorangegangen war. Das zeigte mir nicht nur, dass seine Erinnerungen von diesem Vorleben genauer und vielfältiger waren als die meinen von der eigenen Kindheit, sondern vor allem auch, dass die zentralen Ereignisse dieses Vorlebens das gegenwärtige Leben in entscheidenden Punkten geprägt haben. Es war ganz klar, dass er diese Dinge nicht darlegte, um meine Neugier zu befriedigen, sondern um mir eine Idee von den Gesetzen der übergeordneten spirituellen Sphären zu vermitteln.

All das sagte er sehr entschieden und mit großem Ernst. Keine Spur mehr von dem Plauderton, der mich nach der Ankunft im ersten Jahr verwirrt hatte. Während er sprach, richtete er sich auf, seine Augen begannen zu leuchten und seine in spirituellen Dingen unerbittliche Strenge nahm etwas Gebieterisches an. Es war ganz deutlich zu spüren, dass Swamiji nicht nur, wie das so oft geschieht, angelesenes Wissen weitergab, sondern dass er das, wovon er sprach, obwohl er es nicht immer in geschliffener Form vorbrachte, aus eigener Erfahrung sehr genau kannte. Das gab seinen Worten eine Kraft, die von einer lediglich verbalen Übermittlung theoretischen Wissens nicht ausgehen kann.

Mir war seit langem klar, dass Swamiji sich üblichen Maßstäben entzog, aber von ihm selbst hatte ich nie eine entsprechende Andeutung gehört. Doch diesmal, fast so als ob es ihm herausgerutscht wäre, sagte er, er sei *very special*, und fügte gleich danach abschwächend hinzu, so meinten zumindest die Leute. Eine ähnliche Bemerkung habe ich in all den Jahren nur noch einmal gehört. Nachdem ein neuer Schüler bei einem Gespräch nach dem Mittagessen gemeint hatte, er würde uns kontrollieren, hatte er vor sich hingemurmelt, nein, er helfe uns nur. Wenn er uns kontrollieren würde, könnten wir das nicht aushalten.

Gegen Ende dieses langen Abends sagte er noch, all das, und dabei formte er mit den Händen eine Kelle, sei nur ein Tropfen aus dem spirituellen Ozean. Dann folgte kurz und apodiktisch, was wohl zwangsläufig am Ende dieser ungewöhnlich langen Ausführungen stehen musste: Ein spiritueller Prozess, der nicht zum Gipfel führe, sei ein Fehlschlag. Das sei, sagte er, wie beim Wasser, entweder es koche oder es koche nicht, wenn es auch nur einen einzigen Grad unter dem Siedepunkt bliebe, habe man das Ziel nicht erreicht.

Während ich vor ihm saß und zuhörte, spürte ich, wie die aufkommende Kälte der letzten mondklaren Oktobernächte am Fuß des Himalaya in mich hineinkroch und wusste genau, dass ich mich erkälten würde, wenn ich nicht gleich warme Sachen holte. Aber ich wusste auch, dass Swamiji, wenn man ein Gespräch unterbricht, den Faden nicht wieder aufnimmt. Ich blieb also sitzen und ließ, während viele meiner Zweifel, wie *Vasanas* in einem Kundalini-Prozess, lichterloh verbrannten, dieses Konzentrat gelebten Wissens zusammen mit der schnell anwachsenden Kälte in mich einströmen.

Mit seinem entschiedenen „Es-kocht-oder-kocht-nicht" hatte Swamiji einen wunden Punkt berührt, der sich schon im ersten Jahr in Rishikesh gezeigt hatte. Damals war eine junge Frau, halb deutscher, halb indischer Abstammung, im Gästehaus aufgetaucht. Als Swamiji ihr klar machte, dass sie, falls sie bleiben wolle, die üblichen drei Geschichten schreiben müsse, wie wir alle das getan hatten, erwähnte er, wahrscheinlich weil ich zufällig dabeistand, dass er meine Geschichten wegen meines fortgeschrittenen Alters seinerzeit zu allerunterst in den kleinen Stapel von Berichten gelegt habe, die er noch bearbeiten müsste.

Als ich ihn später nach dem Grund fragte, sagte er, es sei nicht leicht festzustellen, ob ältere Menschen noch genügend Energie haben, um ihren Prozess zu vollenden. Wie schon erwähnt, bin ich der erste Schüler gewesen, der ein paar Jahr älter als Swamiji war. Nach langem Zögern habe ich ihn dann gegen Ende des ersten Aufenthaltes gefragt, ob es trotz meines Alters möglich sei, den Prozess zu vollenden „Es ist durchaus möglich", hatte er damals gesagt, und seitdem saß diese schnell hingeworfene Bekräftigung wie ein Stachel tief in meinem Inneren.

Die Erkältung brach noch in derselben Nacht aus. Ich wusste aus langer Erfahrung, dass es mir nur gelingen würde, sie einzudämmen, wenn ich alle körperlichen und auch geistigen Aktivitäten auf ein absolutes Minimum reduzierte. Doch am nächsten Morgen wollte ich, solange es noch frisch war, aufnotieren, was Swamiji am Vorabend gesagt hatte.

Vor dem Schlafengehen machte ich dann schwach und fiebrig meine

Übungen. Gleich zu Anfang stellte sich wieder das Vor- und Zurück-schaukeln des Oberkörpers ein, das bald in ein Schwanken nach der einen und der anderen Seite überging, um schließlich in ein langsames Kreisen um die eigene Achse zu führen, erst nach links und dann nach rechts. Es war ein bisschen so, als ob Kundalini, die ja metaphorisch, wenn sie noch eingerollt und auch wenn sie voll aufgestiegen ist, als Schlange dargestellt wird, in meinem geschwächten Körper ihre Spiele trieb. Doch am Tag darauf habe ich die Erkältung dann mit viel Ruhen, Schlafen und Spazierengehen überwunden.

Gegen Ende dieses Aufenthalts fragte ich Swamiji, obwohl ich genau wusste, dass er Nein sagen würde, ob er mich ein paar Techniken lehren könne, um ab und zu Leuten in Brasilien, die durch schwierige Prozesse gingen, ein bisschen zu helfen. Wie erwartet, verneinte er kurz und trocken und fügte hinzu, dass Techniken traditionsgemäß nur innerhalb der direkten Abfolge vom Meister an seinen designierten Nachfoger weitergegeben würden. Dann ergänzte er, um diese althergebrachte Regel zu erläutern, dass ihm sein Meister bestimmte, streng geheimgehaltene Praktiken erst beim letzten Treffen kurz vor seinem Tod beigebracht habe.

Es fiel mir nicht schwer, Swamijis entschiedenes Nein hinzunehmen. Ich hatte schon über die Erfahrungen, welche die verschiedenen Übungen in mir ausgelöst hatten, nachgedacht, und es war mir klar, dass man mit bestimmten Praktiken mehr Schaden als Nutzen verursachen kann, wenn man nicht genau weiß, wo im feinstofflichen Körper Kundalini mit Hilfe der *Vayus* versucht, ihre Wege zu öffnen, welche Übungen dabei helfen und mit wie viel Nachdruck sie ausgeführt werden müssen.

Wenn das nicht ausgereicht hätte, mich davon abzuhalten, dem einen oder anderen ein paar Übungen beizubringen, dann hätten das die letzten Tage dieses dritten Jahres getan. Nach Swamijis nachdrücklichem „Es-kocht-oder-kocht-nicht" hatte ich begonnen, eine der neuen Praktiken kräftiger zu machen, um durch die Aktivierung der *Vayus* im unteren Teil des Körpers *Udana Vayu* in der Kopfregion zu stärken und so endlich die restlichen Unreinheiten im Kehlkopf-*Chakra* zu beseitigen.

Doch schon ein etwas stärkeres Ausstoßen des Atems, als Swamiji mir beigebracht hatte, schwächte *Samana Vayu*, der in der Magen- und Bauchregion die Verdauung regelt, so sehr, dass ich mich bald sehr matt fühlte und starken Durchfall bekam, der über eine Woche anhielt. Als ich dann beim Rückflug darüber nachdachte, was man durch eine etwas zu nachdrücklich ausgeführte Übung anrichten kann, wurde mir unwiderruflich klar, dass man sich ohne ausreichende Kenntnisse nicht erdreisten darf, *Kundalini Shakti* ins Handwerk zu pfuschen. Wenn man es trotzdem tut, bürdet man sich ein schwieriges Karma auf.

Vor allem aber hat mir dieser Zwischenfall wieder vor Augen geführt, dass ich den Prozess, ob er 'kochte' oder nicht, so laufen lassen musste, wie er lief. Genau das hatten mir schon die *Kriyas* in vielen langen Nächten mit ihren bizarren Verrenkungen beizubringen versucht – und damals hatte ich es auch kapiert. Ich ließ also noch einmal diese alte Weisheit in mich einsickern, bis die Dinge, während ich von einer Welt zur anderen flog, wieder so liefen, wie sie laufen müssen, und dann schlief ich ein.

Wie eine Schneeflocke vom Himmel

Zwischen meinem zweiten und dritten Aufenthalt in Rishikesh hatte ich einen Traum, der eine der Fragen, die mich untergründig in dieser Zeit immer wieder beschäftigte, nicht nur widergespiegelt, sondern auch ihre Lösung angedeutet hatte. Ich kniete mit weit nach vorne gebeugtem, auf die Arme und Hände gestütztem Oberkörper auf meiner Lagerstätte. Auf dem unteren Teil meines Rückens saß ein großes Dreieck, dessen Spitze unmittelbar hinter meinen Füßen den Boden berührte; und es war mir, schon während ich träumte, völlig klar, dass dieses Dreieck eine Repräsentation der *Yoni* war, des weiblichen Prinzips von Schoß und Urgrund allen Seins.

Dieses Knien mit der *Yoni* über mir hatte sicher auch mit Sexualität zu tun, doch in einer die üblichen Vorstellungen um vieles überragenden Dimension. Ich war tief bewegt und hatte das deutliche Gefühl, dass ich das schon früher einmal geträumt oder erlebt hatte. Ein großes Wohlgefühl ohne jegliche Erregung stellte sich ein, und dann erneuerten sich dieses Dreieck und dieses Gefühl, wie das bei bedeutungsvollen Träumen des öfteren geschah, für den Rest der Nacht aus sich selbst heraus immer wieder aufs Neue; und auch nachdem ich aufgestanden war, wirkte dieser Traum noch lange Zeit in mir nach.

Damals war ich schon über ein Jahr von meiner Ex-Frau getrennt und lebte allein und sehr zurückgezogen. Das Alleinsein fiel mir nicht schwer, und ich stellte mich langsam darauf ein, dass das möglicherweise für den Rest meines Daseins so bleiben würde. Irgendwo tief in meinem Inneren wusste ich ganz genau, dass eine Frau mit den üblichen Vorstellungen vom Leben es mit mir für längere Zeit so wenig aushalten könnte wie ich mit ihr. Bei ein paar unübersehbaren Annäherungsversuchen tat ich so, als ob ich sie nicht wahrgenommen hätte, und auch das kompulsive Schauen auf vorübergehende Frauen hatte nachgelassen oder, wenn dieser tief eingewurzelte Drang aus der *Vajra*-Zeit doch wieder durchbrach, nahm ich die dargebotenen Reize distanzierter auf.

Als ich ein paar Tage vor dem *Yoni*-Traum am frühen Morgen ins Zentrum von Rio ging, verdichteten sich die Gedanken, die dieses Thema seit geraumer Zeit umkreist hatten, zu der klaren Einsicht, dass in meinem Leben für ein übliches, kürzeres oder längeres Verhältnis mit einer Frau kein Platz mehr war. Natürlich hat mein Alter, ich war damals einundsiebzig, es relativ leicht gemacht, diesen Entschluss zu fassen. Aber es war keine spirituelle Überhöhung sexuellen Unvermögens, sondern eine bewusste Umsetzung der inneren Veränderungen, die *Kundalini Shakti* in den letzten zwei Jahrzehnten bewirkt hatte.

Swamijis Ausführungen über Sex und Spiritualität, die er zum größten Teil im dritten Jahr gemacht hat, also nach dem *Yoni*-Traum und diesem Entschluss, haben mir dann geholfen, diesen Transformationsprozess in einem neuen Licht zu sehen. Es kam mir der Gedanke, dass der *Yoni*-Traum eine Art von Initiation für diesen neuen Lebensabschnitt gewesen sein könnte.

Auf den Tag genau dreizehn Monate nach dem *Yoni*-Traum tauchte dann eine spirituelle Gefährtin auf und nahm ihren Platz in meinem Leben so selbstverständlich ein, als ob sie da schon immer hingehört hätte. Die äußeren Umstände unserer Begegnung waren nicht außergewöhnlich. Sie fand nicht wie bei meiner Ex-Frau auf einer Theaterbühne bei einer spirituellen Operation durch einen Geisterarzt statt und hatte auch sonst nichts Spektakuläres an sich.

Man könnte die kurze Kette von Ereignissen, die uns zusammengebracht hat, als ganz gewöhnlich bezeichnen, wenn sie nicht durch gewisse Impulse zustande gekommen wäre, die nicht einer äußeren, sondern nur einer inneren Logik entspringen konnten. Sollte diese Begegnung irgendetwas von einer Zusammenführung an sich gehabt haben, wie ich das seinerzeit in die Beziehung mit meiner Ex-Frau aufgrund äußerer Umstände hineininterpretiert hatte, dann hat sich das nur in ihrer surrealen Leichtigkeit und in der spontanen Vertrautheit gezeigt, die sich vom ersten Moment an eingestellt hat, obwohl wir kaum aus verschiedeneren Welten hätten stammen können.

In den ersten Tagen, vielleicht waren es auch Wochen, war ich zwei diametral entgegengesetzten Empfindungen ausgesetzt. Einerseits war diese Frau, bis hin zu einem körperlichen Gebrechen – nach einem misslungenen Eingriff, der die Folgen einer Kinderlähmung beheben sollte, musste sie sich sechs schwierigen Nachoperationen unterziehen, die die Verkürzung eines Fußes noch verschlimmert haben – sehr anders als alle weiblichen Wesen, mit denen ich mich bisher eingelassen hatte. Andererseits überstrahlte eine außerordentlich starke innere Übereinstimmung, wie ich sie nie zuvor erlebt hatte, alle äußeren Eindrücke.

Es wurde mir schnell klar, dass mich dieser große Gegensatz vor die Aufgabe stellte, den oberflächlichen, vor allem auf das Äußere fixierten Teil meiner selbst endlich hinter mir zu lassen und mich rückhaltlos für das Wesentliche einer menschlichen Beziehung zu öffnen. Dabei kam es mir manchmal so vor, als ob *Kundalini Shakti* selbst mich vor diese Herausforderung gestellt hätte.

Schon beim ersten Gespräch hatte ich wahrgenommen, dass diese Frau, die wie eine Schneeflocke vom Himmel gefallen war, durch einen Kundalini-Prozess ging. Dabei war ich mir sehr sicher, dass sie keinen fehlgeleiteten Prozess in einer der beiden schwierigen *Nadis* hatte, wie mehrere Menschen in meiner näheren Umgebung. Kundalini war bei ihr, wie mir schien, in *Sushumna Nadi* aufgestiegen und im Kehlkopf-*Chakra* auf eine Blockade gestoßen. Als ich dann, gute drei Monate nachdem wir uns begegnet waren, zu meinem dritten Aufenthalt bei Swamiji flog, nahm ich auch ihre drei Geschichten, Ablichtungen der Handlinien und Fotos zu seiner Begutachtung mit.

Nachdem Swamiji an einem der ersten Abende einen flüchtigen Blick auf ihre Fotos geworfen hatte, meinte er, dass meine Einschätzung ihres Prozesses richtig sei. Doch schon am nächsten Morgen, nachdem er auch ihre drei Geschichten gelesen hatte, sagte er, dass sie einen *Hrid*-Prozess habe und im Vorleben Nonne gewesen sei. Diese weniger häufige und sehr andersartige Variante von Kundalini-Prozessen hatte er schon bei meinem ersten Aufenthalt und auch im Unterricht des zweiten Jahres erwähnt.

In einem *Hrid*-Prozess kommt Kundalini, nachdem sie bis zum Punkt *Makara* aufgestiegen ist, wieder in die Herz-Region herab, doch nicht zu *Anahata*, dem Herz-*Chakra*, sondern zu dem links von *Anahata* gelegenen *Hrid*-Lotos. Er ist, im Gegensatz zu den vielen kleineren *Chakras* in den Händen, Füßen und anderen Körperteilen, ein eigenständiges feinstoffliches Zentrum.

Hrid-Padma hat acht Blütenblätter, die jedoch, und das ist einzigartig und ein weiterer Hinweis auf die hochgradige Verfeinerung dieser uralten Kartographie innerer Vorgänge, keine Phoneme tragen. Denn der *Hrid*-Lotos gehört nicht mehr dem psychologischen Bereich an, sondern, wie wir gleich sehen werden, einer übergeordneten spirituellen Sphäre, und er kann auch nicht durch Meditation erschlossen werden.

Wenn Kundalini in einer tiefen Kontemplation bis zum *Hrid*-Lotos vorgedrungen ist, dann gerät man in einen Zustand der Entrückung, einer Abwesenheit, von der in der Regel so gut wie keine Erinnerung bleibt. Swamiji sagte, der *Hrid*-Lotos sei kein realer Ort, sondern ein Ort großen inneren Leuchtens und in ihm, nicht im Herzen, wohne der Erlöser, und das mache *Hrid* auch zu einem Platz des Wissens, nicht des großen, absoluten Wissens, sondern eines untrüglichen, verinnerlichten Wissens, das unmittelbar von Gott käme. Nach dem Verweilen im *Hrid-Lotos*, das von sehr unterschiedlicher Dauer sein kann, steigt Kundalini dann über eine *Nadi*, die *Eine von Hundert* genannt wird, wieder auf, und wenn der *Hrid-Prozess* schon abgeschlossen ist, vereint sie sich ganz oben im und über dem Kopf mit dem absoluten Bewusstsein.

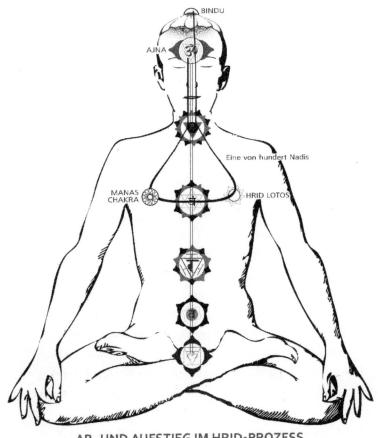

BINDU

AJNA

Eine von hundert Nadis

MANAS CHAKRA

HRID LOTOS

AB- UND AUFSTIEG IM HRID-PROZESS, DEM PROZESS DES HEILIGEN HERZENS

Im Laufe der Jahre hat Swamiji viele Beschreibungen des *Hrid-Lotos* und von *Hrid-Prozessen* gegeben, die ganz deutlich gemacht haben, dass Kundalini nicht, wie man lange angenommen hat, ein auf die indische Tradition beschränktes Phänomen darstellt, sondern sich schon immer und überall in der Welt manifestiert hat. Mit den entsprechenden Kenntnissen kann man vor allem den Biographien vieler Heiliger der Katholischen Kirche entnehmen, dass sie durch schwierige *Hrid-Prozesse* gegangen sind. Einige von ihnen, wie Theresa von Avila oder Johannes vom Kreuz, haben sie auf ihre Art, schon Jahrhunderte bevor man im Westen von Kundalini gehört hat, sehr genau beschrieben.

Der kleine *Hrid-Lotos* ist, wie Swamiji klar machte, nichts anderes als das spirituelle, das Heilige Herz, dem im Christentum eine zentrale Rolle zukommt und das immer wieder in abertausend Jesus-Bildern mit dem Dornenkranz oder den Strahlen, die von ihm ausgehen, dargestellt worden ist. Die *Hrid-Prozesse* der Heiligen haben ihren Ursprung in dem übermächtigen Drang, dieses spirituelle Herz in der tiefen Versenkung in Jesus Christus aufs Neue in sich selbst zu verwirklichen, ihrem großen Vorbild nachzuleben.

Genau genommen bezieht sich die Floskel „Hand aufs Herz" und die dazugehörige Geste nicht auf das physische Herz, sondern auf das *Hrid-Padma*, was anzeigt, dass in allen Menschen eine Ahnung von diesem spirituellen Herzen schlummert. Im Christentum geht, wie Swamiji des öfteren betont hat, das Wissen um die Prozesse im Heiligen Herzen, auch wenn das von offizieller Seite selten wahrgenommen wird, auf Maria, die Mutter Jesu, zurück und letztlich, sagte er, habe auch die weitverbreitete Marienverehrung damit zu tun.

Da Kundalini ein universelles Phänomen ist, sind *Hrid-Prozesse* natürlich nicht auf die christliche Welt beschränkt, obwohl sie dort am häufigsten auftreten. Unter den großen Meistern Indiens wird in diesem Zusammenhang vor allem Ramana Maharshi genannt, dessen häufiges langes Entrücktsein von einem *Hrid-Prozess* herrührte. Swamiji sagte mir, dass er während seiner fünfundzwanzig Wanderjahre durch ganz Indien mehrere Yogis getroffen habe, die durch *Hrid-Prozesse* gingen.

Nachdem Swamiji festgestellt hatte, dass meine so unverhofft aufgetauchte spirituelle Gefährtin einen *Hrid-Prozess* hatte, fragte ich mich, warum mir das nicht gleich aufgegangen war; denn ihre ganze Lebensgeschichte war geprägt von einer tiefen Verbundenheit mit dem Christentum und innerhalb desselben mit der Katholischen Kirche.

Schon mit sechs Jahren war es ihr größter Wunsch, ins Kloster zu gehen. Nachdem sie volljährig geworden war, trat sie gegen den Willen ihrer Mutter in ein „Karmeliter-Kloster der Barfüßigen Schwestern" ein. Doch nach wenigen beglückenden Monaten wurde sie krank und musste in ein klimatisch günstiger gelegenes Kloster überwiesen werden. Dort wurde ihr, da sie die einzige junge Nonne war, so viel Arbeit aufgebürdet, dass ihr keine Zeit zum Beten und zur Versenkung in den Herrn blieb. Als sie ihren Kummer vorbrachte, sagte die Priorin nur kurz und trocken, im Klosterleben sei uneingeschränkter Gehorsam das Allerwichtigste, und so entschloss sie sich, sehr gegen ihre innere Neigung, das Kloster zu verlassen.

Als wir uns begegneten, wusste sie über Kundalini so gut wie nichts. Sie hatte lediglich einem Buch über *Yoga* entnommen, dass sie am unteren Ende der Wirbelsäule schlummere und erweckt werden könne. Doch schon nach den ersten Erklärungen hatte sie, wie das sehr häufig bei Menschen geschieht, die durch einen Kundalini-Prozess gehen, schnell und mit großer innerer Gewissheit erfasst, dass die tiefen Erfahrungen, die sich immer wieder während der Meditation einstellten, die untrüglichen Merkmale eines Kundalini-Prozesses waren.

Als ich dann aus Indien zurückkam und ihr weitergab, was mir Swamiji über *Hrid-Prozesse* im Allgemeinen und über ihren eigenen Prozess gesagt hatte, begann sie sehr schnell ihren eigenen Weg als Teil eines umfassenderen Ganzen zu begreifen. Es war ein wenig so, als ob sie plötzlich den Schlüssel zu einem Geheimcode erhalten hatte, den sie, obwohl er ihr sehr vertraut war, nicht hatte entziffern können.

Ihre tief in der katholischen Tradition verwurzelte Spiritualität war für mich etwas sehr Neues und zugleich weckte sie verschüttete Erinnerungen an die vom Katholizismus geprägte Umwelt, in der ich aufwuchs und die dann in wenigen Jahrzehnten in den Hintergrund getreten war.

Betende Frauen mit ihren Rosenkränzen, die durch unseren gottverlassenen Vorort nach Maria Eich wallfahrten, tauchten ebenso wieder auf wie die Bilder von der Feier in der kalten katholischen Kirche, bei der ich mich nicht traute aufzustehen und deswegen in die Hosen machte. Ich erinnerte mich, dass ich in den großen katholischen Kirchen Münchens, in die mich mein Vater gelegentlich führte, um mein kunsthistorisches Interesse zu wecken, irgendetwas gespürt habe, das in der evangelischen Kirche, in die ich manchmal gehen musste, nicht vorhanden zu sein schien und das nicht nur, weil letztere so spartanisch ausgestattet war.

Es wurde mir klar, dass die damals alles überschattende politische Situation auch meine Auffassung konfessioneller Belange beeinflusst hatte. Nur wenige Monate nachdem das Dritte Reich ausgebrochen war, bin ich in die Volksschule gekommen. Meine Eltern waren strikte Anti-Nazis und sagten vom ersten Tag an, dass Hitler Krieg bedeute und wir diesen Krieg verlieren würden. Für sie und ihre Freunde war die politische Einstellung das erste und wichtigste Kriterium im Umgang mit Menschen. Meine Welt war geteilt in Nazis und Anti-Nazis; und das war auch nötig, denn schon mit sechs Jahren musste man sehr genau wissen, mit wem man über was sprechen konnte.

Natürlich hat sich diese rigorose Teilung der Welt, in der ich bis zu meinem achtzehnten Jahr gelebt habe, auch auf andere Lebensbereiche übertragen. Schon wenn sich, im damals noch stockkatholischen Bayern, die Klasse zum Religionsunterricht teilte, hat mich oft das Gefühl beschlichen, nicht nur in politischer Hinsicht einer sehr kleinen Minorität anzugehören. Ein paar Jahre später wurde mir dann diese Teilung in eine große, dominierende katholische und eine kleine, untergeordnete protestantische Welt unmittelbar vorexerziert.

Meine Eltern hatten mich wegen der politischen Spannungen in unserem Haus – mein Vater schrieb damals für eine Basler Zeitung unter einem Pseudonym kritische Artikel über die Kulturpolitik des Dritten Reiches und war entsprechend gefährdet – in ein Landerziehungsheim geschickt. Als mein Jahrgang dann zu den Flakhelfern eingezogen wurde, schulten sie mich, nur wenige Tage vor der Einberufung, in ein traditionelles Münchner Gymnasium ein, damit ich, wenn wir Ausgang hatten, nach Hause kommen konnte.

In der Klasse von gut zwanzig Schülern gab es außer mir nur zwei weitere Protestanten, die von der katholischen Mehrheit seit langem angenommen waren. Mich aber nannten sie einen Ketzer. Areligiös wie ich war, litt ich nicht unter der konfessionellen Diskriminierung, sondern unter meinem doppelten Außenseitertum; und das umso mehr, da ich mich zu den Katholiken hingezogen fühlte, weil sich unter ihnen, sehr im Gegensatz zu den Protestanten, von denen einer überzeugter Nazi war, ein paar unverkennbare Gegner des Dritten Reiches befanden. Obwohl es für eine in vielen Jahren zusammengewachsene Klasse schwierig gewesen sein muss, ausgerechnet im Moment einer radikalen Umstellung einen Neuen aufzunehmen, hat dieser Ausschluss auf religiöser Ebene einen Schatten auf mein Verhältnis zum Katholizismus geworfen.

Nun war ich plötzlich nicht nur durch Swamijis Erklärungen über *Hrid-Prozesse* katholischer Heiliger, sondern ganz unmittelbar mit der sehr intensiv gelebten spirituellen Komponente des Katholizismus konfrontiert. Schon die drei Geschichten meiner neuen Gefährtin, die ich für Swamiji ins Englische übersetzt hatte, bezeugten, dass sie schon früh von allem angezogen wurde, was mit Religiosität zu tun hatte.

Als sie mit vier Jahren im Schoß ihres Vaters betete, wurde sie von einem überhellen weißen Licht umfangen und verharrte danach für lange Zeit in tiefem Schweigen. Ihre Vorliebe für die Biographien von Heiligen zeigte sich mit neun oder zehn, als sie mit ein paar Groschen, die man ihr für Süßigkeiten in die Hand gedrückt hatte, ein Büchlein über den Hl. Sebastian kaufte, den Schutzpatron Rio de Janeiros. Bald danach fiel ihr die Autobiographie der Hl. Therese von Lisieux in die Hände, die sie immer wieder las und die ihren Wunsch, ins Kloster zu gehen, noch vertiefte.

Später schenkte ihr ein Pater eine spanische Ausgabe von Schriften der Theresa von Avila, die ihre Mutter ihr sofort entwendete. Doch den Lauf der Dinge konnte sie dadurch nicht ändern. Als ihre unbeirrbare Tochter sich kurz danach für einen Orden entscheiden musste, träumte sie von einem Lichtwesen, das sie zu einer Kreuzung geführt und ihr den Weg zu den „Barfüßigen Karmeliterinnen" gezeigt hatte. Im Kloster sah sie dann ein Bild der Hl. Theresa, das große Ähnlichkeit mit dem Lichtwesen ihres Traumes hatte.

Auch andere Träume und ihre Erfahrungen beim Beten oder Meditieren hatten immer wieder mit dem *Hrid-Lotos*, dem spirituellen Herzen, zu tun und das lange bevor sie von ihm gehört hatte. So spürte sie, um einen dieser Vorgänge, von denen sie gesprochen hatte, herauszugreifen, beim Meditieren das Blut im Körper zirkulieren, und während dieser innere Ton anwuchs, stieg ein dunkler Käfer aus der Bauchhöhle ins Herz hinauf und hüllte sich in ein goldenes Licht, das ihren ganzen Körper, der in Zuckungen geriet, durchdrang. Ab und zu steigerten sich die Erfahrungen zu einem Ein- und Ausgehen in das Heilige Herz Jesu, das in tiefen *Hrid-Prozessen* immer wieder vergegenwärtigt wird.

Allmählich wurde die Diskrepanz zwischen dem oft nur routinemäßigen Zelebrieren der Sakramente und der Intensität ihres Prozesses zu groß. Sie hörte auf, regelmäßig in die Messe zu gehen. Das entstandene Vakuum füllte sie durch die Lektüre der Biographien großer Heiliger, in denen sie das spirituelle Element fand, das sie in den Sonntagsmessen nicht mehr gespürt hatte.

Als ich diese, trotz schwieriger äußerer Lebensumstände ruhige und ausgeglichene Frau schon geraume Zeit kannte, sagte Swamiji einmal, Menschen in *Hrid-Prozessen* sollten eine positive Einstellung und ein gutes Leben haben, und wenn das nicht der Fall sei, dürften sie sich nicht grämen. Sie müssten die Dinge nehmen wie sie sind, so als ob alles von Gott käme; denn ihr Körper sei eine Kirche, ihr Herz der Altar, die Sinne repräsentierten die Gemeinde, das mentale Geschehen den Kirchenchor und der Priester stelle *Buddhi* dar, die höhere Intelligenz und das Gewissen, und so sei das ganze Leben wie ein Gottesdienst. Diese Parabel wäre mir, wenn ich von *Hrid-Prozessen* lediglich gehört hätte, wohl kaum in den Sinn gekommen.

Doch Swamiji hat auch darauf hingewiesen, dass Menschen, die durch *Hrid-Prozesse* gehen, großen Versuchungen ausgesetzt sein können. Die hohe Empfindsamkeit und der leicht entzündbare Enthusiasmus des spirituellen Herzens kann eine ruhige Beurteilung von Situationen und Menschen erschweren. Das hat auch sie in einer schwierigen Phase des Übergangs erfahren.

Ausflüge von besonderer Art

Im Jahr nach meinem dritten Aufenthalt in Rishikesh hatte Swamiji auf dem Weg in die USA in Europa Zwischenstation gemacht. Ich traf ihn, seine amerikanische Nachfolgerin und seine erste Schülerin, eine Schwedin, am Flughafen in Frankfurt. Von dort fuhren wir nach Rüdesheim-Eibingen, um am nächsten Tag die von Hildegard von Bingen gegründete Abtei zu besuchen. Bislang hatte ich Klöster oder Kirchen nur aus kunsthistorischem Interesse besichtigt. Sie aufzusuchen, weil dort ein Heiliger gelebt hat, war ein höchst ungewöhnliches Unterfangen, und es gelang mir nicht, in diese sehr andere Art des Erlebens einzudringen.

Swamiji und seine Begleiterinnen hatten, schon bevor wir uns trafen, das Karmeliterkloster in Lisieux besucht, in dem die Hl. Therese vom Kinde Jesu gelebt hatte und gestorben war. Es war geplant, nach dem Aufenthalt in Deutschland nach Spanien weiterzureisen und die Geburts-, Wirkungs- und Todesstätten von Theresa von Avila und Johannes vom Kreuz aufzusuchen.

Somit lag es nahe, nach Konnersreuth im Bayerischen Wald zu fahren, wo Therese Neumann gelebt und, auch wenn sie keine Karmelitin war, in enger Verbindung mit ihren Namensschwestern gestanden hatte. Sie waren ihr nicht nur in Visionen erschienen. Am Tag der Seligsprechung der Therese von Lisieux konnte sie, nachdem sie über vier Jahre blind gewesen war, wieder sehen, und als sie heilig gesprochen wurde, genas sie von einer siebenjährigen Lähmung.

An einem regnerischen Nachmittag, lange nach der Besuchszeit, öffnete man für uns bereitwillig das bescheidene Haus, in dem Therese Neumann gelebt hatte und gestorben war. Nachdem wir in dem kleinen Zimmer mit ihrem Bett gewesen waren, in dem sie an den Karfreitagen die Passion Christi durchlitten, die Stigmata empfangen und die blutüberströmten Bilder dieses Geschehens gesehen hatte, kniete Swamiji, der nicht zu dramatischen Gesten neigt, plötzlich in seiner orangefarbenen Robe an der Stelle nieder, an der man sie nach ihrem Tod aufgebahrt hatte. Dieser unerwartete Kniefall eines indischen

Mönchs vor einer längst verstorbenen Stigmatisierten aus dem Bayerischen Wald hat mich mehr berührt als alle theoretischen Hinweise auf die Existenz eines hinter und über allen religiösen Ausformungen stehenden spirituellen Prinzips.

Nach zwei Arbeitstagen in München sind wir dann nach Neuschwanstein gefahren, das, wie ich mich natürlich gleich erinnerte, für meinen streng rationalen Vater, neben Rudolf Steiner, eines der ganz roten Tücher war, deren bloße Erwähnung ihn sofort zu einer summarischen Verurteilung bewegte. Swamiji hatte schon seit langem seinen Zwischenaufenthalt in Europa so geplant, dass er die erste Tagundnachtgleiche des neuen Millenniums, die zudem noch mit dem Vollmond zusammenfiel, in Neuschwanstein verbringen konnte. Ich hatte Zimmer in einer alten Villa reserviert, die ich in einem Prospekt gefunden hatte. Swamiji und ich wurden im Dachgeschoss in einem riesigen Raum mit einem kleinen Balkon untergebracht, von dem man zum Schloss hinaufschauen konnte.

Gleich nachdem wir uns umgeschaut hatten, forderte Swamiji mich auf, *mich neben ihn zu setzen*, so wie er das meistens tat, wenn er uns auf Ausflügen zum Meditieren rief. Nach geraumer Zeit – ich weiß nicht, wie lange wir still nebeneinander saßen – intonierte er dreimal sein tiefes, gutturales *OM* und legte sich dann, ohne die Kleidung abzulegen, wortlos auf sein Bett.

Er hatte schon vorher erwähnt, dass er in dieser Nacht an einer wichtigen Versammlung hochgestellter Wesen, die nicht mehr in ihren physischen Körpern weilen, teilnehmen müsse. Ich wusste seit dem großen *OM* des ersten Jahres, dass Kontakte in anderen Ebenen zum Leben eines Meisters gehören. Später, in Spanien, nutzte ich – da ich nie wieder so ein *OM* gehört hatte – die vielen Stunden im Auto, um Swamiji zu fragen, ob er keine nächtlichen Besucher mehr bekäme. „Doch, doch", sagte er, „aber *OM* intonieren sie nur, wenn ich nicht gleich zur Verfügung stehe."

Ich hatte mich auf einer Couch niedergelegt, weit von Swamijis Bett entfernt, und kam, sehr anders als gewöhnlich, bis in die frühen Morgenstunden nicht zur Ruhe. Als ich zwischendurch einmal auf den Balkon hinausging, schien mir, als ob ein Schimmer auf einem der dunklen Berge über dem Schloss lag. Am nächsten Tag haben wir das Schloss besichtigt und sind dann anschließend nach Spanien geflogen, zum letzten Teil dieses sehr besonderen Ausfluges. In Madrid gesellten sich drei weitere Schülerinnen Swamijis zu uns. Zwei von ihnen kannte ich schon aus dem ersten und zweiten Jahr in Rishikesh. Die dritte war eigens für diese Pilgerfahrt aus den USA gekommen, obwohl sie in den vorangegangenen Jahren die Orte, in denen die Heiligen Johannes vom Kreuz und Theresa von Avila lebten und starben, schon zweimal besucht hatte.

Ich hatte damals noch keine Biographien der beiden großen spanischen Heiligen gelesen und bekam nun durch die erklärenden Texte in den Klöstern, Kirchen und Museen und durch die Bemerkungen Swamijis eine Ahnung von ihrer überragenden Bedeutung. Es fiel mir auch nicht mehr schwer, an diesen besonderen Orten zu beten oder zu meditieren. Swamijis Kniefall in Konnersreuth hatte mich für diese zu Beginn der Pilgerfahrt noch so fremde Welt geöffnet.

Wie verschlungen die Wege und Umwege in den Bereichen sein können, die sich unserem Alltagsverständnis entziehen, machte die Lebensgeschichte der Amerikanerin, die diese Pilgerfahrt zum dritten Mal unternahm, besonders deutlich. Sie war vor achtzehn Jahren, geleitet von einem starken inneren Impuls, aber ohne recht zu wissen warum und sehr zum Missfallen ihrer Eltern, von den Baptisten zur Katholischen Kirche übergetreten.

Auch von Johannes vom Kreuz, zu dem sie sich, wie auf dieser Reise deutlich in Erscheinung trat, besonders hingezogen fühlte, hatte sie damals noch nichts gehört, geschweige denn von einem Kundalini-Prozess im *Hrid-Lotos*, der wenige Monate vor dieser dritten Reise zum zentralen Geschehen ihres Lebens geworden war. Genau diese tief im Herzen verborgenen Vorgänge, die in Männern sehr viel seltener auftreten, hat der große spanische Heilige Jahrhunderte zuvor durchlebt und sehr genau beschrieben.

Ihre beiden ersten Reisen zu den Geburts- und Todesstätten des Hl. Johannes hatte sie, einem starken inneren Drang folgend, in den drei vorangegangenen Jahren unternommen. Wenige Monate vor dieser dritten Pilgerfahrt war Kundalini dann, nachdem sie lange im Kehlkopf-*Chakra* blockiert gewesen war, zum Punkt *Makara* und von dort zum *Hrid*-Lotos vorgedrungen. Bei dieser dritten Reise hatten sich, als wir am letzten Tag in Segovia die Grabstätte von Johannes vom Kreuz besuchten, die inneren Vorgänge, über die sie nicht sprach, zu unübersehbaren Verkrümmungen ihrer Hände und eines Fußes gesteigert.

Es war ein wenig so, als ob wir auf dieser Pilgerfahrt auch einen Einblick in tiefere, meist verborgene Zusammenhänge erhalten sollten; und das umso mehr, weil klar ersichtlich war, dass diese beruflich erfolgreiche und gut verdienende Frau dieses Geschehen nicht einfach ergeben hingenommen hat, sondern sich eher dem Unvermeidbaren, nicht ohne Widerstände, gefügt hatte. Als ich mich einige Jahre später nach ihr erkundigte, sagte Swamiji, es ginge ihr gut, ihr Prozess habe sich stabilisiert.

Solche Geschichten öffnen die Augen für die kleinen und großen Vorkommnisse, durch die Menschen, ob sie wollen oder nicht, auf ihren Weg gebracht werden. Im Laufe der Jahre habe ich von so vielen gehört – auch von Menschen, die zum „Holotropen Atmen" kamen – dass ich mich fragte, ob das so einflussreiche und zu seiner Zeit revolutionäre Konzept C. G. Jungs, der derartige Geschehnisse „Synchronizität"[45] nannte, zu ihrer Erklärung ausreicht. Swamijis unverblümtes „Das ist kein Spiel, sondern geistige Führung", das er einige Male im Zusammenhang mit solchen Vorgängen benutzte, schien dem Sachverhalt wesentlich näher zu kommen.

Unsere Reise hatte in Ubeda begonnen, wo Johannes vom Kreuz nach schwerem Leiden gestorben war, führte uns über Toledo, wo er gefangen gehalten wurde, sein großes Gedicht „Die dunkle Nacht der Seele" verfasste nach Avila, der Geburtsstadt von Theresa, und von dort nach Alba de Tormes, wo sie gestorben und ihr Herz in einem Reliqienschrein aufbewahrt ist, um schließlich in Segovia zu enden. Es war keine Bildungsreise und es wurde nicht viel geredet, aber wir haben oft und lange gesessen und meditiert. Es hat mich sehr beeindruckt, dass Swamiji sich in dieser durch und durch katholischen Welt so selbstverständlich bewegte, als ob sie immer schon die seine gewe-

---

45 C.G.Jung: Synchronizität als ein Prinzip akausaler Zusammenhänge. Gesammelte Werke, Bd. VIII.

sen wäre. Eine tiefe innere Übereinstimmung schien die unübersehbaren äußeren Unterschiede aufzuheben.

Die letzte Nacht, bevor wir über Segovia nach Madrid zurückfuhren, verbrachten wir in Alba. Nachdem wir im Kloster das Sprechzimmer besucht hatten, in dem Santa Theresa und Johannes in Ekstase einst levitierten und dann in der Kirche, die an der Stelle ihres Geburtshauses errichtet wurde, meditiert hatten, drängte Swamiji zurück ins Hotel und legte sich ohne Abendessen, nachdem er die Sandalen abgestreift hatte, voll angezogen auf sein Bett und blieb so bis zum nächsten Morgen liegen.

In dieser Nacht habe ich bis zum Morgengrauen, obwohl ich nach einem langen Tag sehr müde war, kein Auge zu bekommen. Schon bald hatte ich den Eindruck, als ob die Luft in dem kleinen Zimmer vibrierte. Ich konnte, so sehr ich es auch versuchte, nicht still in meinem Bett liegen. Nach einer Weile stand ich so leise wie möglich auf und setzte mich zum Meditieren auf den Boden. Aber ich konnte mich nicht konzentrieren. Es schien mir, als ob die Atmosphäre mit ungewöhnlich starken Energien aufgeladen sei. Schließlich trat *Prana*, brennend und so heftig wie schon seit langem nicht mehr, über den linken großen Zeh in meinen Körper ein und strömte kraftvoll nach oben. Doch ich war zu erschöpft und auch zu erregt, um mich völlig zu entspannen und für dieses in der letzten Zeit seltener gewordene Geschenk *Kundalini Shaktis* zu öffnen.

Als wir am nächsten Morgen, nach dem Frühstück, zurück in die Zimmer gegangen waren, um unsere Gepäck zu holen, sagte ich zu Swamiji, ich hätte in der vergangenen Nacht unter dem Eindruck so intensiver Energien gestanden, dass ich nicht zur Ruhe gekommen sei. Nachdem er ein paar Worte über die Ereignisse dieser Nacht gesagt hatte, kniete ich vor ihm nieder und berührte, den am Abend in Madrid bevorstehenden Abschied vorwegnehmend, seine Füße. Ich hatte das bisher noch nie getan, obwohl ich wusste, dass das zu den hergebrachten Umgangsformen zwischen Meister und Schüler gehört. Swamiji strich für einen Moment mit beiden Händen über meinen Rücken, wies mich an aufzustehen, und dann nahmen wir unser Gepäck und gingen zum Auto.

Die Umpolung von Prana

In den ersten Wochen nach der Pilgerfahrt war ich erfüllt von einer Kraft, die mich auch bei ganz banalen Tätigkeiten nicht verließ. Bei den Morgen-Meditationen in meinem kleinen Appartement in Rio de Janeiro stellten sich immer wieder starke Erfahrungen ein.

Oft gewann ich den Eindruck, dass Strahlen aus dem unteren Teil des Kopfes auf die Innenseite der Schädeloberfläche trafen und alle vitalen Prozesse sich beschleunigt hatten. Es war so, als ob starke Ströme, ohne auf Widerstand zu stoßen, durch meinen Körper flössen, der, wie mir schien, an Gewicht verloren hatte und nur noch wenig Substanz aufwies. Dabei hatte ich oft das deutliche Gefühl, dass es sich um Nachwirkungen der Pilgerfahrt handelte und der vielen Stunden, die ich in der unmittelbaren Nähe Swamijis verbracht hatte.

Aber es war schwierig, diese Erfahrungen einfach dankbar hinzunehmen. Ich tendierte dazu, ihnen zu große Bedeutung beizumessen, weil mich seit der Pilgerfahrt immer wieder der Gedanke plagte: „Wenn du es in der mit so lichtvollen Energien geladenen Nacht in Avila nicht geschafft hast, den restlichen Weg zurückzulegen, das 'Wasser endlich zum Kochen zu bringen', dann wird es wohl nie mehr geschehen." Es war, als ob ich mich um die eigene Achse drehte. Zugleich wusste ich, dass man sich nicht an die vorübergehenden Sensationen klammern soll, die während oder nach den Übungen auftreten können, da sie nur Beiwerk sind. Swamiji hatte oft gesagt, wenn man von den Produkten der Kundalini fasziniert ist, also von den Erfahrungen, die sie in bestimmten Phasen des Prozesses gewährt, kann mas das Ziel nicht erreichen.

Nach der Rückkehr von der Pilgerfahrt hatte ich begonnen, meine Notizen aus den ersten drei Jahre in Rishikesh zu sichten und über die Kapitelfolge dieses Buches nachzudenken. Dies führte oft zu einer Art von parallelem Prozess, in dem ich vieles noch einmal aus einer größeren Distanz durchlebte und Zusammenhänge entdeckte, die ich vorher nicht gesehen hatte.

Es war deutlich spürbar, dass diese Beschäftigung mit weit zurückliegenden Vorgängen die Intensität des laufenden Prozesses verringerte. Nach einiger Zeit hatte ich das Gefühl, als ob sich nichts mehr bewegte, der Prozess zum Stillstand gekommen sei. Diesen Stillstand, vor allem weil er nach einer längeren Zeit intensiver Erfahrungen eingetreten war, empfand ich wie einen Rückschritt. Manchmal sehnte ich mich dann zurück in die harte Zeit der schmerzhaften Aufarbeitungen.

Erfahrungen sollte man, während sie stattfinden, nicht analysieren, sondern einfach hinnehmen, in sich speichern und erst hinterher über ihre Bedeutung nachdenken. Wenn Swamiji auf diesen Punkt zu sprechen kam, benutzte er gerne einen einfachen und einprägsamen Vergleich. Er sagte, wir sollten es wie die Kühe machen, die erst alles in sich hineinfressen, um es dann in Ruhe wiederzukäuen.

Das hatte ich schon eine Zeit lang trainiert – und meistens gelang es mir auch. Doch die Tatsache, dass die Erfahrungen nun immer weniger wurden und dann fast ganz ausblieben, beunruhigte mich. Es war nicht leicht, diesen ungewohnten Zustand einfach hinzunehmen, so als ob er eine neue Erfahrung wäre. So hatte ich oft das Gefühl, als ob ich zwischen allen Stühlen säße.

Doch die Zeit verging schnell. Ich hatte mehr zu tun, als mir recht war. Zum Teil mit Dingen, die ich mir viele Jahre vorher in dem Gefühl aufgeladen hatte, dass meine Zeit und Energie für drei oder vier nebeneinander laufende und sehr unterschiedliche Vorhaben ausreiche. Nun merkte ich, wie mühsam die Abwicklung von Dingen sein kann, die man sich ganz schnell an den Hals gehängt hat. Das kam mir oft wie ein Lehrstück über Karma vor, über das Auslöffeln der Suppe, die man sich eingebrockt hat. Dabei spürte ich sehr genau, dass dieses Übermaß an Aktivität meinem Prozess abträglich war und bemühte mich, wenigstens kein neues Karma an das alte zu hängen.

In den ersten Februar-Tagen des folgenden Jahres, runde neun Monate nach der Pilgerfahrt, flog ich wieder nach Indien. Wie in den vorangegangenen Jahren, holte Swamiji mich vom Flugplatz ab, und dann fuhren wir den Rest der Nacht nach Rishikesh. Um gut einzusteigen, machte ich schon am ersten Abend meine Übungen. In den folgenden Tagen, wie immer, wenn man Kundalini die Voraussetzungen für ihre Arbeit einräumt, intensivierten sich die Erfahrungen. Aber es kamen keine der guten alten *Vasanas* und *Samskaras* mehr hoch, und von Tag zu Tag verstärkte sich die Konzentration. Zwischendurch ging ich wieder zum Ganges und schaute mich in der Nachbarschaft um, in der mehr und mehr gebaut wurde.

Am fünften Tag bat ich Swamiji, meinen Prozess zu begutachten, so wie er das immer getan hatte, nachdem ich angekommen war. Er würde, sagte er, am nächsten Morgen kommen. Aber er kam nicht, auch nicht am Abend und nicht am folgenden Tag. Zuerst habe ich auf ihn gewartet, dann aber sagte ich mir, er wird schon kommen und machte meine Übungen zu den gewohnten Zeiten. Schließlich, am frühen Morgen des dritten Tages, hörte ich das verhaltene *OM* vor meiner Tür, mit dem sich Swamiji ankündigte. Ich ließ ihn ein, er setzte sich im dunklen Raum schräg gegenüber von mir auf den Boden und ich nahm meine Übungen, mit denen ich schon begonnen hatte, wieder auf.

In diesen ersten Tagen hatte ich mich sehr gut gefühlt und nicht mehr an Swamijis „es kocht oder es kocht nicht" gedacht, das mir in den letzten anderthalb Jahren so oft im Nacken saß. Swamiji hatte während der erfüllten Tage in Deutschland und in Spanien keine Bemerkungen über meinen Prozess gemacht. Die letzte Begutachtung hatte bei meinem dritten Aufenthalt in Rishikesh stattgefunden. Damals hatte er festgestellt, dass immer noch Reste der hartnäckigen Blockade im Kehlkopf-*Chakra* vorhanden waren.

Genau das, dachte ich, will ich nicht noch einmal hören, und schon musste ich mich räuspern und mehrmals schlucken. Für einen Moment fühlte ich mich wie am ersten Schultag vor vielen Jahrzehnten. Doch dann, bei der letzten, der Herz-Kopf-Meditation, versanken alle störenden Gedanken. Starke Energien strömten durch den Körper, und irgendwann, nach geraumer Zeit, sang ich dreimal *OM* vor mich hin, wie wir das immer zum Abschluss taten. Nach einer ungewöhnlich langen Pause intonierte auch Swamiji, nicht dreimal, wie er das bisher immer getan hatte, sondern sieben- oder vielleicht auch neunmal sein tiefes, gutturales *OM*, stand auf, sagte: „Wir reden nach dem Mittagessen", und ging.

Nach dem Mittagessen setzten wir uns, wie meistens in diesen kühlen Februar-Tagen, auf die Terrasse und wärmten uns in der Sonne. Swamiji saß lange unbeweglich und mit geschlossenen Augen da. Schließlich rieb er sich den Kopf, stellte einige Fragen und sagte dann, der Prozess sei nun komplett. Die Kundalini würde jetzt beginnen, sich nach unten zu bewegen. Im ersten Moment dachte ich, ich hätte nicht richtig gehört. Es war nichts wirklich Außerordentliches passiert, ich hatte keine umwerfenden Erfahrungen gehabt, es hatten keine Glocken in mir geläutet. Wie also konnte der Prozess nun plötzlich komplett sein.

Meine tief eingewurzelte Skepsis regte sich, wie damals, als er gesagt hatte, dass Kundalini zum springenden Punkt *Makara* aufgestiegen sei, obwohl ich so gut wie keine der Lichterfahrungen gehabt hatte, die dem stufenweisen Aufstieg zum *Stirn-Chakra* zugeschrieben werden. Aber ich dachte auch, warum sollte mir Swamiji, dessen Feststellungen über Kundalini-Prozesse immer so präzis waren und mir so sehr eingeleuchtet hatten, etwas Verkehrtes sagen. Während ich, anstatt ein paar Fragen zu stellen, still meinen Gedanken nachhing, stand Swamiji auf und zog sich zurück.

Am nächsten Tag, wieder nach dem Mittagessen auf der sonnigen Terrasse, fragte ich Swamiji, ob er während der morgendlichen Meditation gespürt habe, dass der Prozess komplett sei. Er bejahte und sprach dann von dem Schlaf ohne Schlaf, der sich in dieser Phase einstellt und sagte, dass das leichte Strömen und Prickeln im Körper eine Vitalisierung von *Prana* anzeige, die schließlich dazu führen könne, dass *Prana* und das mentale Geschehen ineinander übergehen, verschmelzen, wie er sagte, und so den Weg in eine höhere Ebene öffnen. Da ich in den Tagen, wenn ich mich vor den Übungen hinlegte und entspannte und auch in den langen Nächten, oft diesen erfrischenden Zustand einer schlaflosen Entspannung erfahren hatte, verringerten sich meine Zweifel und ich war sehr glücklich.

Als ich mich in der Nacht nach diesem Gespräch, kurz nach der spätabendlichen Meditation, zum Schlafen niedergelegt hatte, ballte sich, ohne dass ich das Geringste dazu beitrug, so starke Energie in der Bauchregion zusammen, dass ich, selbst wenn ich gewollt hätte, diesen Vorgang nicht hätte stoppen können. Dann bewegte sich dieses

Konglomerat vitaler Kraft aufwärts bis in den Kopf und nahm ihn ganz und gar in Besitz. Das erste Mal in meinem Leben war ich völlig frei von Gedanken und musste schließlich meinen ganzen Verstand zusammensuchen, um zu registrieren, was vor sich gegangen war. Es war ungefähr so, als ob etwas aus dem Bauch nach oben geschwappt sei, das stärker als das Denken war, es in sich aufnahm und ganz einfach verschluckt hatte.

Dabei hatte ich, obwohl ich von dieser hochschwappenden Energie regelrecht überwältigt wurde, keinen einzigen Moment Angst. Im Gegenteil, ich war erfüllt von großer Freude. Die Flut der Gedanken war eingedämmt. Ich hatte, wie ich damals notierte, zum ersten Mal einen völlig leeren, freien Kopf. Eine unbeschreibliche Wonne, die, so weit man Zeit in diesem Zustand messen kann, nicht sehr lange anhielt.

Es drängte mich, diesen Vorgang zu rekonstruieren, weil er, wie mir schien, zur Erklärung des außerordentlich komplizierten Verhältnisses zwischen *Prana* und dem mentalen Geschehen beitragen konnte. Ich hatte nie verstanden, wie sie sich zueinander verhalten, weder durch Lektüre noch durch Swamijis Erklärungen. Einmal hieß es, dass *Prana* stärker als *Manas*, also das mentale Geschehen, sei, und dann wieder, dass *Manas* stärker als *Prana* sei. Offenbar war das eine der Fragen, die man nicht theoretisch, sondern nur durch eigene unmittelbare Erfahrungen verstehen konnte.

Am Morgen nach diesem Vorgang fragte ich Swamiji, ob diese völlige Absorbierung alles Denkens durch *Prana* geschehen sei und ob es sich um die sogenannte *no mind experience* gehandelt habe, die auch „schlafloser Schlaf" oder „Erfahrung der Ichlosigkeit" genannt wird. Er bejahte beides. Wie sich *Prana* und *Manas*, also das gesamte in der dritten Hülle unseres Wesenskerns zusammengefasste mentale Geschehen, zueinander verhalten, hatte er schon früher mithilfe der leicht fasslichen Vorgänge beim Schlafen und Träumen erklärt.

Sie machen besonders klar, wie *Prana* und *Manas* in uns um die Vorherrschaft kämpfen, wenn Kundalini nicht freigesetzt oder der Prozess noch nicht komplett ist. Wenn das mentale Geschehen bei diesen nächtlichen Auseinandersetzungen obsiegt, liegt man schlaflos im Bett. Wenn jedoch *Prana* aus diesem Ringen um die Vorherrschaft als der Stärkere hervorgeht, kommt *Manas* zur Ruhe, und man kann sich im Tiefschlaf erholen.

Etwas komplizierter sind die Vorgänge, die zwischen diesen beiden Extremen ablaufen und zum Träumen führen. Während *Prana* tagsüber das mentale Geschehen bremsen und man sich auf eine bestimmte Aufgabe konzentrieren kann, beschleunigt es sich in der Nacht, wenn es nicht mehr durch die Verarbeitung der Sinneseindrücke beansprucht wird, so sehr, dass es sich kurzfristig der Kontrolle von *Prana* entziehen kann. Dann schafft sich *Manas* aus den unendlich vielen im Gedächtnis gespeicherten Eindrücken eine eigene Welt aus zahllosen Träumen, die auch Reflexe im physischen Körper hervorrufen können.

In einem Kundalini-Prozess beginnt sich das antagonistische Verhältnis von *Prana* und *Manas* zu verändern. Kundalini spannt, um ihr Ziel zu erreichen, *Prana*, genauer genommen die *Vayus*, immer wieder ein. Durch diese Zusammenarbeit gewinnen *Prana* und der feinstoffliche Körper, in dem dieses Lebenselixier wirkt, langsam an Kraft. Swamiji sagte, um diesen weniger beachteten Aspekt hervorzuheben, *Prana* benötige, um sich voll zu entfalten, Kundalini so sehr, wie die Konsonaten der Vokale bedürfen, um Worte zu bilden.

Mit dem Fortschreiten des Prozesses kann *Prana* dann das mentale Geschehen zur Ruhe führen. Dies ist kein harter, furchterregender Vorgang, sondern er überrascht nur im ersten Moment. Dieser feinstoffliche Vorgang kann, wie bei mir, von *Manipura*, dem Nabel-*Chakra*, oder auch von *Anahata*, dem Herz-*Chakra*, ausgehen. Diese verschiedenen Ausgangspunkte und die damit verbundenen Erfahrungen können zu einer Verwechselung von *Prana* und Kundalini führen. So nimmt man zum Beispiel im Fernen Osten mitunter an, dass Kundalini im Nabelbereich, im *Hara*, sitzt; und einige esoterische Traditionen behaupten, weil ihre Anhänger diese Ansammlung von Energie in der Brustregion wahrgenommen haben, Kundalini wohne im Herzen.

Wenn „Schlaf ohne Schlaf" oder die *no mind experience* anzeigen, dass der Prozess sich komplettiert, stellen sich weitere Veränderungen in dem vielschichtigen Verhältnis von *Prana* und *Manas* ein. Zuerst macht der alte Kampf um die Vorherrschaft einer Zusammenarbeit Platz, und dann übernimmt das mentale Geschehen, das durch *Pra-*

na erst in diesen Umpolungsprozess geführt werden musste, nach und nach die Leitung der weiteren Vorgänge. Dabei handelt es sich, wenn ich die verschiedenen Bemerkungen, die Swamiji im Laufe der Jahre dazu gemacht hat, richtig verstanden habe, weniger um einzelne aufeinanderfolgende Schritte, als vielmehr um ein Bündel von mehr oder minder gleichzeitig ablaufenden Vorgängen.

Durch die *no mind experience* lernt das mentale Geschehen, dass es tief in unserem Inneren einen höheren Genuss vorfindet als in den dauernd wechselnden äußeren Reizen. Anfangs sind diese beglückenden Zustände oft noch so kurz wie die flüchtigen Blicke in höhere Sphären, die Kundalini zum Ansporn in allen Stadien des Prozesses gewähren kann. Doch mit der Zeit dehnen sie sich aus. Durch diese Kontakte mit dem absoluten Bewusstsein wird die dritte mentale Hülle zusehends stärker, und schließlich bewegen, wie Swamiji sagte, *Prana* und *Manas* wie zwei Ruderer das Boot im Gleichschlag nach vorne. Da das mentale Geschehen letztlich nur eine modifizierte Erscheinungsform des absoluten Bewusstseins ist[46], beginnt es in immer längeren Erfahrungen sein eigenes wahres Wesen zu erkennen und übernimmt dann, jenseits aller Rivalitäten, die Führung. Und dann ist *Manas* schließlich stärker als *Prana*.

Aber auch *Prana* gewinnt in diesem Umpolungsprozess, den einzig und allein Kundalini bewirken kann, weiterhin an Kraft, und das kommt in der Folge wiederum *Manas* zugute, das sich immer mehr auf das Wesentliche, auf einen Punkt konzentriert. Wenn sich dieser Rollentausch durch häufige Wiederholung konsolidiert hat, steigt Kundalini wieder ab zum Wurzel-*Chakra* oder zu einem anderen feinstofflichen Zentrum ihrer Wahl, um immer dann, wenn wir durch unsere Lebensweise die Voraussetzungen dafür schaffen, wieder für kurze Zeit nach oben zu streben.

Bei jedem dieser Auf- und Abstiege vertieft sich das Zusammenspiel der ehemaligen Rivalen; und je öfter und länger sie miteinander verschmelzen, umso nachhaltiger werden die Erfahrungen der Gedankenleere, die eine Vorstufe auf dem Weg zu *Samadhi*, dem Einswerden mit der form- und namenlosen letzten Realität, sind. Schließlich, nachdem

---

46 I. K. Taimni, a.a.O.

sie sich immer wieder aufs Neue vereint und gegenseitig gestärkt haben, verschmelzen *Prana* und *Manas*, wie Swamiji erklärte, mit *Kundalini Shakti* selbst, um in *Bindu*, dem höchsten Punkt, schon jenseits des Tausendblättrigen Lotos, ins absolute Bewusstsein einzugehen.

Es zeigt sich, wie folgerichtig der Prozess abgelaufen ist, der zur *no mind experience* führt: Nachdem Kundalini zu *Sushumna Nadi* übergewechselt ist und die Blockade im Kehlkopf-*Chakra* durchbrochen hat, veranlasst sie die große Reinigung des feinstofflichen Körpers und somit auch des mentalen Bereichs, und schafft dadurch die Voraussetzung für den Umpolungsprozess, für das Verschmelzen des von Natur aus reinen und fleckenlosen *Prana* mit dem nunmehr gereinigten *Manas*. Zu diesem Vorgang hinzuführen, den Schülern beizubringen, die unentwegt fluktuierenden mentalen Vorgänge zu stoppen, sei die Aufgabe des Meisters.

Während andere spirituelle Traditionen den aufkommenden Erfahrungen keine Bedeutung beimessen oder sie bewusst ignorieren, werden sie im *Vedanta*, wie Swamiji betonte, genau erklärt. Sie sind die Meilensteine des spirituellen Weges. Durch sie weiß man, so sagte er, wo man sich befinde, und nur dann könne man weitergehen und die nächste Stufe erklimmen. Dieses Erklären der Vorgänge hilft dabei, Zweifel, die Energie verbrauchen und vom Ziel ablenken, auszuräumen. Ich war sehr dankbar und brachte das häufig in meinen Notizen zum Ausdruck, dass ich einen Meister gefunden hatte, der mir erklären konnte, was vor sich ging, so dass ich nicht allein im Dunkeln tappte.

Irgendwann in diesen Tagen überlegte ich, in welchem Moment sich der Prozess vervollständigt hatte. Untergründig spürte ich, dass es nicht in der kurzen Zeit zwischen meiner Ankunft in Rishikesh und Swamijis Festellung, dass er nun komplett sei, passiert sein konnte. Dann fiel mir ein, dass ich mich am letzten Morgen vor meinem Abflug nach Europa im Zimmer meiner spirituellen Gefährtin nach der frühmorgendlichen Meditation noch einmal auf den Teppich gelegt hatte, da es zu dieser Tageszeit Stunden dauern kann, bis man aus dem Vorort, in dem sie wohnt, ins Zentrum von Rio de Janeiro gelangt. Dann war ich in diesem Zimmer, mit einer Statue Shivas, einem Kruzifix, einem Marien-Bild und einem Foto Swamijis, in dem meine Gefährtin seit vielen Jahren gelebt und meditiert hatte, noch einmal eingeschlafen. Nach geraumer Zeit wachte ich auf, zusammengerollt, weinend und tief bewegt durch eine ungewöhnlich starke Erschütterung meines Körpers. Danach lag ich noch lange auf dem Boden und fragte mich, was geschehen war. Das war der einzige Vorgang, wie mir in diesen Tagen in Rishikesh aufging, der auf diesen lang ersehnten Durchbruch hinzudeuten schien.

Die Wege durch die oberen Gefilde

Schon im Unterricht des zweiten Jahres hatte Swamiji kurz von den fünf Wegen gesprochen, die *Kundalini Shakti*, nachdem sie den springenden Punkt *Makara* erreicht hat, für ihren weiteren Aufstieg einschlagen kann. Nach der *no mind experience* wuchs mein Interesse an den komplizierten Vorgängen in den oberen Gefilden, und ich stellte viele Fragen.

Sushumna Nadi endet im oberen Teil *Ajnas*. Daher muss Kundalini in einen anderen feinstofflichen Kanal übergehen. Wenn wir die schon erwähnte missbräuchliche Nutzung von *Sankhini Nadi* beiseitelassen, stehen ihr für die Strecke vom Punkt *Makara* bis zum Ziel vier Wege zur Verfügung. In dieser Zeit, und wahrscheinlich bedingt durch den gegenwärtigen Entwicklungsstand der Menschheit, wählt sie am häufigsten den Weg über die *Obere Vajra Nadi*, in der sie dann den großen Reinigungs- und Erneuerungsprozess im *Sahasrara-Chakra*, also in den Gehirnzentren, vornimmt.

Da auch die *Obere Vajra Nadi* nicht bis zum Ziel führt, muss Kundalini nach der großen Generalüberholung in eine andere *Nadi* überwechseln. Oft wählt sie *Citrini Nadi*, die sich in *Brahma Randhra*, dem kleinen zwölfblättrigen Lotos ganz oben im *Sahasrara* verästelt und dort endet. Das allerletzte Stückchen des Weges muss Kundalini dann in *Brahma Nadi* zurücklegen, dem einzigen feinstofflichen Kanal, der bis ins Ziel führt, zum allerhöchsten Punkt, bis zu *Bindu*, etwas oberhalb von *Brahma Randhra*.

In den seltenen Fällen, in denen der feinstoffliche Körper des Schülers ganz rein und *Prana* sehr stark ist, erübrigt sich der Transformationsprozess, und Kundalini kann nach dem Erreichen *Makaras* direkt in *Citrini Nadi* übergehen. Dabei handelt es sich um den zweiten der vier Wege. Ihn schlägt Kundalini auch in den wenigen Menschen ein, in denen sie von Anfang an, also vom Moment ihrer Freisetzung, *Citrini Nadi* wählt und sich dann mitunter, wie im Falle Swamijis, einen Meister heranbildet. In *Citrini-Prozessen*, und nur in ihnen, findet die Reinigung des feinstofflichen Körpers schon beim ersten Aufstieg der Kundalini durch die *Chakras* statt.

Doch hin und wieder geht Kundalini andere Wege. Bei einer Schülerin wechselte sie, wie Swamiji in einem späteren Jahr erwähnte, schon im Kehlkopf-*Chakra* zu *Citrini Nadi* über. Man muss sich eben, wenn von den Wegen Kundalinis die Rede ist, immer wieder daran erinnern, dass *Nadis* nicht, wie Adern oder Venen, im physischen Körper vorgegebene Kanäle sind, sondern, wie wir eingangs sahen, während des Prozesses mit den Erfahrungen entstehen – und dass sich *Kundalini Shakti* in kein auch noch so ausgeklügeltes System pressen lässt.

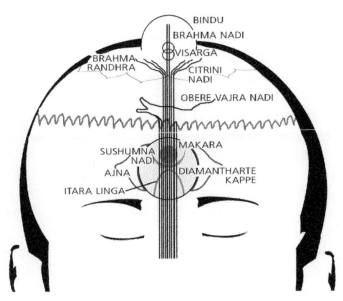

DER WEG DURCH DIE OBEREN GEFILDE

Auf dem dritten der vier Wege wählt Kundalini gleich, ohne das erste Stück ihres Weges in *Citrini Nadi* zurückzulegen, die exklusive *Brahma Nadi* für ihren weiteren Aufstieg bis zum Ziel. Natürlich müssen auch in diesen sehr seltenen Fällen die hohen, schon genannten Vorbedingungen erfüllt sein.

Auf diesem dritten Weg gibt es zwei Varianten, den Weg über das Dreieck des *Guru* und den der fünf Haltepunkte, der als eine, von Station zu Station sich steigernde Erfahrung von Leere, die immer mehr in sich birgt, beschrieben wird. Die Wege in diesem obersten Bereich sind nicht leicht darzustellen. Wie die Luft im Hochgebirge, die immer dünner wird, werden die Worte zu ihrer Beschreibung weniger, und auch die Metaphern entfernen sich mehr und mehr aus unserer Erfahrungswelt.

Nachdem Kundalini auch diese Stationen hinter sich gelassen hat, strebt sie weiter zu *Visarga*, einem Punkt, der anfänglich aus zwei winzigen, sich überschneidenden Kreisen besteht, einem dunklen und einem hellen. Wenn sich diese beiden Kreise nach und nach zu einem einzigen leuchtenden Punkt vereinen, ist auch die Polarität – lange nachdem sich die Dualität aufgelöst hat – überwunden, und *Kundalini Shakti* kann zu *Bindu*, dem letzten und höchsten Punkt ihres langen Weges, aufsteigen. Wenn sie *Bindu* erreicht hat, vollzieht sich die lang ersehnte Vereinigung mit *Shiva – Samadhi* tritt ein, das Einswerden des individuellen mit dem absoluten Bewusstsein. *Kundalini Shaktis* Aufstieg ist abgeschlossen, um bald und immer wieder von Neuem zu beginnen.

Auf dem vierten und letzten Weg schließlich, dem *Hrid-Prozess*, geht Kundalini zuerst vom Punkt *Makara* nach unten zum *Manas-Chakra* und von dort zum *Hrid-Padma,* dem Heiligen Herzen, um dann, wenn der Prozess schon vollständig ist, hinauf zum höchsten Punkt, zu *Bindu*, zu streben, der auch auf diesem seltener eingeschlagenen Weg das eigentliche Ziel ist. Die *Nadi*, die vom *Hrid-Lotos* zu *Bindu* führt, wird „Eine von Hundert" genannt. Man sagt, sie stelle eine Art Verästelung von *Brahma Nadi* dar, und deshalb werden *Hrid-Prozesse* auch den seltenen Aufstiegen in *Brahma Nadi* zugerechnet.

Auch dass in *Hrid-Prozessen* die große Generalüberholung nach dem Erreichen des springenden Punktes *Makara* nicht stattfindet, sondern Kundalini gleich weiter zum Heiligen Herzen strebt, ist eine Besonderheit dieses vierten Weges. Wenn zu diesem Zeitpunkt die *Vasanas* und *Samskaras* noch nicht getilgt sind, kann das zu aufreibenden inneren Kämpfen führen, in denen sich Versuchungen der derbsten Art mit erhebenden spirituellen Erfahrungen abwechseln. Dieser Zwiespalt, die harten Kämpfe und die dann folgende Läuterung, wurden in mehreren Biographien, vor allem von Heiligen, sehr eindringlich dargestellt.

Auch wenn man das Ziel noch nicht erreicht hat, wird mit dem Eintritt in die oberen Gefilde die ausschlaggebende Rolle, die *Prana* bei der Entfaltung von Kundalini-Prozessen spielt, besonders deutlich. Wenn in der Anfangszeit vor allem der schmerzhafte und zugleich erhebende Eintritt *Pranas* durch die großen Zehen auf seine zentrale Funktion hingewiesen hatte, dann waren es in der späteren Phase die subtilen Vorgänge, die zur *no mind experience* führten, und der enge, unverkennbare Zusammenhang von vermehrten Übungen und dem Aufkommen neuer Erfahrungen.

Bei einem späteren Aufenthalt in Rishikesh, mit einer neuen, inzwischen auf eine Stunde und fünfundzwanzig Minuten angewachsenen Übungszeit, die ich vier Mal am Tag absolvierte, bin ich deutlich spür- und erkennbar wieder in diese oberen Gefilde vorgedrungen. Zuerst führte die Vitalisierung *Pranas* nach der spätabendlichen Übung dazu, dass ich lange hellwach, aber ohne nervöse Verspannungen im Bett lag. Doch schon nach ein paar Tagen stellten sich wieder die tiefen, unpersönlichen Erfahrungen ein, die im Gegensatz zu Träumen, auch wenn man sie nicht aufnotiert, lange Zeit präsent bleiben und weiterwirken.

Wenn man die Auswirkungen der Vitalisierung *Pranas* in sich gespürt hat, dann wird klar, warum in den meisten esoterischen Traditionen so großen Wert auf das Reinhalten des feinstofflichen Körpers, des Gefäßes, in dem sich *Prana* bewegt, gelegt wird. Es ist keine Marotte, sondern eine praktische Maßnahme, die auf nachvollziehbaren Erfahrungen fußt und ein klar umrissenes Ziel verfolgt.

Besonders deutlich wurde das, als Swamiji während der Pilgerfahrt in Spanien, wo man in den Raststätten nur schwere Kost bekommt, dem erstaunten Personal mit viel Geduld ein kräftiges Mittagessen aus Reis, Butter, Brot, Oliven, Käse und – mit etwas Glück einem warmen Gemüse entlockte. Natürlich ist die Reinhaltung des feinstofflichen Körpers nicht nur eine Frage der Ernährung, sondern vor allem auch unseres Handelns und Denkens.

Das zeigte mir, dass vor allem die detaillierten Kenntnisse feinstofflicher Vorgänge, von *Prana* und *Manas*, die Arbeit Swamijis und die der Transpersonalen Psychologie unterscheiden. Ihre Ziele sind fast dieselben. Beide sehen im Einbezug der spirituellen Dimension die Chance, tiefeingewurzelte Verhaltensweisen zu überwinden. Doch die effektiveren Methoden, um dieses Ziel zu erreichen, habe ich bei Swamiji in Indien angetroffen.

Die letzten Tage des vierten Jahres

Nach diesem Vorgriff auf eine spätere Phase des Prozesses und die Einsichten, zu denen sie geführt hat, kommen wir zurück zu den letzten Tagen dieses vierten Aufenthaltes in Rishikesh. Im Rückblick nehmen sie sich wie das Ende einer mehrjährigen Entwicklung aus, auf die eine lange Zeit ohne größere Vorkommnisse folgte.

In diesem intensiven vierten Jahr hatte Swamiji mehrmals gesagt, dass die beste Zeit für Übungen und das Aufkommen von Erfahrungen die Stunden von drei bis sechs Uhr morgens und der frühe Nachmittag sind, wenn *Prana* nach dem Schlafen oder einem guten Mittagsmahl mit anschließender Ruhe voll vitalisiert und stark ist. Es waren daher auch genau diese Zeiten, in denen fast täglich in unterschiedlicher Stärke die sanfte Unterdrückung aller mentalen Aktivitäten stattfand.

Bereits am Tag nach dem Gespräch auf der Terrasse stellte sich, schon bald nach der frühmorgendlichen Übung und etwas Schlaf, die *no mind experience* wieder ein. Mein Körper war vollkommen entspannt und der Kopf so leer, dass ich genau registrieren konnte, wie dieses Wohlgefühl bis in die letzten Zellen meiner Glieder vordrang.

Nur knapp über dem Nabel war so etwas wie ein Sammelpunkt von Energie zu spüren, der sich, wenn ich die Hand darauf legte, ohne die Harmonie zu stören, ein wenig härter anfühlte. Dieses allumfassende Wohlgefühl war so erquickend, dass ich in diesen Tagen, um es noch länger zu genießen, nicht zur gewohnten Zeit aufstand.

Doch ein paar Nächte danach feierten feinsäuberlich gebündelt die guten alten *Vasanas*, die ich meinte hinter mir gelassen zu haben, Auferstehung. Drei der nicht ausgelebten Episoden mit Frauen liefen vor meinem inneren Auge ab; zwei, die während des Reinigungsprozesses nicht hochgekommen waren, und die mit der schönen Chinesin aus San Francisco.

Unter den neuen tauchte ein flüchtiger, aber markanter Vorfall in Brasilien auf. Am zweiten Abend meines ersten Besuches in Rio de Janeiro ging ich in eine der später abgerissenen Favelas, eine Ansammlung zusammengeschusterter Bretterbuden, über einem Tunnel mitten in der Großtadt, um Filmarbeiten über einen afro-brasilianischen Kult, eine Macumba-Zeremonie, vorzubereiten. Plötzlich, ganz und gar unvermittelt, gab mir eine hübsche Mulattin einen Zungenkuss ins Ohr. Ich war zu kurze Zeit in Brasilien, um dieses verlockende Angebot anzunehmen, aber die Wirkung dieser feuchten Penetration war außerordentlich stark. Ein Gedanke an dieses Vorkommnis reichte, um nachhaltige Reaktionen auszulösen.

Nachdem das hochgekommen war, erinnerte ich mich, dass mir Swamiji vor zwei Jahren, als der größte Teil der *Vasanas* aus den *Vajra*-Jahren aufstieg, gesagt hatte, dass die langfristigen Nachwirkungen von Begegnungen mit Frauen nicht nur auf die eigenen Impulse zurückzuführen seien, sondern auch auf den mitunter nachhaltigen Eindruck, den das Verlangen einer Frau hinterlassen haben könne.

Der kleine Vorfall in der Macumba-Nacht schien ein Paradebeispiel für solche tiefsitzenden, nicht durch eigenes Zutun entstandene *Vasanas* zu sein. So fragte ich mich, da die schöne Chinesin im selben Bündel vergessener Epiosoden wie die Mulattin hochgekommen war, ob sie mich so lange verfolgt habe, weil sich ihr offensichtliches und mein unterdrücktes Verlangen zu einem besonders nachhaltigen Niederschlag vereint hatte.

Aber das waren nur flüchtige Gedanken. Ich wollte mich in dieser guten, intensiven Phase nicht durch alte *Vasanas* stören lassen, die ich glaubte schon abgehandelt zu haben. Ich sagte mir, sie seien wohl hochgekommen, weil ich mich vor diesem Aufenthalt in Rishikesh mit zurückliegenden Vorkommnissen beschäftigt hatte, um sie in dieses Buch einzubringen. Der Versuch, diese Dinge beiseite zu schieben, wirkte sich sofort aus. Es stellten sich so gut wie keine erhebenden Erfahrungen mehr ein, und mir wurde klar, dass diese Verdrängung Energien konsumierte, die Kundalini in diesem wichtigen Stadium des Prozesses allein für ihre Auf- und Abstiege benötigte.

Dann kam, schon bald nach diesen kleineren Episoden, der Vorfall mit der schöngesichtigen, aber verkrüppelten Frau in Buenos Aires hoch, dessen Beschreibung ich vorgezogen habe, um aufzuzeigen, dass nur die von allem Beiwerk entkleidete Essenz eines Ereignisses gespeichert wird. Die Tatsache, dass diese beschämende Geschichte sich erst jetzt den Weg zurück ins Bewusstsein bahnen konnte, fast drei Jahre nach dem Hauptteil des langwierigen Reinigungsprozesses, macht deutlich, wie unendlich tief sie abgesunken war. Mir schien, dass die kleineren, vorher aufgetauchten Episoden nur eine Art von Ouvertüre für diese späte Eruption waren und es einen Zusammenhang zwischen diesem Befreiungsakt und der Komplettierung des Prozesses geben müsse. Es war ein wenig so, als ob diese üble Sache noch ausgekehrt werden musste, bevor es weitergehen konnte.

Nach diesem Vorfall kamen keine *Vasanas* mehr hoch, aber die erste Nacht nach diesem Rückfall war hart: Erst starkes Fließen und dann Akkumulationen von Energie in den Beinen, Eintritt außerkörperlichen *Pranas* durch die Füße, *Kriyas* ähnelnde Anspannungen, kein Schlaf bis in die frühen Morgenstunden. All das hatte eine gewisse Ähnlichkeit mit den Vorgängen vor und während des großen Reinigungsprozesses, doch es war nicht ganz so dramatisch und schmerzhaft. Nach dieser schwierigen Nacht dauerte es noch drei Tage, bis *Prana* und *Manas* ihr Zusammenspiel wieder aufnahmen.

Mir war damals nicht bewusst, dass diese Vorgänge sich wie ein Schulbeispiel für den engen Zusammenhang zwischen dem Reinigungsprozess und dem weiteren Aufstieg der Kundalini ausnehmen.

Es wurde mir erst beim erneuten Durchlesen meiner Notizen und der Arbeit an diesem Buch klar. Man kann, so scheint es mir, in dem außerordentlich präzisen, zielgerichteten Vorgehen *Kundalini Shaktis* den systematischen Vollzug einer großen Reinigung erkennen.

Doch Kundalini-Prozesse sind nicht immer, wie ich im Lauf der Zeit gesehen habe, so eindeutig. Besonders deutlich war das bei zwei Frauen zu sehen, die sich, obwohl ihre Prozesse komplett waren, mit *Vasanas* und *Samskaras* aus der Vergangenheit auseiandersetzen mussten. In solchen Fällen, sagte Swamiji, gehe Kundalini bei ihren Auf- und Abstiegen nicht bis zu *Muladhara* hinab, sondern nur bis zu einem der höher gelegenen *Chakras*, das mit den jeweiligen Problemen befasst war. Diese beiden Fälle bestätigten auch, dass die Freisetzung und der anfängliche Aufstieg der Kundalini, wie Swamiji des öfteren erwähnt hatte, in der Regel bei Frauen, der spätere Prozess jedoch bei Männern einfacher verläuft.

Nachdem die letzten *Vasanas* hochgekommen waren, verblieben mir noch gute drei Wochen in Rishikesh. Ich werde die Erfahrungen, die sich nun Tag für Tag und Nacht für Nacht einstellten, nicht gesondert aufführen, sondern nur versuchen, eine kurze Zusammenfassung der Vorgänge dieser drei intensiven Wochen zu geben. Sie schienen immer neue Varianten ein und desselben Bestrebens zu sein.

Doch zuerst will ich wiedergeben, was Swamiji an einem dieser Tage über das neue Stadium gesagt hat, in dem sich der Prozess nun befand. Es handele sich um eine graduelle Ausdehnung der schon erwähnten Blicke in die oberen Bereiche, die Kundalini in allen Stadien eines Prozesses gewähren kann. In dieser Phase, sagte er, setze mit der Vertiefung der Erfahrungen ein Kreislauf immer neuer Auf- und Abstiege der Kundalini ein, der sie ihrem Ziel Schritt für Schritt näher brächte.

Dadurch wurde klar, dass der Ausdruck „kompletter Prozess", den er beim ersten Gespräch auf der Terrasse benutzt hatte, in unserem Zusammenhang nichts mit *Samadhi* oder dem hochtrabenden Wort Erleuchtung zu tun hatte. Es handele sich, sagte er, um eine wichtige neue Phase des Prozesses, der immer weiter und weiter voranschreite. Genau das haben mir die Erfahrungen dieser intensiven Wochen gezeigt.

Oft begann es mit einer schmerzlosen Zusammenballung von Energie in den Beinen. Ich fragte Swamiji, ob das üblich sei. Er bejahte und sagte, häufig bereite Kundalini durch die Ansammlung von *Prana* in der einen oder anderen Region des Körpers ihren Aufstieg vor. Das Ziel dieser vorwiegend nächtlichen Vorgänge war deutlich spürbar *Brahma Randhra*, ganz oben im Kopf, wo sich die Fontanelle befindet.

Immer wieder war unverkennbar, dass ein unmittelbarer Zusammenhang zwischen vermehrter Übung und einem dann einsetzenden und sich langsam verstärkenden Hochzüngeln der Kundalini bestand. Mir schien, als ob *Kundalini Shakti* klar machen wollte, das sie Anstrengungen honoriere. Doch wenn diese Abfolge von Ursache und Wirkung erst einmal in Gang gesetzt war, lief der Prozess ganz von selbst und ohne Unterbrechung die ganze Nacht weiter, bis in die frühen Morgenstunden. Dann musste ich mitunter meinen rigiden Zeitplan über den Haufen werfen und die frühmorgendliche Übung ausfallen lassen.

Häufig kündigten sich die Bestrebungen Kundalinis durch eine kräftige, lang anhaltende Erektion an, die keinerlei erotische Gelüste auslöste. Die Versteifung des Gliedes, die nicht mehr wie früher im Reinigungsprozess von sich rhythmisch wiederholenden Anspannungen begleitet war, schien wie ein Druckmesser die Vitalisierung des Körpers durch *Prana* anzuzeigen. Manchmal trat noch, kurz bevor der Prozess wieder mit aller Kraft begann, zusätzliches *Prana* durch die großen Zehen in den Körper ein.

Ich kam mir mehr und mehr wie ein Gefäß vor, in dem ein Vorgang ablief, den ich beobachten, aber kaum noch beeinflussen konnte. Nicht mehr ich, sondern eine höhere Instanz übte nun, wie ich damals notierte, das Komamndo in meinem Organismus aus. Oft stellte sich eine eigenartige Mischung aus gesteigerter Präsenz und großer Erschöpfung ein.

Mehrere Tage bewegte ich mich am Rande einer fiebrigen Erkältung, einmal war ich überhitzt, einmal unterkühlt. Es fiel mir ein, dass Swamiji sich schon vor fünf Jahren gefragt hatte, ob man in meinem Alter noch genügend Energie für so hohe Beanspruchungen hat. Doch nun war ich mitten drin. Es war sinnlos, über diese Frage nachzugrübeln. Ich ging, so oft wie möglich, leichtfüßig und ziellos in der wärmenden Sonne spazieren und versuchte, Kraft für den nächsten Anlauf zu schöpfen.

Zwei Erfahrungen oder Visionen, die im entrückten Zustand dieser vorwiegend schlaflosen Nächte auftraten, spiegelten die Vorgänge in meinem Inneren besonders deutlich wieder. Der erste dieser Bildabläufe stellte sich nach einer tiefen spätabendlichen Meditation ein.

Kaum hatte ich mich niedergelegt, erfüllte mich ein großes Wohlgefühl. Plötzlich befand ich mich in meinem Auto auf der abschüssigen Straße vor meinem Haus in Santa Teresa, einem Stadtteil Rio de Janeiros, in dem ich vor vielen Jahren wohnte. Ganz schnell, in Bruchteilen von Sekunden, wurde es dunkel. Ich wollte das Standlicht einschalten. Aber es gelang mir nicht. Ich lag im Auto und konnte mich nicht aufrichten. Dann wollte ich, obwohl der Wagen gar nicht rückwärts rollte, auf die Bremse treten. Doch auch dazu fehlte mir die Kraft. Es war, als ob ich gelähmt wäre. Mit unerhörter Anstrengung versuchte ich, Herr meiner selbst zu werden. Schließlich gelang es mir, in zwei wellenartigen, von einer kleinen Pause getrennten Schüben aus weiter Ferne zurück und zu mir zu kommen.

Danach lag ich noch lange unbeweglich unter dem Eindruck dieses Geschehens im Bett. Ich spürte ganz deutlich, dass die beiden Schübe, die mich zurückgebracht hatten, nicht nur ein bloßes Traumgeschehen, sondern ganz unverkennbar feinstoffliche Vorgänge waren. Den Rest der Nacht und noch einen guten Teil des Tages wirkten sie in mir fort, und es ging mir auf, dass das mentale Geschehen diese Geschichte inszeniert hatte, um zu überleben, um nicht ganz einfach, ohne jegliche Zeremonie, verschluckt zu werden.

Sicher hatte auch das Ego, oder genauer *Ahamkara*, der „Ich-Macher", seine Finger im Spiel; denn es weiß, dass wir seiner Kontrolle entgleiten, wenn das mentale Geschehen in einem höheren Bewusstseinszustand aufgeht. Diese beiden Instanzen, Ego und *Manas*, schienen, wie mir beim Notieren dieser Vorgänge einfiel, sehr genau zu wissen, dass sie nicht mehr als ein kleines Standlicht sind.

Zwei Nächte später liefen dann Bilder vor mir ab, die ein rückhaltloses Aufgehen in der Essenz dieses Prozesses anzuzeigen schienen. Ich saß mit ein paar anderen Schülern, die im Hintergrund blieben, auf dem Steinboden eines alten indischen Tempels. Plötzlich glitt eine große Schlange auf uns zu. Irgendjemand wollte sie mit einem Stock erschlagen, aber schreckte zurück. Eine riesige Tempelkatze kam und griff sie an. Doch sie wurde unmittelbar vor mir von der großen Schlange nach kurzem Kampf mit Haut und Haar verschlungen. Darauf stimmte ich eine Hymne, deren Worte vor mir im freien Raum erschienen, auf die mächtige Schlange mit ihrem breiten Kobra-Kopf an, die dieses lange Loblied auf ihre alles durchdringende Präsenz hochaufgerichtet und sehr aufmerksam verfolgte.

Als ich mich nach der morgendlichen Meditation wieder hingelegt hatte, tauchte die Schlange noch einmal für kurze Zeit auf, und ich spürte, wie *Prana* nach oben strömte und den Kopf, wie mir schien, in Besitz nahm. Eine Zeit lang beobachte ich diesen Vorgang, ohne ihn zu analysieren, und dann muss ich wohl eingeschlafen sein. Kurz nach Sonnenaufgang wachte ich mit der sich selbst genügenden Erektion auf, entrückt und zugleich vollbewusst, und, wie häufig in diesen Tagen, blieb ich noch lange liegen, um weiter zwischen den Welten zu schweben.

Manchmal sorgte das Umfeld für Ernüchterung. An einem Morgen, als ich, noch nicht ganz in die Alltagswelt zurückgekehrt, auf der Terrasse meinen Tee schlürfte, kam eine Schülerin mit völlig verstörtem Gesicht aus ihrem Zimmer und sagte, diese Nacht habe Kundalini wieder zugeschlagen. Wir hatten schon ein paarmal versucht, ihr klarzumachen, dass Kundalini nicht zuschlägt, weil sie dafür viel zu subtil ist, und der Grund für Schwierigkeiten und Schmerzen in uns selbst, in dem durch vielerlei Missbrauch verschmutzten Gefäß liegt, in dem sie aufzusteigen versucht. Doch ihre Nächte waren noch zu hart, um solche Einsichten zuzulassen.

In der vorletzten Nacht vor meiner Abreise, nachdem *Prana* die Wege für Kundalini geöffnet und sich das beglückende Herausgehobensein aus allen üblichen Bezügen wieder eingestellt hatte, war es mir, als ob ich einer Geburt beiwohnte. Nicht meiner eigenen, sondern dem sich ewig wiederholenden Vorgang des Gebärens an sich.

Schließlich konzentrierte sich das Geschehen auf ein einziges Bild. Es war dunkel, und ich sah in der Dunkelheit eine stehende hochschwangere Frau, aus deren Kopf eine übergroße schwarz gewandete Gestalt ein winziges Kind senkrecht nach oben ins Licht hob.

Dieses Geschehen hinterließ einen tiefen Eindruck in mir. Erst stellte ich mir die Frage, ob das Aufwärtsstreben von Kundalini es zum Ausdruck gebracht habe, doch dann schien mir, es habe sich um die zweite Geburt in einen anderen Seinszustand gehandelt, um den Austritt aus dem physischen Körper durch die Fontanelle.

Im Laufe der Jahre hatte ich Swamiji des öfteren nach den Vorgängen beim Sterben gefragt, und er hat die Wege, auf denen der feinstoffliche Körper in der Stunde des Todes den physischen verlässt, genau beschrieben. Einer und zugleich der beste dieser Wege führt durch die Fontanelle, die Schädeldachlücke, die dazu geöffnet werden muss. Vielleicht hatte die seltsame nächtliche Geburt im Dunkeln auf diesen Vorgang hingewiesen.

In diesen intensiven Wochen in Rishikesh hatte ich manchmal daran gedacht, dass das langsame Vortasten zu *Samadhi*, dem Sterben ohne zu sterben, zur Vorbereitung auf den großen Tod, auf *Mahasamadhi*, dienen könne. Swamiji hatte ein paar Mal darauf hingewiesen, dass Furchtlosigkeit eine der beiden großen Gaben sei, die ein spirituell ausgerichtetes Leben mit sich bringen könne. Die andere, sagte er, sei die Glückseligkeit des Aufgehens in einem größeren Ganzen, in dem Einen, das alles andere in sich birgt.

Damit endet der Bericht über den Weg, den mir *Kundalini Shakti* gewiesen und den ein Meister geebnet hat. Zurück im brasilianischen Alltag, ohne vier Stunden Übung pro Tag, stellten sich nur noch selten bedeutungsvolle innere Bilder ein. Hin und wieder ergriff mich große Sehnsucht nach der nicht abreißenden Kette von Erfahrungen dieses vierten Aufenthaltes in Rishikesh. Zugleich aber hatte sich irgendetwas tief in meinem Inneren verändert. Ich wurde nicht mehr umgetrieben, jagte nicht mehr hinter zu vielen Dingen her, demontierte nach und nach die Reste dessen, was ich mir über die Jahre aufgebürdet hatte, und ging ruhig, Stück für Stück, weiter auf meinem langen Weg.

10

Nachlese: Kundalini, Meister, Schüler

Geschichten, Aussprüche, Gedanken

In dieser Nachlese sollen noch Geschichten und Aussprüche von Swamiji sowie ein paar Gedanken wiedergegeben werden, die im Bericht keinen Platz gefunden haben, und das, ohne diese Notizen nach thematischen oder anderen Gesichtspunkten zu ordnen.

*

Die erste Eintragung soll sich mit *the cause of all causes*, wie Swamiji Kundalini gerne nennt, mit der Ursache aller Ursachen, befassen. In wem diese zarteste und dennoch allen anderen Kräften übergeordnete Kraft was, wann und warum auslöst, ist ihr höchsteigenes Geheimnis, das auch ein von ihr geformter Meister nicht immer entziffern kann.

In einem einzigen Fall hat *Kundalini Shakti* eine Schülerin und Mutter von sechs Kindern, die noch viele mehr haben will, direkt vom springenden Punkt *Makara* in die allerhöchsten Höhen geführt. Sie könne, wie Swamiji bemerkte, die gleichen, letzten Erfahrungen haben wie er.

Er musste jedoch ihren Enthusiasmus etwas bremsen. Sie hatte begonnen, Freunde anzurufen und ihnen von der spontanen Erleuchtung erzählt, die ihr im *Patanjali Kundalini Yoga Care* zuteilgeworden war. Kundalini unterzieht jedoch, wie wir gesehen haben, die überwältigende Mehrheit der Schüler einer langwierigen und oft harten Transformation. Falsche Erwartungen sind keine gute Ausgangsbasis für diese Rosskur.

Ich habe oft gehört und auch gelesen, dass Meister anders sind als wir uns vorstellen. Auf Swamiji trifft das in besonders hohem Maße zu. Er kommt den landläufigen Vorstellungen von einem erleuchteten Menschen nicht entgegen. Er hat von dem Gehabe, das man oft mit einem Meister oder *Guru* in Verbindung bringt, nichts an sich, und ich habe auch nie einen Schüler getroffen, der von ihm als seinem *Guru* gesprochen hat.

Er gibt keine feierlichen *Satsangas*, geht nicht schweigend und huldvoll durch die Reihen seiner Anhänger und sammelt sie auch nicht um sich. Frühere Schüler, wie er einmal erwähnte, riefen manchmal an, sagten Hallo – und das sei alles. Als ein Schüler, während Swamiji der Übung beiwohnte, einen in traditionellem Orange gekleideten *Sadhu* auf sich zugehen sah, antwortete er auf die Frage, was das bedeute, er sei noch nicht sein eigentlicher Meister, der würde noch kommen.

Doch wenn man beginnt genauer hinzuschauen, sieht man, dass da etwas ist, was die übliche Überlegenheit eines Lehrers überschreitet und, wie man dann langsam bemerkt, auf einem qualitativen Unterschied anderen Ursprungs beruht. Er hat etwas an sich, was aus einer anderen als der uns gewohnten Dimension zu stammen scheint. Wenn man das erkannt hat, stößt man sich an seinen recht ausgeprägten Ecken und Kanten nicht mehr so häufig.

*

Wenn die Umstände es erlauben, lebt Swamiji in dem so oft beschworenen Hier und Jetzt. Das führt miunter zur plötzlichen Umdisponierung angesagter Vorhaben. Doch dabei handelt es sich nicht um eine Unfähigkeit zu planen und das Geplante auszuführen, denn immer dann, wenn vorgegebene Termine, wie Flüge oder Öffnungszeiten, es verlangen, läuft alles wie am Schnürchen.

Wenn er zu einer Arbeit keine Lust hat, wartet er, wenn es nichts Dringendes ist, bis sie besser von der Hand geht. Er scheint sich auch in seinem Alltag so viel Spontanität, von der man sagt, dass sie kein neues *Karma* schafft, wie irgend möglich zu erhalten. Zu uns hat er des öfteren gesagt, wenn das tägliche Leben nicht befriedigend sei, schade das dem Prozess.

Für manche Schüler sind seine unwillkürlichen Handlungen, besonders wenn sie mit ihren eigenen Vorstellungen kollidieren, völlig inakzeptabel. Eine intelligente Frau, die im psychologischen Bereich arbeitete, sagte mir, er sei neurotisch, weil er ihr bei einem Gang in die Stadt gesagt habe, sie solle ein T-Shirt, das sie haben wollte, nicht kaufen. Ich fragte sie, ob sie glaube, dass er ein verwirklichter Meister sei. Sie bejahte dies rückhaltlos.

*

Swamijis *Patanjali Kundalini Yoga Care* in Rishikesh ist nicht viel mehr als ein Name für seine Dienste. Vor dem Gedanken, eine Institution mit allem Drum und Dran zu gründen, schreckt er zurück, obwohl ihm die finanziellen Mittel dafür angeboten wurden.

Wenn die Sprache auf diesen Punkt kommt, erzählt er gerne die eine oder andere Geschichte von Adepten, die sich neues *Karma* aufgeladen haben, um ihre Institutionen zu finanzieren, oder von beflissenen Helfern, die ihre Geschäfte mit der Verwaltung angegliederter Einrichtungen machen.

*

Wenn Swamiji, wie er erzählte, Schülern, die durch einen schwierigen Prozess gingen, mitteilte, wie es um sie bestellt sei, fragten sie ihn mitunter leicht konsterniert, warum er ihnen das sage. Das kann dann zu einer seiner kurzen, sehr direkten Bemerkungen führen: „Nicht ich, sondern ihre Probleme sagen ihnen das."

*

In all den Jahren habe ich bei Swamiji nur zwei indische Schüler gesehen: Eine Frau, die ein paar Mal kam, und einen jungen Mann, der mehrere Monate in dem winzigen Haus wohnte, das Swamiji sich in einem Außenbezirk von Rishikesh hergerichtet hat. Als ich ihn fragte, warum er so gut wie keine indischen Schüler habe, gab er zurück, suchen dürfe er sich keine, sie müssten ihm zugeführt werden. Dann lachte er und sagte, das sei strenger als beim Militär.

*

Mich hat, schon bevor ich zu ihm kam, sein durch und durch kohärentes System der Aufstiegswege Kundalinis fasziniert, von dem ich durch einen Vortrag seiner amerikanischen Schülerin Kenntnis bekam. Im Laufe der Jahre habe ich dann gesehen, wie dieses System erweitert, ausgefeilt und an machen Stellen auch korrigiert wurde. Es ist in dem Buch „*Kundalini Vidya, The Science of Spiritual Transformation*" zusammengefasst.

Zum Teil mag diese systematische Darstellung der Wege Kundalinis, über die ich zuvor nur Bruchstücke gefunden hatte, damit zu tun haben, dass Swamiji bis zu seinem sechsundzwanzigsten Jahr als Elektroingenieur tätig war. Vor allem aber geht sie darauf zurück, dass er das Wirken Kundalinis in sich selbst erfahren hat und die Fähigkeit besitzt, es in anderen zu sehen. In der Amerikanerin Joan Shivarpita Harrigan hat er dann eine Feder gefunden, die obendrein in der dominierenden Sprache unserer Zeit schreibt.

Ich halte es für sehr wahrscheinlich, dass Swamijis glasklare Lehre von Kundalini eines Tages zu den wichtigen Übertragungen spirituellen Wissens aus dem Osten in den Westen gezählt wird und ein bleibender Beitrag seiner Arbeit ist. Er selbst macht nicht viel Aufhebens von diesem Buch. Schreiben sei einfach, hat er oft gesagt, sehr viel schwieriger sei die Arbeit mit Menschen.

*

Oft bringt Swamiji die Dinge mit einer kurzen Bemerkung ins Lot. Zu einem Schüler, der sich über seine höchst ungewöhnlichen Erfahrungen ausließ, sagte er: „Du bist kein normaler Mensch, aber sage das niemandem." Manchmal lacht er auch über das, was die Schüler sagen. Wenn sie dann ärgerlich sind, weil sie meinen, er lache sie aus, erwidert er: „Ich lache nicht über Sie, sondern über Ihre Ignoranz."

Mich holte er, als ich einmal große Pläne machte, mit der Bemerkung zurück: „Wir können unsere eigene Welt zum Himmel machen, nicht die ganze."

*

Bei Gesprächen über die Probleme, die in Prozessen auftreten, gibt Swamiji selten direkte Anweisungen. Er zeigt lieber zwei Alternativen auf, eine, die den Prozess fördert, und eine andere, die ihm schadet, und dann überlässt er dem Schüler die Wahl.

Anschließend erklärt er noch, wie sich der Schadenskreislauf installiert und dann um die eigene Achse dreht. Zuerst gibt man einer Versuchung nach. Das führt zu Schäden im feinstofflichen Körper, die Niederschläge in den Gehirnzentren nach sich ziehen, die dann auf den fein- und grobstofflichen Bereich zurückwirken, die Probleme noch verstärken oder sie, wenn sie durch ärztliche Hilfe schon behoben wurden, nach kurzer Zeit wieder ausbrechen lassen.

Interventionen auf der Ebene der Symptome, sagte er, reichten nicht aus. Man müsse bis zu den Wurzeln vordringen, die diesen Kreislauf verursachen und sich im Gehirn festgesetzt haben. Oft weist er noch darauf hin, dass Menschen mit spirituellen Prozessen größere Fehler, in der Regel gegen besseres Wissen, begehen, da Kundalini ihr Gewissen geschärft habe. Die Versuchungen seien jedoch oft so groß, dass sie diese Zusammenhänge vergäßen.

*

Über die tiefsitzende Tendenz von uns *Westlern*, an dem festzuhalten, was wir schon kennen, hat sich Swamiji des öfteren amüsiert. Als ich ihn fragte, ob ich ab und zu eine mir liebgewordene Übung vom Vorjahr einschieben könne, sagte er, wenn man einen Fluss mit einem Boot überquert habe, schleppe man dieses Boot nicht auf dem Rücken mit sich weiter.

*

Manchmal bemerkt man die tiefgreifenden Veränderungen, die *Kundalini Shakti* in einem bewirkt hat, anhand kleiner, scheinbar nebensächlicher Indizien. Als ich wieder einmal nach der Erwähnung eines größeren Vorhabens hinzugesetzt hatte, „So Gott will", fiel mir ein, wie sehr mir vor etlichen Jahren diese in vielen Teilen Brasiliens Tag für Tag gebrauchte Floskel auf die Nerven gegangen war.

Als ich ein altes, denkmalgeschütztes Haus im Nordosten Brasiliens, in Bahia, renovierte, verabschiedeten sich die Arbeiter jeden Abend mit *Até amanha, se Deus quiser – Bis morgen, wenn Gott will.* Häufig erschien dann der eine oder andere am nächsten Tag nicht, was den Fortgang der Arbeiten sehr behinderte. Damals sah ich in diesem allabendlichen *„Se Deus quiser"* nur ein Hintertürchen, um sich auf die faule Haut zu legen. Dass dieser althergebrachte Spruch auf eine Dimension hinweist, die sich unserer Kontrolle entzieht, kam mir nicht in den Sinn.

*

Kundalini versuche unablässig, ihren eigenen Status zu verbessern, hat Swamiji oft gesagt. Wenn sie freigesetzt ist, setze sie alles daran, ihr Ziel, die Vereinigung mit dem absoluten Bewusstsein, zu erreichen. Ob ihr das gelinge, hänge in erster Linie von uns ab.

Dabei seien drei Faktoren von ausschlaggebender Bedeutung: Die Mitarbeit des Schülers, die helfende Hand eines Meisters und Gott, den er bei solchen Instruktionen immer mit einbezieht. Die beste aller Therapien, betonte er in diesem Zusammenhang mehr als einmal, sei die entschiedene Hinwendung zu einer spirituellen Lebensweise.
Von Swamijis Aussprüchen über das nicht immer einfache Verhältnis zwischen Meister und Schüler habe ich vier notiert: Viele Schüler wollen immer gleich Meister sein, das störe die spirituelle Entwicklung. Man solle sich nicht über den Meister beschweren, sondern herausfinden, wie weit man mit ihm gehen kann. Und zur Qualifikation von Meistern hat er gesagt, man könne einen Lehrer nur dann seinen Meister nennen, wenn er einen bis zum Ziel gebracht habe. Meister sollen ihren Schülern den Weg zu Gott weisen, aber nicht dazwischenstehen.

Abends zieht sich Swamiji zurück und liest oft in alten Schriften, die er in Delhi oder Chennai gefunden hat. Das hat nicht nur zur Einordnung verstreuter Bruchstücke in das kohärente System geführt, das *Kundalini Vidya* zugrunde liegt, sondern mitunter entdeckt er auch etwas, das sein theoretisches Verständnis feinstofflicher Vorgänge erweitert. Zweimal wurde ihm bald nach solchen Entdeckungen ein Schüler zugeführt, an dem er die beschriebenen Vorgänge verifizieren konnte.

*

Als ich das vierte Mal in Rishikesh war, hat Swamiji einen ganz ungewöhnlichen Fall erwähnt. Kundalini sei in einem Mann, obwohl sie im Kehlkopf-*Chakra* blockiert war, durch ein winziges Tor, *Talu* genannt, bis in die Gehirnzentren vorgedrungen. Die drei Geschichten, die dieser Mann zur Bewertung seines Prozesses eingereicht habe, seien außerordentlich kurz, doch jedes Wort bedeutungsvoll gewesen. Kundalini mache, was sie wolle, sagte er. Man müsse offen bleiben und versuchen, ihre Manifestationen zu erkennen.

Mich hat besonders beeindruckt, dass ihn sein genaues, in sich schlüssiges System nicht daran hindert, festzustellen, wenn Kundalini andere als die in *Kundalini Vidya* vorgezeichneten Wege geht.

*

Swamiji hat, wie mehrmals erwähnt, immer wieder gesagt: Was man im feinstofflichen Körper nicht in Ordnung bringe, komme zurück. Das ist nicht nur eine theoretische Feststellung, sondern er weiß auch genau, wo die Probleme sitzen und kann sie fast immer beheben.

So geht er auch bei sich selbst vor. Als er einmal während der Vorbereitungen für eine Amerika-Reise völlig überarbeitet war und vor sich hin hustete, sagten wir besorgt, er solle sich etwas schonen. „No, no, no. I fix it. I fix it", gab er zurück, und am nächsten Morgen war er wieder in Ordnung.

Er weiß natürlich, dass es nicht viele Lehrer mit seinen spezifischen Kenntnissen gibt; und als er einmal sagte, dass sich die, die sich im feinstofflichen Bereich nicht auskennen, mit physischen Exerzitien über die Runden helfen, war nicht schwer zu erraten, an wen er da vor allem dachte.

*

Zu den immer neuen Bezeichnungen für Kundalini, die Swamiji im Laufe der Jahre vorgebracht hat, gehörte auch der „Guru in uns". In letzter Instanz ist natürlich *Kundalini Shakti* selbst *Gu*, der Zerstörer, von *ru*, der Dunkelheit und Ignoranz.

*

Seine Aussagen über Kundalini-Prozesse untermauert Swamiji gerne mit einem einschlägigen Beispiel aus der Praxis. Dabei hält er sich nicht immer, so sehr er sich auch bemüht, an die strengen westlichen Gebote von Diskretion im therapeutischen Bereich. Als er einmal darauf angesprochen wurde, erwiderte er ungerührt, im spirituellen Bereich gäbe es keine Geheimnisse.

In solchen Momenten wird schlagartig klar, wie weit, wenn es um essenzielle Dinge geht, Ost und West immer noch auseinanderliegen.

*

Als er bei einem meiner späteren Besuche erwähnte, dass er während der monatelangen Arbeit mit zwei seiner schwierigsten Fälle abgenommen habe, kam ich noch einmal auf die alte Frage zurück, ob er, wenn nötig, mit seiner eigenen Energie nachhelfe. „In schwierigen Fällen", gab er zurück, „helfe ich ihnen aufzustehen, und dann gebe ich ihnen einen Finger. That´s all."

*

Prana ist, wie Swamiji des öfteren hervorhob, die wichtigste Komponente in dem Dreigespann aus physischem Körper, Lebensenergie

(*Prana*) und dem mentalen Geschehen, welche die drei ersten Hüllen unseres Seelenkerns bilden. Wer sich, fügte er hinzu, mit den Bewegungen *Pranas* oder dem Zusammenspiel der *Vayus* im feinstofflichen Körper nicht auskenne, könne Kundalini-Prozesse nicht wirklich fördern.

Wie dominierend die Rolle *Pranas* in diesem Dreigespann ist, wurde deutlich, als er in einem anderen Zusammenhang sagte, dass *Pranayama* ohne vorbereitende *Asanas* (Atemübungen ohne einleitende Körperpositionen) unerwünschte Reaktionen im feinstofflichen Körper auslösen könne. Deswegen probiere er, wenn er es mit besonders schwierigen Fällen zu tun habe, zuerst an sich selbst aus, wie stark die Wirkungen der einen oder anderen Übung sei.

*

Als ich mich für Kundalini zu interessieren begann, meinte ich, dass sich diese geheimnisvolle spirituelle Kraft nur in einem sehr kleinen Kreis von Auserwählten manifestiert. Aber dann lernte ich Menschen kennen, einige davon bei Swamiji, die auf den ersten Blick nichts Besonderes an sich hatten und doch durch schwierige Prozesse gingen.

Irgendwann geht einem dann auf, dass *Kundalini Shakti* wirkt, wo immer sie will, ohne Rücksicht auf Status, Intelligenz oder sonstige Maßstäbe, nach denen wir Menschen bewerten. Oft machen solche überhöhten Vorstellungen von spirituellen Interventionen es für Menschen schwer, selbst wenn sie von Kundalini gehört haben und Anzeichen ihres Wirkens spüren, sich einzugestehen, dass diese subtile und doch hochpotente Kraft in ihnen wirksam ist.

Eine junge Frau, deren Prozess sich beim „Holotropen Atmen" sehr nachdrücklich manifestiert hatte, meinte, es könne sich nicht um Kundalini handeln, weil sie beim Autofahren ungeschickte Verkehrsteilnehmer beschimpfe. Das Erwachen der Kundalini setzt keine Heiligenscheine auf. Es ist ein Ruf, der zuerst fast immer ins Purgatorium führt. Doch die Chancen für eine Läuterung sind gut. Nicht von ungefähr heißt es: Um so größer der Sünder, desto größer der Heilige.

Swamiji stößt gern zum Kern der Dinge vor. Als eine Frau, die durch besonders schwierige Nächte ging, zur Mittagessenszeit im Pyjama aus ihrem Zimmer kam und fragte, ob sie sich so an den Tisch setzen dürfe, sagte Swamiji: „Nicht Ihr Pyjama isst, sondern Sie." Als sich im alten Gästehaus an der lauten Ausfallstraße nach Haridwar wieder einmal ein Schüler über den infernalen Autolärm beschwerte, gab Swamiji zurück, der Lärm sei nicht sein Problem, sondern das der Autos.

*

Von meinem dritten oder vierten Aufenthalt an begann ich mich in Rishikesh fast wie zu Hause zu fühlen, nicht so wie ich es vor vielen Jahren in Deutschland oder in Brasilien hatte werden wollen. Es handelte sich nicht um den Versuch, östliche Lebensformen oder einen fremden Glauben zu übernehmen. Es war eher so, als ob die unüberbrückbare Andersartigkeit ein Zuhause-Sein ermöglichte, in dem Platz für das wachsende Gefühl war, nirgends wirklich hinzugehören.

*

Zu der in unserer Zeit wichtigen Frage, warum es so viele Menschen gebe, die durch traumatische Ereignisse in einen Kundalini-Prozess geworfen werden, sagte Swamiji, dass sich durch einen großen Schock, starke Schmerzen oder Todesangst – in Gedanken an Gott oder bei einem Stoßgebet – alle mentalen Vorgänge, genauso wie das bei zielgerichteter geistiger Praxis geschähe, auf einen einzigen Punkt konzentrierten; und das könne dann zur Freisetzung der Kundalini führen.

Da diese Menschen jedoch nicht, wie *Yogis*, sorgfältig auf die Freisetzung vorbereitet wurden, werde Kundalini in der Regel in eine der beiden Sackgassen, in *Vajra* oder *Saraswati Nadi*, katapultiert. Dann stehen sie oft, wenn sie die vernehmbaren Weisungen der Kundalini nicht hören oder ihnen nicht folgen können, vor schwierigen Jahren.

*

Über den Aufstieg der Kundalini zum zentralen Punkt *Makara* sagte Swamiji, der Transformationsprozess setze mit dem Erreichen *Makaras* nicht von selbst ein. Dazu müssten drei Vorbedingungen erfüllt sein: Spirituelle Zielvorstellung, spirituelle Lebensweise und regelmäßige Praxis. Diese drei Komponenten müssten zusammenwirken, Praxis allein genüge nicht.

Wenn man in dieser Phase größere Fehler mache, gäbe Kundalini Warnsignale. Zuerst mache sie sich durch gleißend helles Licht oder andere Effekte bemerkbar, und wenn man immer noch nicht verstanden habe, worum es gehe, verursache sie körperliche Schmerzen oder psychisches Leiden. Dieser Vorgang, sagte er, sei in Dostojewskis Roman „Der Idiot" sehr genau beschrieben.

*

Von den sechsundzwanzig Jahren, in denen Swamiji Indien zu Fuß als Bettler mehr als einmal durchquert hat, habe ich nur drei oder vier Geschichten gehört. Doch wie formend solche Wanderjahre sind, ist im Umgang mit ihm auch nach Jahrzehnten noch deutlich spürbar.

So kann man ermessen, was für ein außerordentlich großer Verlust es ist, dass solche Wanderjahre, wie Swamiji sagte, heutzutage nicht mehr möglich sind, weil die Polizei, um Terroranschläge zu verhindern, jetzt auch die *Sadhus* kennen muss, die in ihrem Bezirk ansässig sind.

*

Wenn man mit der Hilfe *Kundalini Shaktis* und eines Meisters beginnt zu begreifen, worauf es wirklich ankommt, braucht man – vor allem im spirituellen Bereich – nicht mehr so viel zu lesen. Man merkt schnell, ob es sich lohnt.

Dieses Nebenprodukt des Prozesses hat mich an das alte Diktum erinnert, es sei das Leiden der Intellektuellen, dass sie viel über viele Dinge wüssten, aber über keine eigene Erkenntnis verfügten. In der Nähe eines Meisters, auch wenn er eine Menge weiß, wird einem bald klar, was damit gemeint ist.

Manchmal helfen erfahrene Lehrer auch ein wenig nach. Swamiji musste auf Geheiß seines Meisters, wie er einmal erzählte, eine große Schachtel voll Bücher in den heiligen Fluss Vyasa werfen. Als er einmal ein Buch haben wollte, schickte ihn derselbe Meister, der sehr reich war, auf die Straße, um das nötige Geld zu erbetteln.

*

Je mehr ich über die schwierigen Vorleben vieler Schüler gehört habe – darunter eine Frau, die in mehreren Anläufen mit unsäglichem Leiden ihre eigene Köpfung noch eimal durchlitt – desto klarer wurde mir, was für ein großes Geschenk es ist, wenn man solche Lasten nicht auch noch durch das gegenwärtige Leben schleppen muss.

Durch so viele Vorleben zu so verschiedenen Zeiten und in aller Herren Länder hat sich mir der Gedanke aufgedrängt, dass die Globalisierung im Gefolge der technologischen Entwicklung nur ein später Nachzügler eines in der geistigen Welt längst vollzogenen Vorganges ist.

Im Laufe der Jahre hat Swamiji viele Bemerkungen gemacht, die auf die eine oder andere Weise mit Gehirnfunktionen zu tun hatten, die in Kundalini-Prozessen eine so entscheidende Rolle spielen. Als er sich für die Kabbala und das hebräische Alphabet zu interessieren begann, erklärte er, welche Gehirnzentren durch das Lesen von rechts nach links aktiviert würden. Unter einem riesigen Bodhi-Baum in seinem *Gurukula*, dem Sitz der Meister, die ihm vorangegangen waren, sagte er, dass *Yogis* besonders gern im Schatten dieser Bäume meditieren, weil sie eine Substanz absondern, welche die Serotonin-Produktion fördert. Oft schält er heiße Kartoffeln mit den Fingern. Auf meine Frage, warum er kein Messer nähme, antwortete er, durch Fingerbewegungen trainiere man das Gehirn; und als einmal viele Schüler im Gästehaus waren, sagte er, die Beschäftigung mit mehreren Fällen zur gleichen Zeit schärfe die Wahrnehmungsfähigkeit.

*

Nur durch die Aneignung theoretischer Kenntnisse, hat Swamiji oft gesagt, könne man die Vorgänge im feinstofflichen Körper und das Wirken von Kundalini nicht verstehen. Dazu seien eigene unmittelbare Erfahrungen nötig. Sie allein könnten aus lediglich intellektuellem wirkliches inneres Wissen machen, das für das Erfassen dieser subtilen Vorgänge unerlässlich sei.

Oft zeigt sich dieses tiefere Wissen im unmittelbaren Wahrnehmen der helfenden Präsenz *Kundalini Shaktis*. Man weiß einfach, dass sie da ist. Das ist keine Frage des Glaubens, sondern ein untrügliches Gefühl tief im Innersten.

*

Für Menschen, die Fisch und Fleisch essen, mag die streng vegetarische Kost Swamijis wie eine harte Askese erscheinen. Wenn man jedoch diese Speisen hinter sich gelassen hat und keine Sehnsucht mehr nach ihnen empfindet, merkt man, dass diese Lebensweise nichts von einer auszehrenden Askese oder einem Sich-Versagen kulinarischer Genüsse an sich hat.

Nicht nur kamen ein paar der schmackhaftesten Mahlzeiten, die ich genossen habe, aus Swamijis Küche, sondern ich habe auch an ihm selbst über mehrere Jahre hinweg beobachtet, welchen hohen Grad von körperlicher Gesundheit diese Lebensweise ermöglicht.

Als es einmal zu regnen begann, trug der eher kleine Swamiji eine große Tischplatte in Windeseile über eine enge Treppe ins Haus. Oft hat mich seine hohe Anpassungsfähigkeit an stark schwankende Temperaturen, ohne die Kleidung zu wechseln, erstaunt, und mit siebenundsiebzig Jahren las er, nach einem kurzen Moment der Anpassung, Kleingedrucktes bei schwachem Licht ohne Brille.

Mit einer Ablehnung des Körpers und ruinösen Kasteiungen, wie sie von einigen asketischen Disziplinen praktiziert werden, hat diese Lebensweise nichts zu tun. Sie dient vielmehr der Erhaltung maximaler Leistungsfähigkeit, wohl nicht zuletzt um die Tage, die man auf dieser Erde weilt, so gut wie möglich zu verbringen.

Swamiji, so scheint es, wurde schon sehr früh von *Kundalini Shakti* auserkoren. Auf einer Pilgerfahrt durch den Süden Indiens, durch Tamil Nadu, woher er stammt, erzählte er, wie er auf die Welt gekommen sei.

Er habe sich schon im siebten Monat der Schwangerschaft aus dem Mutterleib gedrängt. Das hat in jener Zeit, in der Kaiserschnitte noch nicht gang und gäbe waren, zu einer so schweren Krise geführt, dass der Hausarzt das Kind entfernen wollte, um die Mutter zu retten. In dieser bedrohlichen Situation beschwor eine Nachbarin die Mutter, sie solle das nicht tun, sondern das Kind in ihrem Leib Gott darbringen. Bald nachdem sie diesem Rat gefolgt war, beruhigte sich das Kind und kam schließlich ohne Komplikationen auf die Welt. Drei Monate nach der Geburt brachten die Eltern es dann, gehüllt in safranfarbige Tücher, in einen *Muruga-Tempel* in der Nähe von Madurai.

Lord Muruga ist ein Sohn *Shivas*, der in Tamil Nadu seinem allmächtigen Vater so gut wie gleichgestellt wird. Kinder, die in einen Tempel gebracht und Gott übergeben werden, können, einem alten Brauch zufolge, von der Familie zurückgekauft werden, und das geschah natürlich auch mit Swamiji.

Diese Geschichte habe ich acht Jahre nach meinem ersten Aufenthalt in Rishikesh gehört. In der Regel sprechen verwirklichte Menschen nicht viel von sich und ihrer Vergangenheit. Man muss nachfragen oder warten, bis die Umstände das eine oder andere hervorbringen.

*

Ein paar Jahre hat Swamiji in den Sommermonaten in den USA gearbeitet. Als er von einem dieser Aufenthalte zurückgekommen war, sagte er: „I worked like a devil." Ich lachte in mich hinein. Den Teufel hatte er bisher noch nicht in dem Mund genommen.

Über die Aufenthalte in den Vereinigten Staaten hat Swamiji viele Geschichten erzählt. Die hübscheste, über die man alle anderen vergessen kann, war die folgende: Man hatte ihn in 'Gottes eigenem Land' aufgefordert, er solle sich, bevor er ins Zimmer eines Schülers gehe, nicht mit einem kurzen *OM*, so wie er das immer tat, sondern mit *Hi* bemerkbar machen. Das überstieg dann doch seine Fähigkeiten. Noch Monate danach, begleitet von einem kleinen Seufzer, sagte er: „I just can't do it."

*

Wenn man Swamiji fragt, wann ein Tempel errichtet wurde oder ein großer Adept, aus dessen Leben er gerade eine Anekdote erzählt hatte, gelebt habe, besaß er keine Spur einer Ahnung, nicht einmal in welchem Jahrhundert es war. Für ihn sind Zeitangaben, da alles Wissen vor, in und nach der Schöpfung vorhanden und für jeden, der es verdient, zu jeder Zeit zugänglich ist, völlig irrelevant. Wenn man ihn noch einmal nach einem historischen Datum fragt, kann das zu einer kurzen Bemerkung über unsere westliche Zahlen-Manie führen.

Doch weder die detaillierten Erklärungen, die er über die eine oder andere in Stein gemeißelte Yoga-Position abgibt, noch seine schönen Geschichten von Göttern, *Asuras* und großen Meistern wird man in einem Reiseführer finden. Manchmal haben diese Hinweise auch einen direkten Bezug zu den persönlichen Geschichten des einen oder anderen Schülers. Die schon angeführte von den tiefsitzenden *Vajra*-Inklinationen des Poeten Arunagiri, der sich im Tempel von Tiruvanamalai von einem Turm in die Tiefe stürzte, werde ich nicht vergessen.

*

Dass fünf Stunden Autofahrt von Delhi nach Rishikesh auf den lauten, inzwischen auch in Indien hoffnungslos überfüllten Autostraßen sehr anstrengend sein können, kann Swamiji nicht nachfühlen. Nach der Pilgerfahrt in Tamil Nadu meinte er, ich solle, obwohl das nur für anderthalb Tage gewesen wäre, vor meinem Rückflug nach Europa noch einmal mit nach Rishikesh kommen.

Von mehreren gemeinsamen Fahrten wusste ich, worauf diese Insensibilität beruht. Er selbst schläft auf langen Strecken seelenruhig oder sitzt vorne neben dem Chauffeur tief versunken in *Samadhi*; und einmal hat er erwähnt, dass er dem Fahrer, der keine Ahnung hat, was vor sich geht, gesagt habe, er dürfe ihn auf keinen Fall wecken, auch bei einem Unfall nicht.

Ich bin damals in Delhi geblieben. Nachdem ich gesagt hatte, ich sei kein Meister und säße nicht in *Samadhi* im Auto, nahm er das kommentarlos hin.

*

Swamiji weiht seine Schüler nicht feierlich ein und gibt ihnen auch keine spirituellen Namen. Für ihn ist *Kundalini Shakti* eine in und über allen religiösen Ausformungen wirkende Kraft. Daher legt er seinen Schülern auch nicht nahe, einen anderen Glauben anzunehmen oder westliche gegen östliche Prinzipien zu vertauschen. Er unterstützt ganz einfach spirituelle Prozesse, die sich unabhängig von kulturellen Gegebenheiten manifestieren, wann und wo immer sie wollen. Das macht ihn, der selbst ganz in uralte traditionelle Vorstellungen eingebunden ist, sehr modern.

*

Anfangs fragte ich mich, ob Swamijis individuelle Behandlungsweise den schnell anwachsenden Bedürfnissen in unserer Zeit radikaler Umbrüche gerecht werden könne. Diese Frage spitzte sich noch zu, als er einmal sagte, *Patanajali Kundalini Yoga Care* vermehre den Anteil spiritueller Menschen an der Weltbevölkerung „one by one".

Nachdem ich mehr über die Geschichten und Symptome der Mitschüler erfahren hatte, begann ich zu verstehen, dass Swamijis Arbeit nur individuell ausgeführt werden kann. In diesem Zusammenhang hat er auch auf den Unterschied zwischen der Arbeit auf psychologischer und der auf energetischer Ebene hingewiesen. Die letztere, sagte er, setze besondere Fähigkeiten voraus, könne nur individuell ausgeführt werden und man müsse sehr darauf achten, seine eigene Energie zu bewahren.

Das Prinzip der direkten Unterweisung von Meister zu Schüler folgt einer uralten Tradition, die ihren schönsten Ausdruck in einer Geschichte über Patanjali, den Autor der *Yoga-Sutras*, gefunden hat. Als sich im legendären Chidambaram, im Süden Indiens, tausend Schüler um ihn geschart hatten, habe er sich, so heißt es, um diesem alten Gebot Genüge zu tun, vertausendfacht.

*

Während eines meiner Aufenthalte hatte Swamiji einen Engländer mit einem fehlgeleiteten Prozess aufgenommen, der sich in einem Ashram in Rishikesh über mehrere Jahre von einem 'Meister' ausbeuten und misshandeln ließ, weil er meinte, das trüge zu seiner spirituellen Reifung bei. Nach einem guten Mittagsmahl sagte der abgemagerte und dankbare Engländer zu Swamiji: „You are a good man", worauf Swamiji erwiderte, die Schöpfung sei gut.

Von einer generellen Verneinung des Lebens oder der manifestierten Welt habe ich bei Swamiji nichts bemerkt. Der Umstand, dass Nicht-Wiedergeboren-zu-werden sein unverrückbares Ziel ist, auf das letztlich alles ausgerichtet ist, scheint nicht einer Ablehnung der gegenwärtigen Existenz, sondern einem Wissen über die Gesetzmäßigkeiten des Daseins zu entspringen.

*

Als wir auf der Pilgerfahrt in Tamil Nadu die Gedenkstätte betreten hatten, die an der Stelle errichtet wurde, an der Rajiv Gandhi von der Bombe einer Selbstmordattentäterin in tausend Stücke zerrissen wurde, klingelte Swamijis Handy. Eine Schülerin aus Kalifornien hatte angerufen, um mitzuteilen, dass es ihr viel besser gehe. Im Schatten eines Baumes entspann sich ein langes Gespräch in Konferenz-Schaltung zwischen Swamiji, seiner designierten Nachfolgerin und der ein paar tausend Kilometer entfernten Amerikanerin.

Derselbe Swami, der sich der Raffinessen moderner Kommunikationsmittel bediente, benutzte die Worte Involution und Evolution nicht in der uns geläufigen, sondern in diametral entgegensetzter Weise. Die Weiter- und Höherentwicklung der manifestierten Schöpfung in ihren zahllosen Erscheinungsformen ist für ihn, weil sich Geist immer tiefer in Materie verwickelt, Involution. Evolution hingegen ist der Weg zurück zur Urquelle, aus der irgendwann einmal alles hervorgegangen ist, und somit auch der Weg zum eigentlichen Ziel des Daseins, der endgültigen Befreiung aus den Fesseln einer konditionierten Existenz, die man auch Erleuchtung nennt.

*

Die Unerbittlichkeit, mit der er seinen eigenen traditionellen Weg geht, und die uneingeschränkte Offenheit für die vielen Wege, die seine Schüler gehen, machen es leicht – durch das Beispiel, das man vor sich hat, und die Freiheit, die man genießt – sich für *Kundalini Shakti* zu öffnen, die sich jenseits der Unterschiede von Ost und West und aller religiösen Ausformungen manifestiert, wo immer es ihr gefällt.

*

Glossar

Adept	Verwirklichter spiritueller Lehrer oder Meister, großer Weiser
Ahamkara	Das Ich oder Ego, das die Vorstellung einer **individuellen** Existenz hervorbringt.
Ajna	Stirn-Chakra, das sechste feinstoffliche Zentrum
Akasha	Das fünfte Element, der leere Raum voller **Eigenschaften,** häufig Äther genannt.
Amrita	Göttlicher Nektar, den man auch Soma nennt.
Anahata	Herz-Chakra, das vierte feinstoffliche Zentrum
Apana Vayu	Nach unten gerichteter, vor allem im Unterleib tätiger Prana, der mit den Ausscheidungen zu tun hat.
Ardhanarishvara	Shiva in seiner halb männlichen, halb weiblichen Form
Asana	Körperposition des (Hatha-)Yoga
Atman	Seele oder Selbst, das Unvergängliche, Göttliche im Menschen
Aura	Das Energiefeld, das alles Lebendige umgibt
Ayahuasca	Aus Dschungelpflanzen zubereiteter, hochpotenter Trank, der in Brasilien gesetzlich zugelassen ist, wenn er in zeremoniellem Rahmen verabreicht wird, auch „Mutter aller bewusstseinserweiternden Subtanzen" genannt.
Bhana Linga	Zweiter, kristallharter Linga in Sushumna Nadi auf der Höhe von Anahata, dem Herz-Chakra
Bija-Mantra	Einsilbiges Mantra, welches die Quintessenz eines längeren Mantras oder auch Chakras, dem sie zugeordnet ist, enthält.
Bindu	Höchster Punkt ganz oben in Brahma Nadi, nicht hörbarer, überirdischer Ton des Absoluten, das Ziel Kundalini Shaktis, das, wenn Sie ihn erreicht, zur Selbstverwirklichung oder Erleuchtung führt.
Brahma Nadi	Der exklusivste der sechs feinstofflichen Kanäle, in denen Kundalini aufsteigen kann.
Brahma Randhra	Kleiner zwölfblättriger Lotos ganz oben in Sahasrara, wo sich die Fontanelle befindet.
Brahman	Die letzte, höchste Realität, aus der die gesamte Schöpfung hervorgegangen ist, das alles durchdringende Substrat der materiellen Welt, unveränderlich, endlos, ewig.
Buddhi	Angeborene, unbestechliche, lichtnahe und dem mentalen Geschehen übergeordnete Intelligenz
Chakras	Kreisförmige, psychoenergetische Zentren im feinstofflichen Körper
Citrini Nadi	Feinstofflicher Kanal, in dem Kundalini selten aufsteigt und sich mitunter einen Meister formt.

Darshan	Das Empfangen der Segnungen von großen Meistern der dies- oder jenseitigen Welt durch heilige Orte oder Gegenstände
Dhananjaya Vayu	Einer der vielen kleineren Vayus, dem u.a. die Auflösung des physischen Körpers nach dem Tod obliegt.
Granthis	Knoten in feinstofflichen Kanälen, vor allem in Saraswati Nadi, die den Aufstieg der Kundalini behindern.
Gunas	Die drei sich unentwegt verändernden Grundeigenschaften Sattva, Rajas und Tamas, aus deren Wechselspiel die physische Welt entsteht.
Guru	Erleuchteter spiritueller Lehrer oder Meister. Wörtlich „Vertreiber der Dunkelheit"
Gurukula	Ort, wo ein oder eine Abfolge verwirklichter **Meister** unterrichten und wirken.
Hrid-Padma	Kleiner achtblättriger Lotos links vom Herzen, das Heilige Herz
Hrid-Prozess	Eine spezifische Form von Kundalini-Prozessen, die in tiefer mystischer Versenkung zur Erfahrung des Heiligen Herzens führen.
Ida	Feinstofflicher Kanal, weiblich und dem Mond zugeordnet, in dem sich Prana, jedoch nicht Kundalini bewegt.
Itara Linga	Diamanthartes Linga im Stirn-Chakra, der dritte und schwierigste Prüfstein in Sushumna Nadi
Kapala Vidya	Die traditionelle, von Yogis in Jahrtausenden erarbeitete Wissenschaft von Kopf und Gehirn
Kosha	Hülle oder Umkleidung unseres Wesenskerns
Kriyas	Verschiedene von Kundalini ausgelöste außergewöhnliche Phänomene, am häufigsten unwillkürliche, meist von spontanem Atmen begleitete Körperbewegungen, durch die Kundalini den feinstofflichen Leib reinigt.
Kuhu Nadi	Einer der 36 wichtigsten feinstofflichen Kanäle, der von Svadhishthana zu Vishuddha führt und u.a. zur Umwandlung sexueller in spirituelle Energie genutzt wird.
Kundalini	Wörtlich „eingerollt", die gebräuchliche Kurzform für Kundalini Shakti
Kundalini Shakti	Das dynamische, weibliche Prinzip der Schöpfung, das in seinem mikrokosmischen Aspekt als im Wurzel-Chakra hausende, dreieinhalbmal eingerollte Schlange dargestellt wird, die nach ihrem Erwachen zum absoluten Bewusstsein zurückstrebt, aus dem Sie hervorgegangen ist. **In** metaphorischer Form wird dieser Vorgang als ihr Aufstieg zur langersehnten Vereinigung mit Shiva dargestellt.
Kundalini Vidya	Die durch Generationen von Yogis erarbeitete, von Meistern auf ihre Schüler tradierte Wissenschaft von Kundalini.

Lakshmi Nadi	Eine der sechs feinstofflichen Kanäle Kundalinis, in dem sie zu Beginn des Lebens die Entwicklung des Fötus besorgt und am Ende den grob- vom feinstofflichen Körper trennt.
Lila	Das göttliche Spiel in seinen unendlich vielen Aspekten
Linga	In seiner ins Formlose übergehenden, ovalen Form ein Symbol für das Göttliche, für seine schöpferische, im Phallus symbolisierte und vor allem Shiva zugeordnete Kraft.
Macumba	Ein afro-brasilianischer Kult
Maha Prana	Der große kosmische Prana, der die gesamte Schöpfung durchdringt
Maha Samadhi	Der große, endgültige Samadhi, der Tod und Bezeichnung für das Grabmal von Adepten und Heiligen
Makara	Der höchste Punkt im Stirn-Chakra, in dem Sushumna Nadi endet und Kundalini einen von mehreren Wegen für ihren weiteren Aufstieg wählen muss.
Manas	Die Instanz im Menschen, in der alle mentalen Vorgänge ablaufen, im Englischen unter dem Wort *mind* zusammengefasst.
Manas-Chakra	Sekundäres, mit Ajna verbundenes feinstoffliches Zentrum rechts vom Herzen mit acht Blütenblättern, die die Verhaftungen der konditionierten menschlichen Existenz aufzeigen.
Manasthana	Eine der zehn Stationen im Stirn-Chakra, die in direkter Verbindung mit dem rechts vom Herzen gelegenen Manas-Chakra steht.
Manipura	Das dritte feinstoffliche Zentrum im Bereich des Solarplexus, meist Nabel-Chakra genannt.
Mantra	Mit mystischer Kraft erfüllte Silben, Worte oder Phrasen
Marma Punkte	Die Stellen, insgesamt hundert, an denen sich der feinstoffliche mit dem grobstofflichen Körper verbindet.
Mehru Danda	Die feinstoffliche Entsprechung der Wirbelsäule, in der sich vier der sechs Nadis befinden, in denen Kundalini aufsteigt
Mudras	Mit den Händen geformte symbolische Gesten
Muladhara	Wurzel-Chakra, das erste feinstoffliche Zentrum im Perineum, dem Ausgangspunkt des Rückgrats
Nadi	Feinstofflicher Kanal, der immer dann entsteht, wenn sich Prana, genauer die Vayus, im Körper bewegen. In sechs der abertausend Nadis kann Kundalini aufsteigen.
no mind experience	Der Zustand, in dem mind (Manas), das mentale Geschehen, zur Ruhe gefunden hat, auch schlafloser Schlaf oder Erfahrung der Ichlosigkeit genannt.

Obere Vajra Nadi	Der durch Sahasrara, den Kronen-Lotos, führende Teil von Vajra Nadi, in dem Kundalini, nachdem sie den Punkt Makara erreicht hat, den großen Reinigungsprozess vollzieht.
Ojas	Subtiler, im ganzen Körper wirksamer Grundstoff, der im Sperma und in den Eizellen in besonders konzentrierter Form vorkommt.
Padma	Lotos
Perispirit	Im Spiritismus von Alain Kardec benützte Bezeichnung für den feinstofflichen Körper.
Pingala	Männlicher, der Sonne zugeordneter feinstofflicher Kanal, das Pendant von Ida.
Prana	Lebenstiftende und erhaltende, den ganzen Kosmos durchdringende subtile Energie, die, wenn sie im Menschen tätig ist, Vayu genannt wird.
Prana Vayu	Einer der fünf Haupt-Vayus, der in der Brustregion angesiedelt ist und u.a. Atmung, Körpertemperatur und Gefühle reguliert.
Pranayama	Yoga-Übung zur Kontrolle des Atems
Sahasrara Padma	Der tausendblättrige Kronen-Lotos, das höchste feinstoffliche Zentrum, das die Gehirnfunktionen regelt.
Samadhi	Ekstatisches Aufgehen im reinen, absoluten Bewusstsein
Samana Vayu	In der Bauch- und Magenregion tätiger Prana, dem die Nahrungsaufnahme und der Ausgleich von Apana und Prana Vayu untersteht.
Sannyasin	Mensch, der dem weltlichen Leben entsagt hat und seinen gegensätzlichen Antrieben nicht mehr unterworfen ist.
Samskaras	Durch Handeln oder Denken in diesem oder einem vorangegangenen Leben entstandene, besonders tief eingefurchte Charakterzüge.
Sankhini Nadi	Wichtige, weitverzweigte Nadi, die vom Anus über Muladhara bis zum tausendblättrigen Lotos führt, auch zur missbräuchlichen Nutzung Kundalinis verwendet.
Saraswati Nadi	Einer der beiden feinstofflichen Kanäle, in der Kundalini nicht zum Ziel gelangen kann, eine Sackgasse.
Shakti	Das dynamische, weibliche Prinzip der Schöpfung, das in seinem mikrokosmischen Aspekt als eine im Wurzel-Chakra hausende, dreieinhalbmal eingerollte Schlange dargestellt wird und das nach seinem Erwachen zum absoluten Bewusstsein zurückstrebt, aus dem es hervorgegangen ist. In personifizierter Form wird Kundalini Shakti zur Gemahlin Shivas.
Shaktipat	Übertragung geistiger Kraft von einem Meister auf einen Schüler, die einen Kundalini-Prozess auslösen kann.
Siddhis	Psychische, über die normalen menschlichen Fähigkeiten hinausgehende Kräfte, die, wenn sie um ihrer selbst willen ausgeübt werden, die spirituelle Entwicklung behindern können.

Stigmata	Reproduktion der Wundmale des gekreuzigten Jesus in tiefer mystischer Versenkung
Suryanamaskar	Sonnengruß, eine Yoga-Übung, bestehend aus einer Abfolge von zwölf Asanas
Sushumna Nadi	Am häufigsten mit Kundalini in Zusammenhang gebrachter feinstofflicher Kanal, der in Muladhara beginnt und im höchsten Punkt des Stirn-Chakras endet.
Svadhishthana	Das zweite feinstoffliche Zentrum, etwas über den Geschlechtsorganen angesiedelt, oft Sakral-Chakra genannt.
Svayambhu Linga	Das erste von drei, am Ausgangspunkt von **Sushumna** Nadi im Wurzel-Chakra gelegene **Lingam.**
Talu	Ein winziges Tor, das Kundalini auf ihrem Weg von Vishuddha zu Ajna, vom Kehlkopf- zum Stirn-Chakra, passieren muss.
Turiya	Wörtlich „der Vierte", der das Wachen, Träumen und den Tiefschlaf transzendierende Bewusstseinszustand, die Einswerdung mit der höchsten, absoluten Realität.
Udana Vayu	In Hals und Kopf wirkender, nach oben strebender Prana, dem die mentalen Vorgänge unterstehen.
Vajra Nadi	Die 'harte' Nadi, einer der beiden feinstofflichen Kanäle, in denen Kundalini nicht zum Ziel gelangen kann. Aufstiege in Vajra werden – wie die in Saraswati Nadi – fehlgeleitete Prozesse genannt.
Vasanas	Neigungen, Wünsche oder Begierden, vor allem untergründige, die großen Einfluss auf unsere Verhaltensweisen haben.
Vayu	An bestimmte Regionen des Körpers und seine Organe angepasster Prana, der spezifische Funktionen im fein- und grobstofflichen Leib erfüllt und in einem Kundalini-Prozess spürbar wird.
Vedanta	Terminus für die metaphysischen Ideen der Vedas, die in den Upanishaden zusammengefasst sind.
Visarga	Punkt ganz oben im Sahasrara-Lotos, der aus zwei winzigen Kreisen besteht, einem dunklen und einem hellen, die sich schließlich zu einem einzigen lichten Punkt vereinen.
Vishuddha	Kehlkopf-Chakra, das fünfte feinstoffliche Zentrum im Hals, der engsten Stelle des Körpers
Vrittis	Fluktuationen oder Modifikationen des Bewusstseins
Vyana Vayu	Den ganzen Körper umfassender Prana, der auch als Aura wahrgenommen wird.
Yoni	Nach unten gerichtetes Dreieck, das das weibliche Prinzip, den Schoß und Urgrund allen Werdens, repräsentiert.